LA PLUS RÉSISTANTE DE TOUTES

Nicole Bacharan

LA PLUS RÉSISTANTE DE TOUTES

Stock

ISBN 979-10-414-1318-8

À ma mère

Prologue

« J'ai l'impression d'être dans un film américain ! » lança-t-elle dans un éclat de rire, opposant aux hommes qui l'encerclaient toute la fraîcheur de ses vingt ans, et sa réaction désarçonna un moment le ramassis de truands remontés des bas-fonds marseillais qui, avec l'accent du Sud, hurlaient « Pôlice allemannnde !!! » pour terrifier leur proie.

Depuis des heures, ils patientaient dans la pénombre d'une arrière-boutique exiguë, entre des piles de poteries bariolées et de vieux tapis accumulant la poussière. *À l'Art marocain*, annonçait crânement la devanture : un petit magasin au bas d'un immeuble de la vieille ville, dans une ruelle écrasée de soleil où les habitants avaient tiré leurs volets de bois pour atténuer la chaleur de juillet. Peut-être aussi pour échapper à la tension palpable dans la cité, prise entre la menace des bombardements alliés et les représailles accrues de l'occupant. Sous l'enseigne, le rideau de fer était levé, mais, comme s'ils se méfiaient, les passants filaient sans un regard pour les quelques sacs en faux cuir et les bracelets martelés exposés dans la vitrine.

Silencieux et invisible, le groupe de malfrats avait attendu sans être dérangé, lassé mais curieux tout de même de savoir qui allait tomber dans le piège. Un chef de réseau ? Un jeune combattant descendu de ces maquis qui leur donnaient tant de fil à retordre ? Ils échangeaient des grimaces moroses, allumaient une cigarette... Quand on est agent de la Gestapo, on s'habitue à tout. Aux filatures, aux longues planques, aux interrogatoires de suspects que l'on frappe et torture à l'instinct, à l'envi. La routine...

Une silhouette vive, menue, avait soudain projeté une ombre à peine perceptible sur le verre poudroyant de la vitrine. Un coup d'œil rapide vers l'intérieur. Elle s'était éloignée... Une minute plus tard, elle revenait sur ses pas, tendait la main vers la poignée, poussait la porte. La clochette avait tinté. Ils avaient jailli, l'arme au poing, et l'avaient entourée. Mais ils ne s'attendaient pas à cette petite enjouée, avec son sourire lumineux et ses grands yeux noirs, qui se moquait d'eux au moment où ils lui posaient un revolver sur le ventre.

À qui avaient-ils donc affaire ? Une môme niaise à qui ils feraient rapidement passer le goût de la plaisanterie ? À l'un de ces « courriers » essentiels à la Résistance comme ils en avaient arrêté plusieurs ces jours derniers ? La gamine, elle, n'avait pas prévu de réagir de cette manière, son rire avait jailli spontanément face à cette mise en scène sinistre. Tant de monde pour elle toute seule ? Comme ils étaient ridicules, ces petits hommes énervés qui gesticulaient en criant « Gestapo ! ». Mais tout en s'efforçant de garder l'air ahuri, elle réfléchissait rapidement. Les enveloppes dans sa sacoche... Les récentes informations qu'elle possédait sur le réseau. Celui qui lui avait remis les messages. L'anxiété qui régnait parmi ses camarades. Le repérage, la veille. La nervosité de l'occupant. Pourtant, elle ne pensait pas avoir été remarquée avant-hier à la gare. Ni dans la rue. Personne pour la filer quand elle était sortie de chez son oncle… La bande de fripouilles ne savait probablement pas tout. Du moins l'espérait-elle. Instinctivement, elle venait de choisir sa stratégie : feindre l'enfantillage, l'ignorance, la bêtise s'il le fallait. Sa meilleure chance. Mais derrière le regard qu'elle voulait candide et éberlué, son cerveau fonctionnait à cent à l'heure, et la peur se diffusait rapidement dans ses veines. Son cœur battait si fort qu'il lui semblait l'entendre résonner dans la pièce.

Cette jeune fille fragile et résolue, consciente en ce 17 juillet 1944 qu'elle jouait sa vie, entièrement seule face à l'ennemi, était celle qui, bien des années plus tard, deviendrait ma mère. Celle qui me donnerait la main le long des rues de mon enfance. Celle que j'attendrais, assise parmi les marmots de la maternelle, tendue d'une impatience inquiète. Quand son visage apparaîtrait parmi la foule des parents se tenant à la porte, ce serait pour moi le bonheur, plein et entier. Je lui apporterais dessins, rédactions, bonnes notes, comme autant d'offrandes déposées à ses pieds. Elle, à jamais silencieuse, qui s'en est allée bien trop tôt, épuisée et meurtrie, et qui fut la meilleure mère dont j'aurais pu rêver.

Le récit de ces années noires, quand elle fut héroïque et qu'elle ne le sut pas, je le porte en moi, aussi loin que je me souvienne, mais je ne m'en approche qu'en tremblant. Elle m'avait raconté, par bribes, un peu de ce qu'elle avait vécu, une trame d'aventures, d'amour et d'épreuves. Mais il y avait des blancs, des imprécisions, des non-dits, peut-être des secrets. Longtemps, j'ai hésité à m'y plonger, renonçant maintes fois, y revenant irrésistiblement, ramenée vers cette histoire comme par un aimant, une nécessité. Que s'était-il vraiment passé ? Qu'avait-elle ressenti ? Qu'avait-elle tu ? Alors, en détective, en historienne, j'ai mis mes pas dans les siens, j'ai sillonné le pays, fouillé livres et archives, rapports de police, comptes rendus d'audiences et de procès, photos jaunies, rencontré témoins, historiens, spécialistes pour retrouver les traces de ma mère perdues dans la grande Histoire et reconstituer minutieusement le drame de la petite Ginette, engagée dès dix-huit ans dans le plus dangereux des combats.

Une question vitale n'a cessé de me tarauder : Pourquoi ? Pourquoi cette fille si jeune, issue d'un milieu tout simple, s'est-elle enrôlée de son plein gré dans une bataille si redoutable ? Pourquoi n'a-t-elle pas fait confiance au maréchal Pétain comme tant de Français ? Pourquoi a-t-elle décidé d'affronter le monstre et de mettre sa vie en péril ? Pourquoi a-t-elle fait le bon choix ? D'où lui venait sa lucidité ? Et comment a-t-elle fait face, une fois tombée aux mains du chef de la Gestapo ? C'est sur ce moment-là, cette expérience ultime, que s'étaient taries les questions que j'avais osé jadis lui poser. Je n'avais pu les formuler, ni même les penser.

Ce livre est l'histoire d'un engagement. C'est aussi l'histoire d'un amour. Ginette Guy et Jean Oberman, le jeune Juif flamboyant pour qui elle affronta tant de dangers. Au cœur de la France occupée, tous deux ne pouvaient savoir s'ils réchapperaient de la tourmente, s'ils survivraient à leurs zigzags hasardeux entre rafles et miliciens. Ils ne vivaient que pour le présent. Mais, dans les rares moments où ils se risquaient à penser à l'avenir, ils se prenaient à imaginer une vie où ils n'auraient plus peur de rien, où pour eux, tout redeviendrait possible. Leur futur commençait très simplement :

« Nous nous installerons ensemble, nous prendrons une boutique… » Quand leurs rêves voguaient plus loin encore, ils se promettaient de raconter un jour leur histoire, leurs bonheurs et leurs effrois, la fureur de la guerre et de la haine, mais surtout leur amour et leur folle jeunesse. Et leur passion immodérée de la liberté, cette valeur suprême que ma mère m'a transmise. Ils écriraient un livre. Ils en avaient même choisi le titre : *Il s'appelait Jean Oberman*.

Ce livre qu'ils n'ont pas écrit, c'est à moi qu'il revient aujourd'hui d'en remplir les pages. J'ai longtemps hésité à en changer le titre, mais l'évidence s'est imposée : c'est bien Ginette qui en est l'héroïne. Celle qui, naïve et téméraire, à l'été 1944 – la période la plus brutale de la répression nazie – quittait, menottes aux poignets, la petite boutique *À l'Art marocain* pour être emmenée au siège de la Gestapo, et qui allait devoir affronter ce qui lui faisait le plus peur. Celle qui, dans les aveux de l'un des pires tortionnaires de l'époque, est ainsi qualifiée : « Elle fut la plus résistante de toutes. » Cette phrase est toute la quête de ce livre.

PREMIÈRE PARTIE

1

La petite

Entendez-vous dans la plaine
Ce bruit venant jusqu'à nous ?
On dirait un bruit de chaînes
Se traînant sur les cailloux...

Elle vole, Ginette. Elle plane, insouciante, à la manière des oiseaux du bord de mer, bras écartés, cheveux lâchés, portée par le vent puissant qui balaye le terre-plein jouxtant la gare de Lézignan-Corbières où elle court jusqu'à perdre haleine, devenue mouette, cormoran, goéland, et elle tourne, tourne, tourne, si heureuse, si légère, si libre… Souvent les adultes la taquinent : « Tu es si menue, Ginette, que tu vas t'envoler au premier souffle du mistral ! » Alors, chiche, quand le démon se réveille, quand les rafales font vibrer les tuiles du village dans cette âpre campagne de l'Aude où lumière et chaleur sont écrasantes en été, mais où le vent du nord sans pitié gèle les habitants en hiver, elle s'en va jouer en solitaire et s'envole les yeux fermés, se récitant la dernière comptine qu'elle vient tout juste d'apprendre à l'école.

C'est le grand Lustucru qui passe,
Et qui repasse !

Emportant dans sa besace,
Tous les petits gars qui ne dorment pas !

Elle aime le rythme des poèmes, cette jolie musique qu'elle entend dans les phrases et surtout ces comptines mi-fantastiques, mi-effrayantes, qu'elle reprend parfois devant l'auditoire familial captif, attentive à bien « mettre le ton ». La veille de son quatrième anniversaire, elle s'est juchée sur les genoux de sa chère Mémé Anna et a proclamé, toute fière :

– Demain j'aurai quatre ans ! Je vais être grande !

– Ça passe vite, mon petit, tu verras, ça passe vite…

De ma mère enfant ne me sont parvenues que de rares photos, de ces petits tirages d'autrefois, en noir et blanc, aux bords dentelés et aux contrastes soignés. L'une d'elles montre la famille réunie comme chaque été à La Nouvelle, dans l'Aude, à quelque quarante kilomètres de Lézignan. Les femmes portent des robes à taille basse et des chapeaux à large bord ; les hommes sont vêtus de blanc, avec cravate et canotier ; Ginette – elle doit avoir quatre ou cinq ans – est en jupe courte et sandales de toile. Tous se tiennent au bord du Canalet – prononcé *Canalett'* en langue d'oc –, le petit canal qui mène à la mer. C'est alors le royaume assoupi des barques en bois et des cabanes de pêcheurs que n'ont pas encore balayées les lotissements standards et les marinas « pieds dans l'eau ». Il y a là, autour de Ginette, les anges gardiens de son enfance, ceux qui ont marqué ses premières expériences : ses parents Louis et Éveline, ses grands-parents maternels Anna et Léon-Hippolyte, ainsi que son oncle Eugène et sa tante Alice venus de Marseille. Images de bonheur et de paix ? Les belles photos ne disent pas toujours la vérité. Ici, en secret, chacun porte son fardeau, chacun tait ses douleurs…

La petite Ginette, si vive mais si fragile, gringalette et souvent malade, est la passion de ses grands-parents. C'est d'eux qu'elle se sent la plus proche. Ils se montrent si prévenants l'un envers l'autre, si tendres. Quand ils s'étaient rencontrés, dans les années 1890, Anna avait vingt ans, Léon-Hippolyte, quarante. Lui, le Provençal instruit, bachelier et licencié en droit, entré au service des douanes. Elle, la belle Catalane, officiellement fille de cafetiers de Perpignan, mais à la naissance obscure : on ne savait trop qui était son père. Je conserve précieusement une photo sépia, imprimée sur un carton épais où elle resplendit, en robe blanche, un éventail à la main, les lèvres closes – à l'époque, on ne souriait pas à l'objectif du photographe. Teint mat, yeux en amande, petit nez finement modelé, pommettes hautes, et cette lourde chevelure noire rassemblée en chignon souple sur le haut de la tête – toute sa vie elle conserverait la même coiffure – avec, sur le front, ces courtes mèches bouclées qu'elle appelait ses « frisons », et toujours, un ruban de velours noué autour du cou. Irrésistible… Anna était pétrie d'admiration pour Léon-Hippolyte. Lui était subjugué par Anna. Toute sa vie, il lui servirait de père autant que de mari. L'homme était un phénomène : grand optimiste devant l'Éternel, il se levait chaque matin en clamant « Nous sommes tous foutus ! » avant d'allumer sa première cigarette. Le soir, il éteignait la dernière en même temps que sa lampe de chevet, et s'il se réveillait la nuit, il fumait encore un bon demi paquet. Contre ses manies, ses excès, jamais son épouse Anna ne se révolta. Elle l'aimait sans réserve, tel qu'il était.

Aux yeux de la petite Ginette, ses grands-parents sont l'exemple même des longues amours heureuses, et cette certitude la rassure.

Car ses parents, en revanche, mal assortis, ne s'entendent pas. Louis est grave et réservé, Éveline fantasque et tête folle. L'un réfléchi, prudent, mesuré ; l'autre, toute en foucades. Éveline néglige le ménage et la cuisine, n'en fait qu'à sa fantaisie, lit des romans, marche sans fin dans la campagne ou se consacre, avec talent, à la broderie. Parfois l'orage gronde, une dispute éclate entre les époux, le grand-père s'en mêle et prend maladroitement le parti de sa fille, Louis s'emporte… Ces méridionaux ont le sang chaud. Léon-Hippolyte plonge alors dans le désespoir : « Il va nous falloir partir, je ne verrai plus la petite ! » Quitter Ginette, pour lui ce serait la fin… Puis la température retombe. Les éclats de voix s'éteignent, Louis reprend son calme.

Louis… Celui qui exercerait une influence décisive sur sa fille Ginette, et qui deviendrait un jour mon grand-père tant aimé, cachait en lui des peines profondes. Fils de rudes paysans du Languedoc, élevé « à la dure », il avait connu son premier grand chagrin lorsque son père avait pris la décision de le retirer de l'école après le certificat d'études qu'il avait pourtant passé haut la main, une jolie réussite pour cet enfant de la campagne qui, à la maison, ne parlait que le patois (j'ai en mémoire des phrases entières qui, chez lui, revenaient souvent sous le coup de l'émotion). « Louis est doué, très doué. Il faut qu'il continue, il pourrait avoir une bourse », avait plaidé l'instituteur, ému par la prière silencieuse de ce petit qui, en classe, buvait ses paroles. En vain. Le père était resté inflexible : à douze ans, il fallait se mettre au travail plutôt que de traînasser à l'école. Louis avait été contraint d'aller manier la bêche dans une « campagne », une propriété viticole, six jours et demi sur sept.

Pendant ses rares heures de loisir, il dévorait les journaux pour s'abreuver du monde, et il avait fini par développer des « idées socialistes ». Adroit, sportif, il participait à des courses de vélo, jouait au rugby, brillait à la « boule lyonnaise » et, dans les bals, gagnait tous les concours de valse.

Et puis, la grande Histoire l'avait rattrapé… Louis Guy : « classe 1912 », vingt ans en 1912. Après deux ans de service militaire au 61e régiment d'infanterie d'Aix-en-Provence, il se réjouissait de reprendre la vie civile quand, au mois d'août 1914, la mobilisation générale fut déclarée. Il passa directement de la caserne au champ de bataille. Six ans sous l'uniforme ! Toute sa jeunesse, lui qui détestait l'armée. Catapulté dans l'enfer des tranchées : la boue, le froid, l'épuisement, les morts, les morts partout… Et Verdun, un an de cauchemar… En 1917, Louis demanda à être envoyé sur le front oriental, un peu moins exposé. Si cela ne lui avait pas été accordé, il aurait déserté. L'armistice le trouva du côté de Salonique, malade du paludisme, à jamais pacifiste et antimilitariste. Mais il revenait entier, avec ses deux bras et ses deux jambes, comme ses trois frères mobilisés qui regagnèrent leur foyer, sans blessure grave. Le meilleur ami de Louis, le fils unique des voisins, avait été englouti dans la tourmente. Pourquoi celui-ci et non celui-là ? Cette question sans réponse le taraudait. Je me suis longtemps demandé moi aussi pourquoi la Providence avait accompli de tels prodiges pour sauver mon grand-père et lui réserver si peu de bonheur par la suite.

Déjà, une nouvelle épreuve l'attendait. De retour dans son village, il tomba amoureux. La jeune fille était institutrice. Une revanche pour l'enfant d'autrefois, privé d'instruction et de ce monde intellectuel qu'il révérait ? Je l'imagine, l'élue de son cœur, telle une lointaine cousine de l'Yvonne de Galais du Grand Meaulnes, « jeune fille tant cherchée, tant aimée... Jamais je ne vis tant de grâce s'unir à tant de gravité ». Il y eut des rendez-vous, des lettres, des engagements... Que se passa-t-il ? Opposition des parents ? Recul devant une mésalliance ? Le fait est que la bien-aimée lui annonça soudain qu'elle allait en épouser un autre, et à nouveau, le monde de Louis s'effondra.

Je devine les nuits d'insomnie, le vide au creux de la poitrine, la douleur, l'humiliation... Il les a relues une à une, ces missives mensongères qui parlaient d'amour et juraient fidélité ; il a scruté les pleins et les déliés de l'écriture, cherché où se cachaient la faille, le signe de l'abandon à venir... Le jour des noces, il attendait devant l'église. Quand la traîtresse sortit au bras de son époux, sous les cloches et les vivats, Louis se trouva en travers de son chemin et, devant le village rassemblé, jeta à ses pieds toutes ses lettres d'amour.

Moi qui, plus tard, ai tant chéri mon « Pépé Louis », je pressens qu'il ne s'est jamais vraiment remis d'un si profond chagrin. La trahison le brisa aussi fatalement que la guerre.

Il avait trente ans passés quand il rencontra Éveline. Celle-ci avait perdu presque entièrement l'ouïe après une méchante fièvre typhoïde qui avait failli l'emporter, mais c'était une jeune femme enjouée, qui aimait courir la garrigue pour ramasser asperges vertes et herbes sauvages, et se mettait volontiers au piano lors de soirées entre amis en chantant un peu faux : « C'est la valse brune, des chevaliers de la Lune, chacun avec sa chacune… » Est-ce ainsi qu'elle fit la connaissance de Louis Guy ? Celui-ci se dit-il qu'il fallait se montrer raisonnable, « faire une fin » ? Les parents de la jeune fille, Léon-Hippolyte et Anna, n'émirent pas d'objection. Éveline avait déjà vingt-six ans, Louis leur semblait honnête et travailleur, il était entré comme comptable aux tramways de l'Aude, et s'y faisait apprécier. Les jeunes mariés s'installèrent à Lézignan-Corbières, au numéro 1 de l'avenue de la Gare, où Ginette naquit le 17 juin 1924. Ses grands-parents quittèrent alors La Nouvelle et leur bord de mer pour s'établir avec eux. Deux générations réunies sous le même toit, comme c'était alors souvent le cas, pour s'occuper de l'enfant.

Alors oui, elle danse, Ginette, elle vole comme les mouettes avec la légèreté de ses quatre ans… En cette année 1928, son grand-père Léon-Hippolyte lui a appris à lire – le plus beau cadeau qu'il puisse lui faire – en assemblant méthodiquement des lettres découpées dans du carton. *B-A, BA…* Le jour de l'entrée à l'école, la directrice, dubitative, a ouvert un livre devant Ginette et lui a demandé de faire la lecture à haute voix. Inquiète, soucieuse de bien faire, la petite a foncé à travers les phrases au triple galop. Pas une erreur ! La directrice s'est moquée : « Arrête, arrête, on a compris ! » La fillette, mortifiée, se demanderait longtemps quel faux pas elle avait commis. Mais on lui a fait d'emblée sauter deux classes, puis encore une autre l'année suivante.

Chaque soir, Ginette joue à la maîtresse devant la famille rassemblée, retranscrivant à la craie, sur un tableau noir fixé à la porte de la salle à manger, toutes les leçons de la journée. Elle a une telle soif d'apprendre…

Bientôt, tous quittent l'appartement près de la gare pour une maison à la lisière de la campagne, construite grâce à la « loi Loucheur » qui tente de pallier la crise du logement pour les ménages modestes. Trois chambres – une pour les parents, une pour les grands-parents, une pour la petite. Et un vaste jardin, si aride que Louis doit y faire déverser des camions de terre avant de le mettre en culture. Il ne cessera pourtant jamais d'y enlever pierres et cailloux, consacrant tout son temps libre à ses vignes et à son potager, y puisant paix et consolation quand la vie lui marchandera trop chèrement ses joies.

Mais un soir de 1931, la camarde – ou serait-ce le méchant Lustucru ? – a frappé à la porte et réclamé le grand-père Léon-Hippolyte… À sept ans, Ginette découvre brutalement l'énigme terrible de l'absence. Désormais amputée de son autre moitié, Mémé Anna, elle, fait bravement face au vide et à la solitude. Elle ne change rien à ses habitudes, loue à l'année, à La Nouvelle, un ancien hôtel converti en maison privée où elle retournera chaque été pour perpétuer le rituel des vacances. Ginette, qui l'accompagne, aime et redoute cette grande bâtisse où elle trotte le long des couloirs sombres, en sursautant au moindre craquement.

Les journées se passent sur la plage, comme autrefois. Souvent, son oncle Eugène, inspecteur central des douanes à Marseille, où il vit avec son épouse Alice, vient les retrouver. Ce couple-là n'a pas d'enfant et Eugène reporte toute sa tendresse sur la petite Ginette. Il l'entraîne dans ses promenades à travers la garrigue, s'émerveillant de la voir escalader les collines avec le pied sûr d'une chevrette, ou l'emmène en barque pêcher sur les étangs. Il lui apprendra aussi à nager : un jour, sans prévenir, il la pousse en riant par-dessus bord, là où elle n'a pas pied. « Vas-y ! Nage ! » Ginette n'aura pas d'autre choix : elle nagera. Et ne gardera nulle rancune à cet oncle facétieux et toujours prêt à l'aventure qui, en plus, possède une automobile et prend même l'avion !

La mer efface tout. Elle balaie les peines. Elle ouvre l'horizon. Ginette aime la Méditerranée avec une ferveur qui ne se démentira jamais, capable de passer des journées entières dans l'eau. Afin de contourner les règles de prudence de sa grand-mère qui veut lui imposer une pause de deux heures après le goûter « pour ne pas risquer l'hydrocution », elle s'en va dévorer ses tartines assise dans les flots jusqu'au cou. N'est-ce pas, explique-t-elle, la meilleure manière d'éviter le redoutable choc thermique ? À La Nouvelle, il faut patauger bien loin pour trouver un peu de profondeur. Alors, dès qu'elle le peut, Ginette file s'entraîner au crawl dans le bassin du port. Et parfois, pour taquiner sa grand-mère qui la surveille depuis le quai tout en disputant son ombrelle aux attaques du vent, elle fait semblant de couler à pic, ne laissant dépasser à la surface qu'une menotte faussement affolée. « C'était juste pour rire… »

En 1932, la voilà dotée d'un petit frère, prénommé Robert, un enfant vif et taquin qui devient, pour Éveline, l'objet d'une adoration sans borne. Ginette ne nourrit pas de jalousie face à cette préférence maternelle si ostensible. Entre la mère et la fille, il y a de toute façon une distance : de l'affection, oui, mais aucune affinité de caractère, aucun goût commun.

Éveline tient mal sa maison, elle fait peu de cas de son apparence ; Ginette, elle, aime se perdre dans la contemplation des gravures de mode et attache déjà beaucoup d'importance à l'élégance. Sur le portrait de ses huit ans, la petite pose avec sérieux, frange épaisse et cheveux au carré façon Louise Brooks (hélas, pour ce grand jour, frisottés par le coiffeur), vêtue d'une robe en jersey à taille basse d'où dépassent ses petits genoux pointus. Avec, déjà, ce regard immense et profond qui la fait paraître au-dessus de son âge.

Dans le quartier neuf en bordure des vignes où habitent les Guy, le terrain est peu cher, et la commune a fait construire un collège destiné à l'« enseignement primaire supérieur ». Pour Ginette, cette proximité est une aubaine : le matin, elle peut quitter le logis à la dernière minute. Quand la cloche retentit, elle fonce à toutes jambes au bout de la rue George-Sand – qui n'est encore qu'un chemin de terre – et se range juste à temps parmi ses camarades prêtes à entrer en classe. C'est le moment de retrouver Lucie Auriol, sa meilleure amie. Toutes deux ont été placées côte à côte un jour de rentrée – elles avaient onze ans – et elles ne se sont plus quittées. Chaque soir, elles sacrifient au rituel de leur âge, se raccompagnent l'une chez l'autre, puis l'autre chez l'une, et encore l'une chez l'autre, sans jamais épuiser leurs confidences.

À Lézignan, le moindre changement dans la routine quotidienne devient un événement : Ginette se souviendra toujours de ce concours de gymnastique organisé sur le champ municipal, ou encore de ce spectacle de danse où elle entendit avec satisfaction murmurer qu'elle avait « de bien jolies jambes »... De sa communion solennelle aussi, qu'elle fera voilée de blanc comme ses compagnes. Louis, socialiste et anticlérical, ne s'y est pas opposé. La petite a le cœur tendre et un grand désir d'élévation mystique ; pourtant, le catéchisme la laisse dubitative. Le curé lui a demandé de tout apprendre par cœur, ce qu'elle fait sans peine, mais à chaque fois qu'elle l'interroge sur les contradictions du texte sacré, l'homme répond laconiquement : « Ah ! Ça, c'est un mystère ! » En réalité, Ginette n'y comprend rien. Si Dieu existe, se dit-elle, il se trouve certainement ailleurs qu'à l'église Saint-Félix !

Pendant les vacances chez sa grand-mère à La Nouvelle, Ginette est petite-fille de notables. À Lézignan-Corbières, elle redevient fille de modestes employés. Chez ses parents rongés par la mésentente, on ne reçoit pas. On vit entre deux mondes, plus tout à fait celui des paysans, pas non plus celui des prospères négociants en vin de la région. S'accommodant de la réserve de son père comme de la désinvolture de sa mère, Ginette grandit en toute liberté. Son amie Lucie qui, chez elle, subit la poigne d'un *pater familias* redoutable, trouve même que la maison des Guy est un havre de confort et de tranquillité. Alors parfois, pour échapper à une classe ennuyeuse, les deux filles se sauvent par la fenêtre de la salle de musique, en courbant le dos pour se soustraire à l'œil acéré de la surveillante générale. Elles courent se réfugier dans la chambre de Ginette et y passent des heures bénies à lire, dessiner, coudre, se déguiser, et se raconter des histoires où elles s'imaginent en dames, en actrices, en exploratrices…

À sa fenêtre, Ginette a accroché un fin rideau rose derrière lequel tremble l'ombre légère de l'acacia. Isolées du monde, les deux amies s'absorbent dans les romans puisés sur les piles bancales de la salle à manger et à la bibliothèque du collège. Ginette consacrera ainsi tout un hiver à la lecture des *Misérables*. Victor Hugo conforte-t-il son sens de la justice, sa compassion envers les plus faibles ? Dans sa chambre, les grands classiques côtoient ses revues préférées, *La Semaine de Suzette* et *Lisette*, dont elle ne manque jamais un numéro, étonnants magazines pour « fillettes de 14 à 16 ans » qui alternent contes pour enfants, feuilletons, recettes de cuisine, patrons de robes pour les poupées, annonces pour chercher une correspondante étrangère, et courriers des lectrices qui envoient des « bateaux de baisers ».

À cette moisson s'ajoutent bientôt *Mon Film* et *Cinémonde*, qui leur font battre le cœur. Le cinéma ! La grande machine à rêves… Les revues sont étudiées ligne par ligne : présentation du dernier film à la mode, chronique des amours contrariées des artistes, modèles de coiffures que l'on tente de reproduire longuement devant la table de toilette en marbre… Ginette a vu son premier film à l'âge de six ans : *Accusée, levez-vous !* de Maurice Tourneur. On y suit la vedette d'un numéro de lancer de couteaux accusée du meurtre de sa rivale, et finalement innocentée… Pas vraiment un film pour enfants, mais la petite en a gardé un souvenir ébloui.

Le cinéma, c'est le monde entier qui surgit dans le village. Lucie me le racontera bien des années plus tard : « En ce temps-là, on ne vivait que pour le cinéma ! » À Lézignan-Corbières, on se rend en famille à « L'Idéal » ou au « Palace » qui proposent plusieurs programmes par semaine. Ginette et Lucie auront bientôt leurs places attitrées, où on les retrouvera à chaque « matinée ». En 1937, elles découvriront dans *Gribouille*, de Marc Allégret, une inconnue de dix-sept ans qui crève l'écran : Michèle Morgan. « La prochaine grande étoile du cinéma français », pronostique Ginette, prise de passion pour cette actrice aux yeux si clairs.

Prévision qui sera confirmée l'année suivante avec *Quai des brumes*. « T'as de beaux yeux tu sais. – Embrassez-moi… » La voix de l'héroïne se perd dans un souffle, Ginette et Lucie en frissonnent… Ginette découpera chaque photo, chaque article consacré à son idole, les collant soigneusement dans un cahier de plus en plus épais. À l'école, elle s'entraîne à reproduire à la craie les portraits de Michèle Morgan et de Jean Gabin, sur le pupitre en bois qu'elle partage avec Lucie.

Mais depuis quelque temps, dans les « actualités » projetées au début de chaque séance de cinéma, les vedettes élégantes et souriantes cèdent la place à d'autres personnages : des soldats en ordre de marche, des officiers à l'allure conquérante, des hommes politiques qui s'époumonent… Et des noms hier inconnus reviennent sans cesse dans le commentaire : Franco, Mussolini, Hitler… Louis, vers qui Ginette se tourne, ne donne guère d'explication. Mais elle sent son père chaque jour plus inquiet, elle voit que son visage se ferme… Voilà qu'il évoque maintenant de « mauvais nuages » qui se rassembleraient à nouveau, là-bas, à l'est, de l'autre côté du Rhin… « Ça recommence… » murmure-t-il.

2

La menace

– C'est sûr, ils vont nous tomber dessus !

– Oh, vous êtes défaitiste, monsieur Guy, vous êtes défaitiste !

Louis Guy n'essaya même pas d'argumenter. Il secoua la tête en signe d'exaspération et s'éloigna de la clôture qui séparait son jardin de celui du voisin. Mézonave, doté d'une voix de fausset, fluet, agité, toujours tremblant devant sa replète épouse, avait l'art de l'horripiler. Car il ne voulait rien entendre, préférant bêler à l'envi les antiennes officielles, mi-martiales, mi-apaisantes : « la France première armée du monde, la ligne Maginot, la der des ders, la paix, la paix avant tout… » La paix ! Mois après mois, Louis, lui, voyait grossir la menace, et il le pressentait : « Ils allaient nous tomber dessus. »

Depuis peu, la famille avait acquis la « TSF », un splendide poste De Dietrich en acajou – fabrication allemande ! – dont, à toute heure du jour, s'échappaient des concerts, des chansons, des reportages sportifs, des bulletins d'information et, désormais, les vociférations stridentes du chancelier Adolf Hitler. Si les Allemands ne préparaient pas la guerre, comment interpréter alors leur retrait de la Société des Nations, le retour de la Sarre au Reich, le service militaire obligatoire, la remilitarisation de la Rhénanie, le réarmement à outrance ? Et tout récemment encore, l'annexion de l'Autriche ? Personne n'avait réagi ! Louis l'avait bien compris, rien n'apaiserait l'ogre de Berlin. Pour l'instant, celui-ci semblait porter encore ses ambitions vers l'est, mais ensuite…

Chaque jour, Louis lisait *Le Matin* ou *La Dépêche*, le principal quotidien de la région, le journal où Jaurès et Clemenceau avaient autrefois écrit, celui qui avait soutenu Léon Blum, son héros ! Louis voyait en ce dernier un homme intègre, animé d'un désir de justice, et les grandes réformes du Front populaire en 1936 l'avaient rempli d'espoir : premiers congés payés, semaine de quarante heures, défense de l'école laïque et instruction obligatoire jusqu'à quatorze ans… Quel progrès pour la jeune génération, quand il songeait au crève-cœur qu'avait été son renoncement forcé à l'école ! En cette année 1938, Ginette venait tout juste d'avoir quatorze ans et, sacrifice ou pas, petit salaire ou pas, il n'était pas question de la retirer du collège. Louis caressait même un espoir : que sa petite, si douée, si bonne élève, réalise l'idéal qu'il nourrissait, lui, autrefois, et devienne institutrice.

De ses rêves, des réconforts auxquels il aspirait dans une vie bien terne, il parlait peu. Souvent, Ginette l'observait, se demandant ce que cachait son front soucieux ; ce n'était pas un temps où les parents, encore moins les pères, se confiaient à leurs enfants… Parfois, une crise de paludisme, fièvre dévorante ramenée de son séjour en Orient pendant la « der des ders », clouait Louis au lit plusieurs jours durant. La tête en feu, il luttait contre ses cauchemars. Moins de vingt ans après que les canons s'étaient tus, que l'enfer avait laissé derrière lui ces charniers, ces hommes mutilés, ces familles dévastées, voilà que de nouveau enflait à l'horizon le torrent déchaîné de la furie humaine…

Petit à petit, lui d'habitude si taciturne, si réticent à évoquer les tourments de sa jeunesse, se mit à remonter le temps, comme si ressusciter le passé pouvait exorciser le futur qu'il redoutait. Les soirs d'hiver, quand la lumière tombait de bonne heure, Éveline serrait les enfants contre elle et demandait : « Louis, raconte-nous la guerre. » Doucement, il réveillait les fantômes qui, de toute façon, ne le quittaient pas, même s'il taisait le pire. Il mimait les attitudes et les accents, faisait revivre les brefs intermèdes de fraternité, le burlesque et l'absurde qui se glissaient au cœur de la tragédie.

Il raconta comment, avant l'attaque, on distribuait du rhum aux soldats – il fallait bien qu'ils fussent ivres pour partir, baïonnette au canon, embrocher des gars de leur âge prêts eux aussi à leur trouer le ventre. Jamais Louis n'avait touché une goutte d'alcool, il avait même un jour rabattu la gourde de gnôle sur la tête d'un sergent qui insistait. Il raconta la débandade de la première offensive, quand les Français criaient encore « Tous à Berlin ! », puis les mois interminables passés à tenir des positions gagnées un jour, abandonnées le lendemain, reprises, abandonnées à nouveau. Il raconta comment il s'était lié avec un jeune acteur de la Comédie-Française qui lui prêtait des livres et comment, pour échapper un moment au désespoir, il lisait à la lueur d'une bougie, les doigts gourds, dans la tranchée glacée. Et comment aussi, certaines nuits, avec quelques camarades, il s'abritait dans les caveaux d'un cimetière voisin : les morts étaient bien moins redoutables que les vivants.

À mesure que la nouvelle menace grandissait, Louis se confiait davantage. Il raconta encore de quelle manière, au poste si exposé d'agent de liaison, il devait passer à travers les lignes, courir d'une position à l'autre pour transmettre aux officiers ordres et informations. Pour survivre, il ne pouvait compter que sur sa lucidité et son agilité. Avant de traverser un terrain exposé, il repérait le moindre sillon de labour, le plus petit buisson, l'ombre imperceptible d'un fossé où il pourrait s'abriter. Puis il attendait le bref intermède pendant lequel l'ennemi rechargeait ses armes, pour se redresser à demi et prendre son élan. Tant de fois, disait-il, la mort l'avait frôlé. Sa gamelle, sa sacoche avaient été transpercées de balles. Son fusil, coupé en deux entre ses doigts par un éclat d'obus. Parfois, tapis dans les hautes herbes, il entendait parler allemand, à quelques pas. Un jour, à la lisière d'une forêt, il était tombé nez à nez avec un soldat ennemi, aussi surpris que lui. Ils étaient seuls. Chacun avait hésité… Puis sans un mot, ils avaient échangé un signe de la main et passé leur chemin… Ginette ne perdait pas un mot des récits de son père. À son tour, bien des années plus tard, elle me les transmettrait.

Il n'avait pas fallu longtemps à Louis pour perdre toute confiance dans les officiers qui, planqués à l'arrière, précipitaient, vague après vague, toute une génération au-devant d'une mort affreuse et inutile. Dans ses souvenirs, un certain adjudant Bianconi, dont il imitait à merveille l'accent corse, occupait une place de choix. Ce petit gradé, poigne de fer et grande gueule, relayait sans sourciller les ordres absurdes de jeunes saint-cyriens frais émoulus qui envoyaient leurs hommes au sacrifice, « Droit devant ! ». Un matin,

Louis avait ainsi été propulsé face à l'ennemi avec cinquante-cinq compagnons. Treize seulement étaient revenus. Les blessés qu'ils ne purent ramener supplièrent et hurlèrent toute la nuit dans le no man's land. Il n'avait échappé à personne qu'au moment décisif, le fier Bianconi était resté deux cents mètres en arrière. Quelque temps plus tard, à trois heures du matin, l'adjudant avait hurlé : « Exercice de nuit ! » Une provocation ! Louis avait d'abord protesté, refusé de se lever, puis était finalement arrivé, le casque de travers, le barda brinquebalant.

– Guy ! Mauvais soldat ! avait tonné Bianconi.

C'en était trop. Louis était entré dans une fureur mémorable :

– Moi, je ne suis pas militaire de carrière, mais je n'ai jamais laissé ma place à un autre ! Vous, vous êtes l'exemple de la lâcheté, vous devriez être fusillé sur une place publique pour désertion, parce qu'à chaque occasion, vous filez !

Entouré d'hommes qui savaient tous la vérité, Bianconi avait paniqué et renoncé. À partir de ce moment-là, Louis ne fut plus l'objet d'aucune brimade. À l'armistice cependant, le piètre Bianconi avait fini capitaine, Légion d'honneur et croix de guerre. Le soldat Louis Guy, lui, fit une demi-journée de prison pour avoir refusé les galons de sergent. Il ne voulut ni grade, ni médaille, ni même la moindre pension, alors qu'il avait si peu de moyens.

Au fond de lui, il était resté le petit paysan d'autrefois, réfléchi et silencieux, qui observait les cycles de la nature comme le comportement de ses semblables. Avant la guerre, il n'aurait peut-être pas osé se fier ainsi à son bon sens, lui qui n'avait pas fait d'études, mais le carnage lui avait ouvert les yeux. Il avait compris cette chose essentielle : le savoir, l'argent, la puissance ne suffisent pas à faire un homme honorable, ni même un homme intelligent.

Pour Ginette, ces histoires de tranchées semblaient venir d'un autre âge, d'une époque improbable où son père était jeune, comme sur l'unique portrait d'avant la guerre où il posait, le regard grave – les grands yeux sombres des Guy –, ses épais cheveux bruns séparés par une raie au milieu, arborant une moustache soignée et une cravate blanche. Mais dans l'âme de l'adolescente s'imprimait obscurément la conviction que la liberté et la responsabilité sont les valeurs ultimes, une charge à laquelle on ne peut échapper. Parfois, lui indiquait son père, il faut agir en conscience, sans autre guide que soi-même.

Vingt ans après la fin des combats, Louis avait perdu ses cheveux, rasé sa moustache, il portait des lunettes. Mais il restait mince, rapide, toujours aussi passionné de politique et de sport. Ginette l'observait, un peu narquoise, quand, penché vers le poste de radio, il suivait les étapes du Tour de France ou les matches de rugby. L'équipe de Lézignan, de bon niveau, avait même une fois atteint la finale du championnat de France ! Si la rencontre avait lieu à Lézignan ou à Narbonne, Louis se rendait au stade et écrivait un compte rendu destiné au journal local. Une occasion pour Ginette de prendre le contrôle de la radio, dont elle tournait les boutons à la recherche des dernières chansons de Charles Trenet. Que le « fou chantant » fût natif de Narbonne ne suffisait pourtant pas à se concilier l'indulgence de Louis. Comment pouvait-on chanter « Y a d'la joie, partout y a d'la joie ! » quand l'avenir s'annonçait si menaçant ?

L'insouciante Ginette passait outre. Les joues rondes, les cheveux mi-longs, bouclés, crêpés, frisés au fer comme le voulait la mode d'alors, vêtue de petites robes en coton ou de chemisiers à manches « ballons », sur les quelques photos de son adolescence, elle semble toujours en mouvement, à la fois rêveuse et vif-argent.

À l'école, au cinéma, dans les magazines, elle était en quête de modèles, des femmes bien différentes de sa mère, plus coquettes, plus soignées, meilleures maîtresses de maison. En somme, plus capables d'inspirer l'amour, ce qui, elle n'en doutait pas, était la grande affaire de la vie. Déjà, elle ressentait l'ennui profond de l'esprit de village, cette mentalité étroite, cancanière, étouffante. Jamais le moindre inconnu, la moindre surprise… Elle aspirait à « l'ailleurs », la grande ville, l'anonymat, l'aventure.

Lors des réunions de famille avec l'oncle Eugène et son épouse Alice, les adultes ferraillaient, se contredisaient sur tout, sauf sur leur commune inquiétude : la guerre. Elle était maintenant là, tout près, en Espagne, de l'autre côté des Pyrénées. Parfois, le vent du sud apportait jusqu'à Lézignan le grondement sourd du canon. On savait que l'Allemagne nazie et l'Italie fasciste armaient les troupes de Franco. L'abandon par la France des républicains espagnols avait été pour Louis une désolation. Un temps, il s'était rassuré en se disant que Léon Blum, qui détestait pourtant la guerre, était resté lucide et accélérait l'effort de réarmement. Dans cette apparente contradiction entre pacifisme et réalisme, Louis se retrouvait : l'armée lui faisait horreur, la guerre davantage encore, mais il demeurait convaincu qu'il fallait intervenir, vite, pour étouffer dans l'œuf les ardeurs belliqueuses de l'Allemagne. La chute du gouvernement Blum en avril 1938 l'atteignit au plus profond. Qui, en France, saurait désormais prendre la mesure des périls ?

Ginette avait parfois le sentiment que son père, habité par ses fantômes de 14-18, voyait tout en noir. Hélas, les événements se succédaient pour lui donner raison. Hitler exigea bientôt une nouvelle dépouille, la région des Sudètes, jurant qu'une fois avalé ce morceau de Tchécoslovaquie, sa faim serait assouvie, l'Europe vivrait tranquille « pendant mille ans ». Louis frémissait d'horreur à l'idée que l'on puisse faire confiance au dictateur allemand. Éveline l'approuvait : mari et femme ne s'entendaient sur rien, ni sur la vie de famille, ni sur la tenue du ménage, ni sur l'éducation des enfants, mais elle le suivait sans réserve en matière de politique.

Le 1er octobre, Louis blêmit en découvrant la photo du président du Conseil Édouard Daladier, acclamé par les Parisiens à son retour de Munich où il avait rencontré Hitler, Mussolini et le Britannique Chamberlain. Le lendemain, la famille Guy écouta dans un silence de plomb la déclaration radiodiffusée du Français :

« Je reviens d'Allemagne, après une négociation certainement difficile mais avec la conviction profonde que l'accord que nous avons conclu était indispensable au maintien de la paix de l'Europe… »

À Lézignan, derrière les volets de bois peints en gris, le silence s'épaississait. Ginette et Robert regardaient leur père : il pleurait.

3

« Tout homme a deux pays »

Toute la misère du monde semblait rassemblée sur la petite place de la mairie. D'où venaient-ils, qui étaient-ils, ces pauvres gens exténués, le regard éteint, assis sur des valises mal fermées et des ballots de linge, enveloppés de couvertures et pourtant grelottant de froid ? Ginette regardait sans comprendre. En ce mois de janvier 1939, la prise de Barcelone par les franquistes poussait des milliers de réfugiés espagnols sur les routes. Un troupeau pitoyable, portant sur son dos les blessés, les vieux et les bébés, franchissait à pied les Pyrénées enneigés. Ils arrivaient par vagues dans les villes et les villages du Sud, ne sachant s'ils devaient s'arrêter ou se traîner plus loin. La *Retirada*, disait-on : la retraite, la défaite, la détresse.

La famille Guy en était bouleversée. Pour ces malheureux, expliquait Louis, c'était l'exil ou la mort. À Lézignan, des petits groupes d'entraide entreprirent d'organiser des collectes, de distribuer vivres et vêtements. Mais les nouveaux venus étaient souvent regardés de travers. Dans les vignes, les ouvriers agricoles se plaignirent bientôt de ces Espagnols qui travaillaient à des cadences intenables et leur faisaient une concurrence déloyale. À l'école et au collège, quelques « nouveaux » à l'accent rocailleux rejoignaient sur les bancs les jeunes Lézignanais, et s'adaptaient plus aisément que leurs parents.

Ginette ne supportait plus le climat d'angoisse qui accablait la petite ville. Quand l'été arriva – celui de ses quinze ans – elle réussit à se faire embaucher comme « bonne d'enfants » par une famille de propriétaires terriens du Boucau, au bord de l'Atlantique, à l'autre extrémité de la chaîne des Pyrénées. « Le bout du monde ! » déplorèrent sa mère et sa grand-mère. Il fallait changer au moins trois fois de train pour y parvenir. Mais si Ginette avait pu, elle serait bien partie jusqu'en Amérique !

Là-bas, elle découvrit l'exotisme, l'océan avec ses marées, les forêts de pins, et un tout autre milieu : une famille bourgeoise, avec deux employées pour le ménage et le service, qui appelaient les cinq enfants « Monsieur » ou « Mademoiselle », quel que soit leur âge. Les parents ne manquaient pourtant pas d'une certaine décontraction : dès qu'ils jugèrent Ginette à la hauteur de sa tâche, ils lui confièrent leur progéniture sans plus s'en occuper jusqu'au repas du soir. Elle se retrouva ainsi chef de bande, et elle adora ça. Le matin, elle enfilait son short, sa marinière et ses espadrilles, empaquetait les casse-croûte et entraînait la marmaille dans de longues expéditions à bicyclette, après avoir niché Jean-Marc, le petit d'à peine deux ans, dans le panier de son vélo. Elle organisait les parties de ballon, distribuait les pulls quand le temps fraîchissait, pansait les genoux écorchés et s'assurait que chacun arrive à l'heure au dîner, mains lavées, cheveux peignés, jouets rangés dans les chambres. Elle revint de son séjour riche d'une certitude : il y avait une vie au-delà de Lézignan, un vaste monde où tout était possible…

Mais à peine était-elle de retour que ce vaste monde s'effondra. Hitler dévora la Pologne, Staline rafla les miettes, la France et la Grande-Bretagne déclarèrent la guerre à l'Allemagne. On y était ! Dans le poste de radio des Guy, Ray Ventura et ses collégiens chantaient gaillardement « On ira pendre notre linge sur la ligne Siegfried ! » : l'armée française – la première du monde, répétait-on – ne ferait qu'une bouchée des défenses allemandes… Comme en 1914, on mobilisa, même les réservistes. L'oncle Eugène, le plus jeune de la famille, fut appelé en garnison à Épinal, au cœur des Vosges. Louis se retrouva dans un bureau de l'armée à Narbonne, occupé surtout à attendre. Vêtu d'un uniforme de fortune, pantalon civil et veste militaire, il se sentait déguisé, enrôlé de force dans une nouvelle et sinistre farce. « Les Allemands se préparent sérieusement, constatait-il avec amertume. Nous, nous organisons le théâtre aux armées ! »

À Lézignan auprès de sa mère, sa grand-mère et son petit frère, Ginette faisait semblant de continuer la vie normale : collège, devoirs, cinéma, longs après-midi avec Lucie… Mais le cœur n'y était pas. Qu'allait-il se passer maintenant ? Le monde perdait pied et chaque journée paraissait désaccordée, résonnant d'une vibration lancinante et fausse. Cet hiver-là, une photo montre l'adolescente dans le jardin familial. Les arbres sont nus, la vigne vierge dépouillée. Vêtue d'un manteau à col de fourrure, la taille soulignée d'une large ceinture, elle pose en compagnie de son oncle Eugène, venu passer Noël en permission, qui porte l'uniforme : culotte de cheval, guêtres, veste militaire et calot, écharpe blanche… Sur une autre photo prise le même jour, Éveline et Mémé Anna, en manteaux noirs, assises sur le banc à l'abri du vent, fixent l'objectif d'un air contraint, mains jointes sur les genoux. Les regards sont pensifs, les sourires sans joie.

Un jour, sur le terrain d'aviation qui depuis quatre ans servait d'escale technique aux lignes de l'Aéropostale, des appareils d'un type nouveau se posèrent : ceux de la 31ᵉ escadre, qui avait reçu ordre de s'éloigner le plus possible des frontières nord et est, et avait choisi Lézignan-Corbières. Les pilotes de l'armée avaient remisé leurs vieux bombardiers Bloch au profit des LéO-451, plus rapides, plus efficaces, mais aussi plus instables. Le dimanche, les familles prenaient la route de Fabrezan, attirées par le phare rouge et blanc destiné à guider les atterrissages, pour aller admirer les as de l'aviation. On connaissait leurs insignes : un aigle doré passant à travers un fer à cheval rouge pour la première escadrille, un porc-épic pour la seconde. « Qui s'y frotte s'y pique », disait la devise. Ginette et Lucie étaient éblouies par ces nouveaux aventuriers, avec leurs vestes de cuir, leurs épais bonnets de protection dont ils laissaient flotter l'attache, leurs combinaisons aux multiples poches. Ah, c'était autre chose que les garçons du pays ! Parfois, quand elles se promenaient sur le tour de ville après le cinéma, elles croisaient une jeune fille à peine plus âgée qu'elles au bras d'un bel aviateur. Et pour elles, quand commencerait la « vraie » vie ?

Un dimanche d'avril, quelques minutes après le décollage, un LéO-451 s'écrasa à la lisière de Lézignan. Tout l'équipage – pilote, bombardier, mitrailleur, radio – périt dans l'engin calciné. Quelques jours plus tard, Ginette et Lucie, la gorge nouée, se serrant fort la main, regarderaient passer les cercueils chargés sur des camions militaires et escortés par des soldats à pied, canon du fusil pointé vers le sol. Comme une accumulation de mauvais présages…

Louis, le pessimiste, avait eu raison. Au mois de mai, les panzers allemands déferlaient sur les Pays-Bas, la Belgique, le Luxembourg. Ils enfoncèrent les défenses françaises à Sedan, et une semaine plus tard campaient sur la Manche. Chacun restait suspendu aux nouvelles de la radio. Une vague de terreur, de massacres, d'incendies et de pillages… Des millions de réfugiés, poursuivis par les hurlements des stukas, fuyaient vers le sud… Arras occupé, puis Boulogne, puis Calais… Soldats français et britanniques pris au piège sur la plage de Dunkerque… Incroyable débâcle ! Au cinéma, les actualités continuaient pourtant à présenter les parades martiales de l'armée française et faisaient l'éloge du glorieux général Weygand, tout juste nommé à la tête des armées alliées.

Qui croire ? À qui se fier ? Ce que Ginette pensait comprendre un jour volait en éclats le lendemain. À Lézignan, les aviateurs avaient quitté leur base pour rejoindre le front, et on vit bientôt affluer de nouvelles vagues d'exilés : des Belges, des Français venus du nord et de l'est, à leur tour chargés de valises et de baluchons, traînant des poussettes et des vélos, et offrant le visage creusé du désespoir.

Ils faisaient halte qui à Montauban, qui à Toulouse, qui à Narbonne ou Lézignan. Sur les murs des gares, on collait des affichettes rédigées à la hâte : des familles séparées recherchaient un parent, un enfant, un ami, perdu là-bas, dans la panique des bombardements. On disait qu'à Lyon, non, à Valence, non, à Narbonne même, on avait vu passer des militaires français dépenaillés, égarés, tête basse, fuyant aussi loin que leurs jambes fatiguées pouvaient les porter, suivis de près par des flots de soldats sans armée, polonais ou tchèques, échevelés, la veste déboutonnée, dernier lambeau d'un uniforme dont ils se débarrassaient pour ne pas se signaler à l'ennemi.

Au bout du chemin de terre des Guy, le collège fut transformé en hôpital militaire. Ginette, Lucie et leurs camarades durent s'entasser dans une salle unique regroupant plusieurs classes. Pendant les récréations, elles échangeaient parfois quelques mots avec des soldats convalescents. Elles écoutaient ces accents insolites, d'hommes venus d'une France lointaine, d'une Europe orientale plus inconnue encore, emportés dans la même tragédie. Tout au fond d'elle-même, Ginette s'en voulait de se dire qu'il se passait « enfin quelque chose ». Elle rêvait d'aventure, mais pas comme ça. Qu'arrivait-il à son pays ? Y avait-il même encore un pays ?

Et puis, le 10 juin, le gouvernement abandonna Paris, l'armée allemande s'y installa. Le 17, le jour de ses seize ans, sans friandise ni cadeau, assise entre sa mère et sa grand-mère – Louis était encore « en poste » à Narbonne – Ginette entendit à la radio un vieillard à la voix chevrotante annoncer la demande d'armistice de la France à l'Allemagne : « Sûr de la confiance du peuple tout entier, je fais à la France le don de ma personne pour atténuer son malheur. » Le don de sa personne ? « *Aquo un polit regal !* » lança, furieuse, la tante Marie, sœur aînée de Louis, qui se trouvait là, et ne parlait quasiment qu'en patois, surtout lorsqu'elle était indignée. « Voilà un beau cadeau ! » en effet. Cesser le combat avant même d'entamer les pourparlers, cela signifiait enjoindre aux soldats français de se livrer à l'ennemi ! Pétain, président du Conseil depuis la veille, envoyait ainsi directement des centaines de milliers d'hommes dans les camps de prisonniers.

L'oncle Eugène – le sous-lieutenant Richard – réussit à passer entre les mailles du filet. Il avait participé aux brefs combats au nord de Compiègne, le temps d'être décoré de la croix de guerre pour « sa recherche difficile et périlleuse du renseignement ayant permis l'ajustage des tirs » face à une concentration de chars allemands. Envoyé à Dunkerque, il n'avait parcouru qu'une dizaine de kilomètres quand avait sonné la retraite. Sans attendre, il avait regagné Marseille aussi vite qu'il avait pu. Louis, de son côté, retrouva sa famille à Lézignan et, prostré près de la radio, continua à suivre les échos de l'effondrement : le pays maintenant scindé en deux par une ligne de démarcation – zone occupée au nord, zone prétendument « libre » au sud –, le gouvernement replié à Vichy, les pleins pouvoirs donnés à Pétain. Quatre-vingts élus seulement sur neuf cent sept osèrent s'y opposer, dont Léon Blum, plus que jamais digne de l'admiration de Louis… La République était morte, la France écrasée sous la botte allemande, et la zone sud livrée à un vieillard, aux « calotins » et aux réactionnaires !

Louis, le survivant des tranchées, le socialiste, le syndicaliste, le fervent défenseur de l'école laïque, se sentait totalement, épouvantablement vaincu. Et très seul. Car dans le village, le soulagement dominait : la guerre était finie, se réjouissait-on, et grâce au maréchal, le Sud n'était pas occupé. On pouvait à nouveau préparer les vendanges, surveiller le vin dans les cuves, penser au ravitaillement. Il fallait bien accepter l'inévitable, n'est-ce pas ? À qui se raccrocher si ce n'était au vieux militaire qui avait autrefois fait ses preuves au combat et saurait protéger ses compatriotes des exigences allemandes ? Tout, plutôt que revivre le carnage de 14-18 ! L'Europe serait allemande, il fallait se soumettre… Une telle résignation révulsait Louis. Il s'insurgeait : « Pétain, cette vieille baderne, le sauveur ? Mais c'est le fossoyeur de la France ! » Puis il s'enfermait dans le silence.

« Le dernier mot est-il dit ? L'espérance doit-elle disparaître ? La défaite est-elle définitive ? Non !… Car la France n'est pas seule ! Elle n'est pas seule ! Elle n'est pas seule ! Elle a un vaste Empire derrière elle. Elle peut faire bloc avec l'Empire britannique qui tient la mer et continue la lutte. Elle peut, comme l'Angleterre, utiliser sans limite l'immense industrie des États-Unis… » Quand Ginette et ses parents eurent-ils connaissance de l'appel lancé par le général de Gaulle le 18 juin ? Peu de Français avaient alors acquis le réflexe de capter Radio Londres. Mais la presse s'en fit indirectement l'écho deux semaines plus tard, accusant de Gaulle de trahison. Le message, lancé comme une bouteille à la mer, commençait à circuler et, si chimérique qu'il parût, à ébranler les certitudes martelées par les autorités, et à redonner un peu d'espoir à Louis : « Cette guerre n'est pas tranchée par la bataille de France. Cette guerre est une guerre mondiale… Quoi qu'il arrive, la flamme de la résistance française ne doit pas s'éteindre et ne s'éteindra pas. » Pouvait-on y croire ? Mais y avait-il d'autre choix que d'y croire, à moins de se résigner à vivre asservis, dans une déchéance définitive ?

En zone libre, les examens scolaires, retardés par la désorganisation générale, eurent finalement lieu début juillet. Chaperonnées par Mme Auriol, Ginette et Lucie se rendirent à Carcassonne pour passer les épreuves du brevet supérieur. Guerre ou pas, pour les deux amies, c'était un peu la fête. Prendre le train, dormir à l'hôtel… Elles se pomponnèrent comme de vraies dames. Ginette pensait avant tout à la première paire de talons hauts qu'elle allait enfin pouvoir acheter « en ville », et ne se sentait pas du tout angoissée par l'examen. Elle n'aurait pu rêver meilleur sujet de composition française que celui qui fut proposé : « Tout homme a deux pays, le sien et puis la France. » En cette année 1940, cette phrase, jadis prononcée par Thomas Jefferson et Benjamin Franklin, disait tout l'amour pour ce pauvre pays envahi et blessé, et le désir ardent de le défendre. Jusque-là, Ginette ignorait combien elle tenait, elle aussi, à cette France, soudain si fragile. Elle trempa sa plume dans l'encrier, les mots lui vinrent facilement… La France… Ce pays-là est singulier, commença-t-elle, parce que c'est celui de la liberté, de l'égalité et de la fraternité, celui qui avait proclamé : « Les hommes naissent libres et égaux en droits ; l'oubli ou le mépris des droits de l'homme sont les seules causes des malheurs publics… » Cette France-là s'élève au-dessus des frontières, des langues et des religions ; ce n'est pas qu'une terre meurtrie et profanée, c'est une patrie du cœur et de l'esprit, aimée, chérie, pleurée par tous ceux que révolte le joug de l'oppresseur… Ginette reçut la note maximale, et obtint facilement son brevet supérieur.

Un après-midi de cet été 1940 qui ne ressemblait à aucun autre, Louis montra à ses enfants une pièce de dix sous en cuivre qu'il gardait dans sa poche. Côté face : l'effigie du maréchal. Mais en bordure, gravé en tout petits caractères, on déchiffrait : *À de Gaulle.* Le message anonyme d'un résistant de la première heure. « Non, la guerre n'est pas finie, murmura Louis, tout n'est pas perdu. »

4

Sous le joug du maréchal

Le livret *Il était une fois un Maréchal de France*, que Robert avait sorti de son cartable d'écolier, passait de main en main. Sur la couverture tricolore, des enfants au regard extasié offraient au vieux guerrier une brassée d'épis de blé et un bouquet de fleurs. Rien ne manquait : ni la francisque à double tranchant « Insigne du Maréchal de France, Chef de l'État français », ni la devise « Travail, Famille, Patrie ». Et cet éloge qui révulsa Louis : « Le Maréchal, chevalier sans peur et sans reproche comme le fut Bayard, sauveur de la France comme le fut Jeanne d'Arc, reste l'une des plus belles, l'une des plus pures figures de notre grande histoire. Sa vie est aussi claire et lumineuse qu'une légende. »

– Tu dois vraiment apprendre ça ? demanda Ginette à Robert.

– Le maître a dit que c'était le nouveau programme.

– *Son cabourt !* s'emporta Louis. *Aqui dintra pas Pétain !* Ils sont fous ! Pétain n'entrera pas ici !

Dans le Midi, la première rentrée scolaire de la défaite avait eu lieu comme d'habitude, début octobre. Mais maîtres et élèves étaient déboussolés. Les plus jeunes, comme Robert, qui n'avaient pas été « corrompus par l'esprit indolent de la IIIe République », étaient tenus de vouer un culte sans limite au maréchal et de se plier à son œuvre de purification morale. Manuels, protège-cahiers, albums de coloriage, bons points, abécédaires, jeux de l'oie… Tout était à l'effigie de Pétain. Le lundi matin, avant le premier cours, ainsi que le samedi, quand se clôturait la semaine, Robert et ses petits camarades devaient défiler au pas, faire le salut aux couleurs, et chanter cette chanson épouvantable :

Maréchal, nous voilà,
Devant toi, le sauveur de la France,
Nous jurons, nous, tes gars
De servir et de suivre tes pas.
Car Pétain c'est la France,
La France c'est Pétain !

Ginette, elle, avait reçu son brevet supérieur, un beau diplôme calligraphié que j'ai retrouvé des décennies plus tard, soigneusement rangé dans un dossier fermé par une sangle. Il devait lui permettre de se présenter directement au concours de l'école normale, où la formation des instituteurs était rémunérée. Mais, ordre du maréchal, le brevet venait d'être aboli ! Et d'écoles normales, il n'y avait plus ! Au milieu de l'été 1940, alors que les réfugiés encombraient les routes, que près de deux millions de soldats français s'entassaient dans les camps de prisonniers en Allemagne, que la nourriture manquait et que l'occupant étranglait le pays, le gouvernement de Pétain n'avait trouvé d'autre urgence que de s'en prendre à l'instruction laïque et républicaine, de fermer les écoles normales, ces « séminaires malfaisants de la démocratie », selon Charles Maurras, et de mettre en accusation les instituteurs, jugés responsables de la « mollesse » et du défaitisme. Vichy désignait ses boucs émissaires : si la France avait perdu la guerre, c'était la faute du « laisser-aller » général, du régime parlementaire, des partis politiques, de « l'anti-France » et particulièrement des Juifs qui, le 3 octobre, furent soumis à un statut spécial. Léon Blum, juif et socialiste, croupissait derrière les barreaux. Il fallait au pays un « ordre nouveau » : les hommes au travail, les femmes au foyer, et la patrie vouée au culte du maréchal qui se chargeait de tout.

Pour Louis, cette haine du savoir émancipateur et des valeurs humanistes signait une fois pour toutes l'infamie du régime. Qu'allait devenir Ginette au milieu d'une telle décomposition ? Elle pouvait envisager de passer l'examen des bourses pour entrer au lycée, elle avait toutes ses chances. Mais la perspective de l'internat, à Narbonne ou à Carcassonne, l'intimidait. Elle craignait le manque de liberté, la vie de dortoir, l'intimité forcée avec des compagnes d'un milieu différent. Elle, qui se sentait prête à voyager au-delà des mers, renâclait à l'idée de perdre son indépendance. Et puis, la propagande pétainiste jetait le trouble dans son esprit : les filles étaient sommées d'apprendre la cuisine, la couture et les arts ménagers ; elles devaient songer à se marier et à avoir des enfants pour reconstruire la France… Devenir une épouse et une mère ? Peut-être, mais par où commencer ? Ce n'était pas en s'enfermant dans un pensionnat qu'elle réaliserait ses rêves romantiques, mais pas davantage en restant à Lézignan. Dans le doute, Ginette remit à plus tard la possibilité d'une entrée au lycée et s'inscrivit avec Lucie au « cours commercial » : sténo, dactylo, comptabilité… Au moins, espérait-elle, elle pourrait voler de ses propres ailes et, en cas de besoin, aider les siens.

À la fin du mois d'octobre, un nouveau clou fut enfoncé dans le cercueil de la dignité nationale : « C'est dans l'honneur et pour maintenir l'unité française – une unité de dix siècles – dans le cadre d'une activité constructive du nouvel ordre européen que j'entre aujourd'hui dans la voie de la collaboration », annonça le maréchal. Alors, on « collabora » avec l'occupant. À Lézignan comme ailleurs, les anciens combattants ressortirent les bérets, briquèrent leurs insignes et leurs médailles, et se réunirent dans « la Légion », chargée par le maréchal de « régénérer la nation par l'exemple du sacrifice de la Grande Guerre ». Le 11 novembre 1940 eut lieu sur la place un rassemblement général pour célébrer les valeureux de 14-18 mais aussi ceux de la débâcle toute récente qui, « dans le désastre, avaient sauvé l'honneur ». L'un des premiers à s'y précipiter fut un déserteur notoire. Que de veuleries, de mensonges, de bassesses… Louis resta chez lui avec les siens. Pas question que Ginette ou Robert participent à cette mascarade !

De retour des festivités, son voisin Mézonave l'appela pourtant par-dessus la clôture :

– Alors monsieur Guy ! Vous n'étiez pas au défilé des anciens combattants ? Il y avait tout Lézignan !

– Oui, il y avait tous les cons !

Mézonave, décontenancé par cette grossièreté inhabituelle, s'éloigna, pour une fois muet.

Pas bien malin mais brave type, le voisin ne cherchait pas à nuire. Mais à Lézignan, tout le monde n'était pas aussi débonnaire. La presse était aux ordres, la Légion avait pour ordre de guetter, épier, dénoncer…

Les syndicats et les partis politiques avaient été interdits, et bientôt, quelques militants communistes furent arrêtés. Louis, étiqueté socialiste et syndicaliste, reçut des avertissements sans ambiguïté : « Guy, tu es sur la liste rouge ! On t'a à l'œil ! » D'autres, plus proches de ses opinions, lui avaient glissé : « Méfie-toi, Louis, ils peuvent venir te chercher n'importe quand… La nuit surtout… » Discrètement, Louis ménagea un passage dans la haie de roseaux qui bordait le fond du jardin, y accrocha une musette emplie de quelques victuailles qu'il renouvelait régulièrement, et dissimula l'ouverture derrière une brassée de feuillage. De tout cela, il ne dit rien à ses enfants. Éveline était chargée, en cas de visite hostile, de gagner du temps – prétexter de sa surdité, feindre de chercher ses clés – avant d'ouvrir le portail désormais verrouillé chaque soir. Ce qui permettrait à Louis de filer à travers les vignes puis de s'enfoncer dans la garrigue qu'il connaissait comme sa poche.

Mais que se passerait-il s'il devait rester caché ou s'il perdait son emploi, seul revenu de la famille ? Du jour au lendemain, tout le monde, ou presque, était devenu pauvre. La France devait verser une invraisemblable indemnité journalière de 400 millions de francs à l'Allemagne, entretenir l'armée d'occupation, et fournir quantité de biens en nature, récoltes, bétail, véhicules, cuir, métal, essence… « Ils sont en train de piller le pays ! » maugréait Louis.

Dès septembre, le gouvernement instaura des tickets de rationnement pour les produits de base – viande, lait, fromage, huile, beurre, sucre, farine, légumes secs –, calculant la part de chacun au plus juste : 1 800 calories quotidiennes en moyenne par adulte. Chacun connut alors les rutabagas et les topinambours, unanimement détestés car jusque-là réservés aux animaux, l'inqualifiable « boudin national » dont on préférait ignorer de quoi il était fait, le pain gris qui s'effritait et laissait dans la bouche un goût aussi amer que les déclarations indignes du maréchal : « Je ne fais que me répéter chaque jour que nous sommes vaincus et que la France doit renoncer à des prétentions auxquelles nous n'avons plus droit ! » De tels propos fatalistes, Éveline les entendait aussi en faisant son marché, tout comme Louis, à son bureau : « Que voulez-vous, c'est comme ça, on est vaincus ! »

À Lézignan, le système D s'imposa, et plus d'un commerçant ne résista pas aux attraits du marché noir. Chez les Guy, on était trop honnêtes et trop pauvres pour seulement l'envisager. Alors, les jours où un arrivage était annoncé, Éveline se levait à cinq heures pour faire la queue devant la devanture du boulanger ou du boucher. Souvent, parvenue au comptoir, elle ne trouvait plus rien. Autour d'elle, elle avait l'impression que ses voisines maigrissaient à vue d'œil. Déjà, on parlait de carences, de rachitisme… Ginette partageait l'inquiétude de sa mère en regardant la silhouette bien menue de Robert. Louis installa des clapiers et un poulailler dans le jardin, sema des pommes de terre, des pois chiches, des tomates, des haricots et des courgettes en quantité. Mais il manquait la farine, l'huile, le sel, le sucre. Se nourrir était devenu un combat quotidien.

Le soir, toutes portes cadenassées, tous volets fermés, alors que le tumulte du vent du nord se déchaînait à travers la garrigue et donnait le sentiment d'être isolé du monde, la famille se regroupait devant la TSF pour écouter Radio Londres. Bientôt, le *pom pom pom pom* attendu se frayait un chemin dans le lacis des ondes. À vingt heures quinze débutaient les nouvelles d'Angleterre diffusées en français, suivies des cinq minutes dédiées à la France libre que présentait Maurice Schumann, porte-parole du général de Gaulle. Puis c'était enfin le tour de l'émission phare, véritable vigie au cœur de la tempête : « Les Français parlent aux Français, ixième jour de lutte du peuple français pour sa libération. » À ces mots, un espoir fou se glissait dans les pensées de chacun. Cela avait commencé par des phrases anodines, destinées à rassurer des familles après le départ d'un fils ou d'un frère vers la mystérieuse France libre, de l'autre côté de la Manche : « Lisette va bien. Richard dit bonjour à ses amis. L'hirondelle toulousaine est arrivée... » Mais au bout de quelques mois, il était devenu évident que des signaux étaient lancés, des ordres envoyés. « La Lune est pleine d'éléphants verts. Le chien du jardinier pleure. Le fantôme n'est pas bavard. L'abbé est nerveux... » Poésie obscure, mais exaltante, à laquelle Ginette inventait un sens caché. Sans bruit, invisible, dérisoire peut-être mais bien vivante, la lutte continuait.

Le premier hiver de guerre passa, puis le printemps. L'été revint, sec et brûlant, menaçant les récoltes des potagers. Ginette se rattrapait alors des restrictions avec les abricots et les raisins de la vigne familiale, exceptionnellement sucrés. Les plages de Méditerranée n'étaient pas interdites – pas encore –, mais il n'y avait plus d'autocars pour s'y rendre, encore moins de voitures privées. Le vélo était quasiment le seul moyen de locomotion, le dernier vestige d'indépendance. Mémé Anna n'allait plus à La Nouvelle. Avec la chaleur, Ginette languissait. Elle ressortait du placard ses petits deux-pièces tricotés, nostalgique des étés d'autrefois. L'empêcher de retrouver la mer, c'était la pire punition qu'on puisse lui infliger. Avec Lucie, elle allait prendre le soleil sur la berge de l'Orbieu, la rivière qui coulait paresseusement aux abords de Lézignan, mais non, ce n'était pas pareil. Ginette n'aimait pas cette eau fadasse, et elle craignait les couleuvres qui pouvaient vous filer entre les mollets.

Le 22 juin 1941, la nouvelle retentit comme un coup de tonnerre : Hitler avait attaqué l'Union soviétique ! Tout le monde songea à Napoléon, finalement vaincu par le grand hiver russe, à l'immense territoire qu'aucun envahisseur n'avait jamais pu maîtriser. L'ogre germanique allait-il s'y briser lui aussi ?

À l'automne, Ginette posait avec ses compagnes du cours commercial pour marquer l'obtention de leur diplôme. Sur les photos, les jeunes filles se tiennent par l'épaule, sourient gaiement, rien ne semble avoir encore altéré leur joie de vivre. Ginette trouva son premier emploi chez M. Combes, négociant en vin à Lézignan. Je l'ai rencontré bien des années plus tard, vieux monsieur aux yeux de cristal et au sourire d'enfant. Attendri, il revoyait comme si c'était hier la jeune fille naïve, éprise de justice et de grands sentiments, qui venait chaque matin à sa distillerie pour prendre le courrier en sténo, taper et envoyer les lettres. Il se souvenait de l'émotion partagée quand, en décembre 1941, ils apprirent que de l'autre côté de l'Atlantique une seconde plaque tectonique était ébranlée : après l'attaque japonaise sur Pearl Harbor, les États-Unis, à leur tour, étaient entrés en guerre.

L'Amérique ! Les Alliés... Tout un continent, que même l'implacable Allemagne nazie ne pourrait atteindre. Trop loin cependant pour secourir rapidement l'Europe écrasée par les nouveaux barbares. Mais elle, Ginette, que pouvait-elle faire ? Elle se sentait de plus en plus minuscule et impuissante dans cette France claquemurée, dans cette petite ville oubliée de tous les grands événements. En rentrant le soir, elle reprenait sa collection de journaux et son cahier consacré à Michèle Morgan, installée à Hollywood depuis le début des hostilités. Elle, même si elle en rêvait, ne pouvait aller aussi loin. Mais elle n'en pouvait plus d'attendre que son destin se mette enfin en marche. Il était temps de partir.

5

Toulouse

Pour Ginette, le centre du monde s'était fixé place Wilson. Cette belle place de Toulouse en ellipse, avec ses immeubles incurvés, ses terrasses de café sous d'amples toiles décolorées au soleil, ses boutiques de mode aux vitrines en forme d'arches, ses arbres touffus autour de la fontaine, ses bancs sous les ombrages offerts aux promeneurs, et évidemment, ses cinémas, les plus réputés de la ville, le Gaumont-Palace, les Variétés, le Plaza, dont les enseignes lumineuses brillaient tard dans la nuit… Et le centre de ce centre du monde, c'était le café des Américains. Le plus grand d'Europe, rien de moins, qui occupait l'angle des allées Wilson et du boulevard Carnot.

Le café des Américains… Son nom seul la faisait rêver. Pour la jeune fille arrivée quelques semaines plus tôt dans la capitale de la Haute-Garonne, Toulouse, c'était la grande ville, la liberté ! Elle se sentait un peu coupable d'éprouver un tel sentiment en pleine guerre, sous la lourde patte de Vichy, mais rien n'y faisait, dès qu'elle sortait dans la rue, son cœur battait plus vite, elle respirait mieux, une ébauche de sourire errait constamment sur ses lèvres et une lumière se mettait à danser au fond de ses yeux. Elle aurait bientôt dix-huit ans. La vie lui appartenait.

Sa mère Éveline avait tout fait pour la retenir. Trop jeune, trop seule, sans protection, dans une période débordant de dangers… À contrecœur, Louis, lui, avait fini par céder. Quel avenir attendait cette petite à Lézignan, maintenant que l'espoir de la voir devenir institutrice avait été étouffé ? Elle qui avait tant soif de découvertes et besoin de projets, que gagnerait-elle à tourner plus longtemps en rond, entre la distillerie de M. Combes, le cinéma du dimanche et la maison au bord des vignes ? Même Robert l'avait compris : on ne pouvait pas empêcher la jeune fille de partir.

Ginette avait rapidement trouvé un emploi dans la ville aux célèbres façades de briques roses – souvent recouvertes du gris de l'usure et de la poussière –, sans doute grâce à l'oncle Paul, le plus jeune frère de Louis, installé depuis longtemps à Toulouse. Habile à couper, bâtir, faufiler, ourler, il travaillait chez un tailleur renommé et côtoyait tout le gratin toulousain de la couture. Ginette se retrouva ainsi employée chez un certain Teboul, fourreur de son état. On associait souvent dans la même phrase : « Teboul, fourreur, et Kopetzki, tailleur », les plus grosses maisons de la région, dont on ne comptait plus les succursales et que fréquentaient toutes les élégantes.

Grâce à sa débrouillardise, et peut-être à un nouveau coup de pouce de l'oncle Paul, Ginette avait aussi déniché un petit appartement au dernier étage d'un immeuble ancien, dans une étroite impasse à deux pas du boulevard de Strasbourg, non loin de la place du Capitole, à cinq minutes de la place Wilson. Un véritable exploit, car depuis la débâcle, la population de la ville ayant doublé, la moindre chambrette, même sordide, trouvait à se louer. Parmi la masse des réfugiés fuyant le déferlement de la Wehrmacht, nombreux étaient ceux qui avaient d'abord pensé que la Haute-Garonne ne serait qu'une halte avant d'aller plus loin – en Espagne ? en Amérique ? –, voire avant de rentrer chez soi si le calme revenait. Mais tout s'était figé : la frontière des Pyrénées était étroitement surveillée, le passage clandestin devenu très périlleux et très cher. Pour beaucoup, revenir vers le nord était tout aussi impossible : le gouvernement de Vichy avait interdit le retour en zone occupée de tous les Juifs, français ou étrangers, qu'ils aient fui la région parisienne ou été expulsés par Hitler d'Alsace-Lorraine, du pays de Bade et du Palatinat… Dans les rues de Toulouse, on entendait une multitude d'accents inconnus, chacun cherchant son chemin, quêtant un renseignement, s'inquiétant des rumeurs, hélant un ami perdu de vue pendant le désastre et parfois miraculeusement retrouvé à une terrasse de la place Wilson. Dans la ville vidée de ses voitures mais toujours sillonnée par les tramways et les vélos chaque jour plus nombreux, Ginette découvrait une ambiance nouvelle, qui évoquait l'étranger et le mouvement, bien loin de la torpeur pesante de Lézignan, mais elle sentait à tout instant combien cette activité bienvenue était sous-tendue d'angoisse et d'incertitude.

Je l'imagine, maîtresse de son minuscule royaume, si fière de rentrer le soir « chez elle » : elle poussait le portail en fer forgé, s'effaçait dans le couloir exigu pour croiser un voisin, grimpait d'un pas vif les marches qui gémissaient à chaque enjambée. Elle aimait la rampe de bois polie par le temps, la cour intérieure resserrée autour de ses lucarnes, les vieux murs de briques où affleuraient les galets de la Garonne, utilisés dans tant de constructions toulousaines. Elle faisait tourner « sa » clé dans la serrure, ouvrait un moment les deux fenêtres – à la fin de la journée, il faisait souvent étouffant, même en hiver. En se perchant sur une chaise, elle avait vue sur les toits, les pentes de tuiles rosées, les immeubles déglingués, tous de hauteurs différentes, les rares balcons ouvragés où s'enroulaient des lianes de lierre. Ginette posait son sac, ôtait son manteau, disposait sur la commode ses peignes, son tube de rouge à lèvres, un flacon de verre torsadé. Elle se parfumait alors à *Habanita* de Molinard, elle trouvait que « ça faisait femme ». Elle se sentait adulte, citadine, indépendante.

Le matin, elle quittait la petite impasse et le boulevard de Strasbourg, passait par la place du Capitole, juste pour le plaisir, puis s'enfonçait dans les ruelles du vieux Toulouse, où le soleil pénétrait à peine. Arrivée chez Teboul, elle entrait par la porte arrière du magasin, traversait l'atelier où une demi-douzaine d'ouvriers taillaient les peaux en faisant crisser les ciseaux, tandis que d'autres piquaient sur des machines à pédale, puis elle empruntait l'escalier qui menait aux bureaux. Le sien se nichait derrière une paroi vitrée, dont la porte restait toujours ouverte. Des pans de cuir lustré, des fourrures en attente de rapiéçage s'entassaient sur la chaise qui lui faisait face, et elle devait défendre vaillamment sur sa table une petite surface pour y trier les factures, les bons de commande, les imprimés administratifs. Elle séparait le courrier urgent des demandes de crédit toujours trop nombreuses, regroupait les pages de mode découpées dans les journaux. Allégrement, elle faisait crépiter la machine à écrire, fière de sa dextérité tout récemment acquise, extirpait une à une chaque page proprement remplie, et préparait les enveloppes. M. Teboul passait la tête, apposait une signature, redescendait à l'atelier montrer à un apprenti comment faire tourner la roue de la Singer bloquée sur une couture épaisse, revenait dans le bureau, et tout en tâtant l'une des fourrures d'un air dubitatif, demandait : « Mademoiselle Ginette, ça ne vous ennuierait pas de déposer un paquet chez le droguiste, derrière la gare Matabiau ? Vous pourriez en profiter pour rappeler au rémouleur de rapporter les couteaux que j'ai donnés à aiguiser, on aurait bien besoin de les récupérer. »

Ginette ne refusait jamais. Au début, ces requêtes étaient rares, mais il semblait qu'il y eût de plus en plus souvent une course urgente, un colis à déposer « en mains propres », un formulaire « très important » à faire tamponner à la mairie. Pour Ginette, c'était l'occasion de prendre son vélo et de parcourir la ville, et cela aussi devenait une aventure. Quand l'occasion s'en présentait, elle ne rechignait pas à pousser jusqu'au quartier Saint-Cyprien, de l'autre côté de la Garonne. Elle aimait pédaler le long du fleuve, sous les platanes encore dénudés. Voir se rapprocher les lourdes arches du Pont-Neuf – le plus ancien de la cité – était un bonheur, elle ne se lassait jamais de l'harmonie des courbes, de la teinte chaude des pierres dans le soleil déclinant. Les cheveux dans le vent, elle suivait le vol des mouettes qui criaient d'une rive à l'autre, planaient longuement avant de partir très loin, peut-être jusqu'à la mer, indifférentes aux lignes de démarcation et aux zones interdites, et elle appuyait de toutes ses forces sur les pédales pour les suivre. Allez, vole, Ginette, vole…

Au retour, M. Teboul l'accueillait d'un sourire et d'un signe de tête. L'atelier et le magasin ne désemplissaient pas, mais en dépit du constant va-et-vient, les affaires tournaient au ralenti. Il semblait quasi impossible de mettre la main sur une fourrure neuve, et quoi qu'en disent les journaux qui conseillaient de « découvrir les humbles bêtes de chez nous », même les honnêtes peaux de lapin se faisaient rares. M. Teboul vantait encore le dernier manteau d'astrakan sorti de son atelier avant la débâcle, et les clientes caressaient d'un doigt mélancolique les échantillons de vison et de renard qui parlaient d'une époque révolue. Certaines, vêtues de tailleurs de drap fin, chaussées de souliers en cuir véritable, ne paraissaient pourtant nullement frappées par les restrictions. Comment se procuraient-elles de tels trésors ? Pour Ginette, cela demeurait mystérieux. Mais la plupart des autres clientes venaient pour des retouches, une mise au goût du jour, quand ce n'était pas la transformation d'un pardessus d'adulte en pèlerines d'enfant, afin de réchauffer leur progéniture pendant cet hiver glacé, alors que le bois et le charbon manquaient. Chez Teboul, on retaillait, on raccourcissait pour suivre la mode, on récupérait les chutes pour confectionner une écharpe ou un petit chapeau.

Quand Ginette descendait au magasin pour apporter une facture ou prendre un bon de commande, elle saluait les habitués et découvrait aussi de nouveaux venus, hésitants, qui avaient erré dans les rues en quête de la bonne adresse, notée à la va-vite sur un bout de papier replié au fond d'une poche. Ceux-là cherchaient parfois à revendre une peau de mouton, une couverture un peu râpée ou même un simple col en petit-gris, garni des pattes de la bestiole et d'yeux en verre coloré. Ginette avait le sentiment qu'ils exhumaient quelques débris rescapés d'un naufrage. On discutait, on hésitait, on marchandait, on réglait enfin l'affaire, et puis on s'asseyait sur un coin de table pour échanger les dernières nouvelles de « là-bas », en zone nord, sur le front de l'Est...

Ginette ne mit pas longtemps à comprendre qu'à part les Toulousaines à la mode et visiblement fortunées qui appréciaient le savoir-faire de la maison Teboul, tous les familiers – ouvriers, vendeuses, fournisseurs, clients, cousins, amis ou visiteurs de passage –, tous, étaient juifs. Entre eux, il n'était guère question de religion, de Kippour ou de shabbat, mais bien davantage de statut des Juifs, de recensement, de confiscation et d'« aryanisation ». À Lézignan, elle n'avait pas vraiment pris garde à ces initiatives de Vichy, décidées avec diligence dès l'été 1940. Elle n'avait pas réalisé que cela visait toute une partie de la population, pointée du doigt, extraite du tissu national. Autour d'elle, nul ne savait alors qui était juif et qui ne l'était pas, et pour Ginette cela ne signifiait rien. Mais petit à petit, en écoutant les conversations qui se poursuivaient bien après la fermeture du magasin Teboul, elle assemblait certaines pièces du puzzle.

Sans même que s'exerçât la contrainte de l'occupant, le maréchal et ses proches avaient saisi la défaite comme une aubaine pour donner libre cours au vieil antisémitisme des antidreyfusards. Le statut des Juifs, en date du 3 octobre 1940, signé « Philippe Pétain, maréchal de France, chef de l'État français, et Pierre Laval, vice-président du Conseil », les écartait de la haute fonction publique, de l'enseignement, de la presse, des métiers du cinéma. « Est regardé comme Juif toute personne issue de trois grands-parents de race juive ou de deux grands-parents si son conjoint est juif », précisait l'article premier. L'été suivant, un nouveau décret avait encore élargi l'appartenance à la « race » maudite et le domaine des professions interdites.

Chez Teboul, on s'inquiétait surtout de la confiscation de « toutes les entreprises, biens et valeurs appartenant aux Juifs » annoncée en juillet 1941 et destinée à « éliminer toute influence juive dans l'économie nationale ». Jusque-là, même si le fourreur se méfiait du comité d'organisation de la pelleterie, personne, semblait-il, ne lui avait encore cherché noise. Teboul et Kopetzki – ce dernier était d'ailleurs protestant – gardaient pignon sur rue, et conservaient leur clientèle. Comment était-ce possible ? Ginette ne posait pas la question. Que son employeur fût juif lui semblait même une raison supplémentaire de mettre du cœur à l'ouvrage et de rendre maints petits services. Sans en avoir encore conscience, elle avait choisi son camp.

Dans la pièce attenante à son bureau, on revenait inlassablement aux mêmes interrogations. Peut-être Pétain en resterait-il là ? Peut-être se contenterait-il de ces mesures blessantes, rarement appliquées, juste des menaces de papier ? Était-il vraiment responsable de tous ces excès ? Et de toute façon, que pouvait-on faire ? Où aller ? Dans les premiers mois qui avaient suivi la promulgation du statut des Juifs, interdits, brimades, sanctions étaient tombés de tous côtés. Depuis, tout cela s'était ralenti, la situation semblait se normaliser, le pire était derrière soi, disait-on… Une autre inquiétude persistait : les Juifs avaient-ils eu tort de se faire recenser ? C'était obligatoire depuis presque un an. Au début, les fiches distribuées par les préfectures manquaient. Quand quelqu'un recevait enfin la sienne, il fallait des jours pour la remplir tant le questionnaire exigeait des précisions tatillonnes sur les parents, les grands-parents, les mariages, les naissances, les dates, les lieux, les durées de séjour en France… Mais finalement, avec le temps, la plupart des Juifs de Toulouse avaient cédé. Ils se disaient qu'ainsi, en zone sud, en étant en règle, en faisant attention, en se montrant prudents, ils seraient à peu près tranquilles… Chez le fourreur, la conversation s'effilochait, la lumière baissait, on regardait sa montre, on se saluait, on partait retrouver les siens, préparer le dîner, courir à un rendez-vous, prendre un apéritif au café, regarder les affiches des cinémas… La vie continuait.

Quand Ginette quittait enfin son bureau, une deuxième journée commençait, la plus intéressante. Elle vérifiait sa tenue dans le miroir, ajoutait une touche de rouge à lèvres, se donnait un coup de peigne, et filait vers la place Wilson en faisant claquer ses semelles de bois. Ses premiers souliers à talons ayant définitivement rendu l'âme, elle venait tout juste d'adopter la nouvelle mode imposée par les restrictions et ne s'en plaignait pas : elle aimait se sentir plus grande et, apercevant sa silhouette dans les vitrines, elle trouvait que ça lui faisait les jambes plus longues, les mollets plus déliés. Son goût de l'élégance était comblé par ses visites dans un salon de coiffure tenu par deux sœurs d'origine espagnole, Rosy et Maria Carita, dont elle admirait le style et l'assurance. Ginette ressortait d'entre leurs mains expertes les cheveux bouclés frôlant à peine les épaules.

De la boutique Carita aux salles de cinéma de la place Wilson, il n'y avait qu'un pas. Libre de toute surveillance, Ginette s'y rendait tous les soirs. L'oncle Paul menait sa vie de célibataire et n'avait pas l'âme d'un chaperon. Il n'y avait pas si longtemps, il avait été lui aussi trop heureux d'échapper aux regards de sa famille et à la vigilance de son village, et de se perdre, anonyme, dans la foule des citadins. Toujours soigné et bien mis, il ne sortait jamais sans chapeau, ni une petite barrette en or pour retenir sa cravate. Parfois, Ginette remarquait quelques traces de maquillage au bord de ses paupières… Mais de cela, jamais personne ne parlait… Quant à elle, elle s'intéressait beaucoup plus aux amours et aux peines de cœur de ses vedettes préférées qu'aux affinités particulières de ses aînés.

Lors d'une séance au Gallia, cinéma dit de « seconde vision », elle avait découvert l'acteur Louis Jourdan, la coqueluche des jeunes filles, dans un film d'Henri Decoin au titre évocateur, *Premier rendez-vous*, sorti l'année précédente. Danielle Darrieux y chantait d'une voix cristalline : « Ah ! qu'il doit être doux et troublant, l'instant du premier rendez-vous… » Mais l'âme romanesque de Ginette fut davantage touchée par le mélancolique *Remorques* de Jean Grémillon, qui avait réuni le couple Jean Gabin et Michèle Morgan peu de temps avant leur départ pour Hollywood. L'actrice favorite de Ginette resplendissait dans le rôle de Catherine, femme tendre et fatale à la fois. Elle apprivoisait le marin Jean Gabin, murmurait à nouveau le dialogue inoubliable : « Embrassez-moi… » À voix basse, elle lui glissait à l'oreille le prénom dont elle rêvait, celui qu'il serait seul à lui donner : Aimée. « Quand j'étais petite, je voulais qu'on m'aime. C'est tout ce que j'ai trouvé : Aimée… » Ginette vivait de tout son être cette passion intense et condamnée. Ah ! Aimer, être aimée… Cela seul devait compter, c'était sa seule vocation véritable.

En sortant du Gallia ou de la fastueuse salle du Plaza avec ses escaliers Art déco, sa moquette rouge marquée de couronnes de laurier, ses lumières dorées et son atmosphère hollywoodienne, Ginette passait devant le café des Américains, d'où s'échappait la musique des concerts de fin de journée. Elle n'avait pas encore osé y entrer, mais elle ralentissait, s'attardait un instant, s'imaginant peut-être tournoyant au bras d'un beau cavalier… Pour le moment, la danse était interdite, ordre du maréchal ! Mais Ginette apercevait des amoureux penchés l'un vers l'autre, perdus dans de passionnants conciliabules. Parfois un baiser se posait sur une joue ou au coin des lèvres, et elle se disait que certains la vivaient vraiment, cette vie mystérieuse et inconnue des amants. Elle poursuivait son chemin, retrouvait la place Wilson, la tête pleine de rêves.

Il n'était pas rare que quelques connaissances de la maison Teboul, regroupées autour d'une table ou d'un banc, l'appellent et lui fassent signe de les rejoindre. La conversation roulait moins sur les amours de cinéma que sur le journal « France-Actualités-Pathé », diffusé en début de séance. On s'en méfiait – c'était l'œuvre de Vichy ! – et on s'efforçait, grâce aux informations difficilement glanées sur Radio Londres, de relativiser la célébration rituelle des victoires nazies. À l'automne, les troupes du Reich avaient marqué le pas devant Moscou pour finalement reculer, soulevant le fol espoir d'une nouvelle retraite de Russie. On disait même que le redoutable Guderian, celui qui à la tête de ses blindés n'avait fait qu'une bouchée de la Belgique et de la France, avait été rappelé à Berlin, tombé en disgrâce. Mais la bouffée d'optimisme n'avait pas duré. Avec ou sans Guderian, des milliers de chars allemands fonçaient maintenant vers le sud, à travers la grande plaine russe. Ginette se demandait si, dans ce monde pris de folie, il y avait encore de la place pour ses rêves de petite fille. Tout bas, en secret, le battement régulier de son cœur lui disait oui.

6

Jean

Chère lueur des choses éclipsées,
Rayonnement du passé disparu…
(Victor Hugo, *Les Contemplations*)

C'est une étrange et très tendre émotion que de raconter le grand amour de sa mère. Les souvenirs et les âges se superposent, les espaces entre les générations se dissolvent, des reflets tremblent dans l'eau trouble de la mémoire. Des rêveries enfouies au cœur des strates obscures de l'enfance remontent à la surface. Le visage que j'ai tant aimé se confond avec les photos anciennes qui dormaient en silence dans la boîte verte, rangée dans une commode qui garde encore, malgré les années, comme un parfum de forêt. Les traces du passé retrouvent souffle et couleur.

Ce ne sont plus des clichés en noir et blanc qui s'inscrivent sur la rétine de mon regard intérieur, mais bien l'image animée et nette d'une jeune fille vive et vivante, qui marche d'un pas alerte dans les rues de Toulouse. D'une main, elle serre le col de son manteau autour de son cou très mince. De l'autre, elle repousse une mèche de ses cheveux aux chauds reflets auburn, qui cèdent à l'emprise du vent. Elle bavarde, souriante, avec le jeune homme qui l'accompagne, un habitué de la maison Teboul qui la couve d'un regard tendre, mais ne lui inspire pourtant qu'une amitié paisible. Le terrible hiver du début 1942, qui a vu la Garonne charrier des glaçons, l'eau geler dans les fontaines et les canalisations, et le tramway bloqué en bas de la Côte-Pavée, a enfin cédé. Dans l'air frais du soir, un parfum de feuilles et d'herbe, un fond de clarté attardée, annoncent l'irruption imminente du printemps.

– Jean !

Celui qui marche aux côtés de Ginette interpelle soudain un garçon qui, sous les arbres encore nus de la place Wilson, surgit à leur rencontre, vers la rencontre.

– Salut Jean, comment ça va ? Vous vous connaissez ? Non ? Attends, je te présente, Ginette Guy… Jean Oberman… Tu vas où ce soir ?

Rendez-vous, copains, café, partie de cartes… Les mots s'entrechoquent au-dessus de la tête de la jeune fille sans parvenir à son entendement. Elle regarde l'inconnu… Jean, c'est un sourire immense, des cheveux sombres et des yeux brillants, une allure princière…

En cette seconde, Ginette eut l'impression que le cours des jours et du destin s'était arrêté là, sur ce bord de trottoir, près de la statue du poète occitan Pierre Goudouli qui attendait, au milieu de la fontaine tarie, que la muse couchée à ses pieds verse à nouveau l'eau remplissant sa jarre… Coup de foudre, déflagration, amour au premier regard ? Parfois, les formules éculées prennent chair et sens. En s'efforçant de dissimuler son trouble, Ginette se joignit tant bien que mal à la conversation, tandis que, dans sa mémoire, s'imprimaient pour toujours le profil net, l'élégance du cou crânement dégagé des épaules, et le sourire de lumière qui revenait sans cesse, irrésistible. « Il avait le sourire de Fanny Ardant », me confierait-elle un jour, trouvant là l'image précise pour dire la beauté de Jean. Dès cet instant, le monde entier lui sembla s'effacer pour laisser toute la place à ce visage, et rien d'autre ne compta plus vraiment. Oui, ce fut aussitôt l'amour, le don de soi éperdu et sans retour.

Simon, le jeune homme qui, ce soir-là, avait fait les présentations, fut bientôt le témoin impuissant et déçu de l'enthousiasme et de la ferveur qui s'étaient emparés de ces deux-là. Car il fallut peu de jours pour que Jean prenne la petite par la main, l'entraîne à sa suite dans la ville, lui présente ses amis, l'invite à la terrasse du café des Américains, ce dont elle avait si souvent rêvé, et la fasse tournoyer dans ses bras au moindre prétexte. Il ne s'agissait plus de cinéma ni d'idoles de pellicule… Mais d'un vertige mille fois plus aigu et plus bouleversant. Jean, avec sa grâce et son audace, son intelligence et son imagination sans frein, était l'incarnation de tous ses rêves.

Il y eut le premier rendez-vous à deux, le premier baiser, la première étreinte… C'était un moment où il fallait vivre vite, vite, vite. Vivre et s'aimer de toutes ses forces vivantes, sans compter, sans penser à demain, car demain ne reviendrait peut-être pas. Dans l'instant, on était libre et ardent, mais le jour suivant ? Dévorer le présent, pour le présent, sans retenue, sans partage, c'était la seule règle en temps de guerre.

Comme tous les amoureux du monde, Jean et Ginette eurent bientôt leurs rituels et leurs signes de complicité, leurs clins d'œil et leurs sourires entendus, leurs films préférés et les chansons qui semblaient ne s'adresser qu'à eux. Jean fredonnait les hymnes secrets de leur amour en berçant Ginette contre lui, et elle joignait sa voix à la sienne. Pourquoi s'attachèrent-ils au mélancolique *Que reste-t-il de nos amours* de Trenet ? Peut-être parce qu'elle, native du Midi, connaissait Trenet par cœur ? Peut-être aussi parce que ces vers nostalgiques reflétaient les menaces pesant sur leur avenir et la terrible incertitude du destin ? Ou simplement parce qu'ils célébraient le mois d'avril au cours duquel tous deux s'étaient rencontrés ?

Que reste-t-il de nos amours,
Que reste-t-il de ces beaux jours,
Une photo, vieille photo
De ma jeunesse
Que reste-t-il des billets doux
Des mois d'avril, des rendez-vous
Un souvenir qui me poursuit
Sans cesse...

Quand les larmes montaient aux yeux de Ginette, Jean la prenait dans ses bras et l'entraînait au rythme de *When they begin the Beguine, when they begiiin the Beguine*, qu'il adorait. Vive le swing, l'Amérique, le nouveau monde et l'aventure ! En 1942 à Toulouse, on n'allait pas au bal, on n'apprenait pas à danser, il n'y avait ni dancings ni soirées, mais pour les amoureux, il restait un fil d'Ariane à travers ce désert musical : la radio. Jean et Ginette s'essayaient à l'anglais, rassemblaient quelques mots glanés à travers les chansons de Radio Londres. Jean reconnaissait parfois des sons qui lui rappelaient le yiddish. Ginette aimait qu'il lui parle de cet autre monde, si lointain, si mystérieux, qu'elle découvrait sans savoir qu'il était en train de disparaître. Bien longtemps après, elle se souviendrait des expressions que Jean lui faisait répéter, comme *vaser mit milkh*, de l'eau avec du lait. En ces temps de restriction, le lait manquait, et Jean avait toujours faim. Pour Ginette, venue des terres arides de l'Aude où ne paissait pas la moindre vache, l'idée de boire du lait au quotidien – même coupé d'eau ! – semblait le comble du dépaysement. Jean était à ses yeux merveilleusement exotique.

Il rêvait de retourner à Paris où il avait grandi, parlait avec l'accent affirmé de la capitale, jugeait Toulouse terriblement « province », et Ginette osait à peine lui avouer que, pour sa part, elle y avait trouvé l'effervescence et l'anonymat béni d'une métropole. Parisien de cœur et d'allure, Jean avait pourtant vu le jour bien loin de la France, à Varsovie, tout comme son père. Sa mère, l'énergique Esther, était originaire de Silésie, aux confins de la Bohême et de la Prusse. Jeune mariée d'à peine vingt-cinq ans, c'était elle qui avait décidé de fuir la misère et la menace constante des pogroms. Elle avait pris dans ses bras son petit garçon qui s'appelait encore Yojné et convaincu son mari, Joseph, de quitter ce pays maudit… Le couple et l'enfant avaient traversé l'Allemagne tourmentée des années 1920 et entamé une nouvelle vie dans la patrie du capitaine Dreyfus.

Yojné, devenu Jean, ne gardait aucun souvenir de la Pologne, mais il avait toujours entendu ses parents parler yiddish et appris cette langue sans y penser. Il chantait pour Ginette des mélopées anciennes et déchirantes qui serraient le cœur de la petite amoureuse. Si parfois il manquait des mots, elle ne le remarquait pas. Elle regardait Jean, de toute la profondeur de ses yeux noirs. Elle l'aimait.

Un jour où ils revenaient d'une longue promenade à vélo, Jean lui raconta comment, au moment de la débâcle, il avait traversé presque toute la France à la force de ses mollets. Mais la décision de partir avait été prise par sa mère.

– Tu peux compter sur elle quand il faut fuir devant les hordes barbares ! lui dit-il avec fierté.

Les deux jeunes gens avaient couché leurs bicyclettes dans l'herbe naissante des bords de la Garonne et, doigts entrelacés, cheminaient sur la berge en regardant vers le couchant.

– Ça n'a pas dû être facile pour tes parents… Eux qui avaient déjà connu l'exil…, murmura Ginette, pensive.

– C'est sûr ! Quand ils sont arrivés de Pologne, ils n'avaient rien ! Ils ont dû tout reconstruire. Ils ont d'abord habité un meublé, puis un autre un peu plus grand, et ainsi de suite. Ma mère travaillait aux usines Renault, elle cousait à la machine des housses pour les sièges de voiture, huit heures par jour. Et mon père était piqueur de tiges, c'est celui qui assemble les différentes parties d'un soulier. Mais ça n'a pas duré… Ma mère se débrouille toujours pour économiser, avoir un plan d'avance. Elle a loué un emplacement aux puces de Saint-Ouen, ils vendaient des tailleurs et des costumes par dizaines aux Algériens qui repartaient au pays. C'est comme ça qu'ils ont acheté notre appartement du boulevard Ornano… Mais à l'arrivée des Allemands, ma mère a tout de suite décidé de déguerpir. Pour elle, c'était comme les Polonais, antisémites jusqu'aux os, mais plus organisés ! Elle a fait les valises et établi un itinéraire vers le sud. Elle a alerté la voisine du dessous, juive comme nous, en lui conseillant de plier bagage. Rien à faire ! L'autre répétait : « C'est impossible, ma fille a ses leçons de piano ! » C'est vrai que la petite avait l'air douée, les parents la voyaient déjà concertiste. Je parie qu'ils n'ont toujours pas bougé de chez eux.

– Mais comment avez-vous réussi à gagner Toulouse au milieu de tous ces réfugiés ? À vélo ?

Jean la regarda d'un air narquois, l'œil brillant, comme un gamin qui vient de faire une bêtise.

– À dire vrai, je ne sais pas trop, je n'y étais pas… Tu comprends, m'embarquer avec toute la smala, surtout mon père, très peu pour moi ! Les parents sont partis avec mon frère et ma sœur, et moi je suis resté en arrière pour confier quelques meubles à des voisins, fermer la boutique aux puces, boucler l'appartement. Et j'ai filé par les petites routes. En fait, ça m'amusait plutôt, c'était l'aventure. Sauf que je me suis fait arrêter !

Instinctivement, Ginette porta la main à sa poitrine :

– Arrêté ? Par les Allemands ?

– Non, par deux crétins de gendarmes français, en pleine campagne : « Qui êtes-vous ? Où allez-vous ? Vos papiers ! » Et moi : « Je n'ai rien sur moi, on m'a volé mes papiers ! » Tu parles, je leur racontais n'importe quoi. Ils m'ont ordonné de monter sur mon vélo et de les suivre au poste, et j'ai refusé. Qu'est-ce qu'ils pouvaient faire ? Me porter pendant plusieurs kilomètres ?

Jean riait sans retenue, au point que son hilarité finissait par gagner Ginette.

– Mais comment ça s'est terminé ?

– Ils m'ont bouclé dans les toilettes d'un chantier tout près de là, en me disant : « Tu ne bouges pas, on revient demain avec le panier à salade, et tu seras bien obligé de nous suivre ! » À l'aube, j'ai entendu les ouvriers qui arrivaient, j'ai fait un raffut de tous les diables pour les alerter, et ils m'ont libéré. Je suis reparti sur ma bécane, comme si de rien n'était. Ils ont dû en faire une tête, ces cons de gendarmes !

– Mais s'ils t'avaient retrouvé sur la route ?

– Il faudrait être plus malin que ça pour m'enfermer !

Comment Ginette aurait-elle pu admettre que ce garçon de dix-neuf ans qui la bouleversait, resplendissant de jeunesse et de joie de vivre, soit pourchassé à travers l'Europe entière ? Pour quel crime ? Comment le monde était-il devenu aussi fou, aussi cruel ? Et pourtant, même à Toulouse, Jean était en danger, sa liberté – peut-être même sa vie –, comme celle de sa famille, ne tenait qu'à un fil. Le jeune homme s'efforçait de la rassurer : il avait été naturalisé avec ses parents en 1930 ; son frère et sa petite sœur étaient nés en France ; ils s'appelaient Marcel et Hélène, des prénoms bien français. La famille Oberman n'avait rien à craindre…

– T'inquiète pas ! On est en zone libre, non occupée, « nono », tu sais bien. Je suis français, j'ai même un emploi comme un bon garçon bien sage !

En effet, Jean travaillait comme ajusteur-mécanicien à la Société nationale des constructions aéronautiques du Midi. Même s'il répétait à Ginette : « C'est du provisoire, je ne vais quand même pas faire carrière dans une usine ! »

Il se voyait plutôt commerçant, persuadé qu'il pourrait vendre n'importe quoi à n'importe qui. Un jour, lui raconta-t-il, il s'était installé avec son copain Alexandre au milieu des étals du marché sur le boulevard de Strasbourg, en plaçant bien en évidence une volumineuse valise pour appâter le chaland : « Approchez, approchez ! De la belle marchandise, tout juste arrivée de Paris ! Dès que vous serez assez nombreux, nous allons ouvrir cette valise, soyez parmi les premiers, il n'y en aura pas pour tout le monde ! » Quand le cercle de badauds lui avait paru assez fourni, il avait lentement soulevé le couvercle avec force gestes mystérieux. Elle était vide ! Morts de rire, les deux compères s'étaient enfuis en courant sous les injures et les quolibets.

– Tu vois, je pourrais même vendre du vent !

Pourtant, en cet été 1942, parmi les réfugiés et les amis juifs de Jean et Ginette, on riait moins, ou parfois d'un rire bruyant, forcé, qui cachait beaucoup d'inquiétude. Pierre Laval, celui qui avait déclaré : « Je souhaite la victoire de l'Allemagne », était revenu au gouvernement. « C'est le mauvais génie de Pétain », disait-on – on apprendrait plus tard que ce dernier n'en avait nul besoin.

Le maréchal lui-même vint parader à Toulouse : on avait distribué des drapeaux tricolores et des petites francisques aux enfants des écoles et on se pressait dans les rues en se tordant le cou pour tenter de l'apercevoir. La foule était si nombreuse que la cérémonie religieuse dut se tenir à l'extérieur de la cathédrale Saint-Étienne… Repliée dans le calme de sa petite impasse, Ginette passa le dimanche chez elle, révoltée par le triomphe que l'on faisait à cette « vieille baderne », comme continuait de l'appeler son père. Elle occupa sa journée à coudre un chemisier, à écrire à ses parents et à son amie Lucie. À celle-ci, elle parlait de Jean ; à ses parents, pas encore. Pas d'autre distraction en tout cas, pas même l'une de ses revues favorites : *Mon Film* avait cessé de paraître dès 1938, *Cinémonde* en 1940.

Le lendemain, Ginette fut frappée par le nombre inhabituel de policiers dans les rues. Appelés pour encadrer la visite de Pétain, les renforts, à l'évidence, restaient en ville. On savait qu'ils étaient maintenant sous l'autorité directe du préfet, donc de Vichy. Il fallait aussi se méfier des tristes recrues du Service d'ordre légionnaire, les « S.O.L. », qui portaient leur insigne noir et blanc à la boutonnière et se prenaient pour les émissaires privilégiés du maréchal. Ginette connaissait leur serment : « Lutter contre l'égoïsme bourgeois, le capitalisme international, la franc-maçonnerie païenne, la dissidence gaulliste, le bolchevisme et… la lèpre juive. » La lèpre juive ! Tout récemment, deux de ces abrutis avaient toisé Simon en marmonnant un « youpin » plein de fiel entre leurs dents.

Dans les ateliers et les bureaux du fourreur Teboul, les allées et venues s'intensifiaient, on chuchotait, on rapportait le moindre on-dit, on évoquait à nouveau la menace de rafles. On parlait des camps où tous les « indésirables » se trouvaient rassemblés. Toulouse en était cerné, plus qu'aucune autre ville de France : Gurs, Noé, le Récébédou… Des noms qui faisaient frémir, car les rares échos que l'on récoltait évoquaient des conditions effrayantes d'entassement, de maladie, de faim et de saleté. Que signifiaient ces camps ? Pourquoi garder ensemble tous ces étrangers qui avaient fui le régime nazi ? Pour qu'ils ne se mêlent pas à la population française ? Ginette avait aussi appris que dans les Pyrénées-Orientales les camps de Rivesaltes, d'Argelès et du Barcarès, autrefois destinés à parquer les réfugiés espagnols, étaient maintenant remplis d'étrangers dits « en surnombre ». Des gens « en trop » ? Les directives officielles visaient les « étrangers de race juive », mais dès octobre 1940, le préfet de Haute-Garonne avait pris l'initiative d'y ajouter les « Israélites français sans ressources ».

Quand Jean venait l'attendre à la sortie de son travail, Ginette l'entraînait vers la place Wilson en évitant soigneusement d'emprunter la rue d'Alsace-Lorraine : au numéro 3, dans un immeuble à quatre étages et double balcon, le Commissariat général aux questions juives avait installé une délégation. Cet organisme, redouté par M. Teboul, gérait les biens juifs confisqués, ainsi que les assignations à résidence, de plus en plus nombreuses. Mais ses tentacules pouvaient certainement s'étendre plus loin. Les amoureux évitaient aussi la rue du Rempart-Saint-Étienne, son commissariat central et ses « salauds de flics », comme Jean ne manquait pas de les appeler avec un mélange de mépris et de défiance.

Le jeune homme gardait sa carte d'identité en poche, sans illusion sur son hypothétique protection. Car il n'était pas en règle : sa mère avait refusé que la famille se soumette à l'obligation de recensement imposée en 1941, même si elle savait que les « Juifs non déclarés » risquaient la prison. Autre inquiétude : le gouvernement avait remis en cause toutes les naturalisations obtenues après 1927. Jean était-il encore vraiment français ? « Oberman »… Avec ce nom, il aurait pu tenter de se faire passer pour Alsacien, mais ses cheveux bruns et sa peau mate auraient suffi à le trahir. S'il se retrouvait au poste, Dieu seul savait ce qui se passerait… « Et en plus, plaisantait le jeune homme, je ne crois même pas en Dieu ! »

Alors selon lui, le mieux pour passer inaperçu, c'était de se montrer ! Paraître à l'aise, sans complexe, adopter un air décontracté et, au lieu de regarder par terre comme quelqu'un qui cherche à se dissimuler, s'attabler bien en vue à une terrasse de café, prendre une consommation et jouer aux cartes avec un groupe d'amis, tout aussi juifs que lui. Pas un policier de Vichy n'imaginerait une telle audace !

L'aplomb de Jean ne le rendait pour autant ni sourd ni aveugle. À la terrasse des Américains, il avait entendu que des Juifs étrangers, assignés à résidence depuis presque deux ans dans la station thermale de Luchon, venaient d'être arrêtés. Ceux-là étaient un peu plus aisés que d'autres, et on s'était d'abord contenté de leur faire payer le prix fort dans des hôtels de curistes. Mais visiblement, les objectifs des autorités avaient changé… Jean avait le sentiment persistant qu'un piège était en train de se mettre en place.

Ginette, troublée et inquiète, se souvenait aussi des images d'actualités Pathé-Gaumont qui avaient relaté la visite à Paris, quelques semaines auparavant, de « M. Heydrich, général des SS » : le dignitaire nazi, avec son visage glaçant en lame de couteau, posait en grand uniforme avec le jeune préfet René Bousquet qui n'en pouvait plus de se rengorger. Heydrich, annonçait-on, avait aussi pris contact avec M. Darquier de Pellepoix, commissaire général aux questions juives… Vichy se vantait donc bruyamment de ses excellentes relations avec la machine répressive du Reich ! Peu après, à l'aube et dans le secret, eut lieu la grande rafle du Vél'd'Hiv à Paris. Ginette n'en entendit parler que sous la forme de récits confus et invérifiables. Mais cet été-là, des rumeurs de rafles circulaient aussi dans Toulouse. Était-ce une ruse de la préfecture pour repérer ceux qui, à cette occasion, se risqueraient à sortir de l'ombre ?

Souvent, l'appartement de Ginette Guy, brave petite goy au nom bien français, se transformait en refuge improvisé. Des amis d'amis, qui préféraient ne pas rentrer dormir chez eux, se repassaient son adresse ; elle ouvrait sa porte, sans poser de questions. Elle faisait confiance. Deux jeunes Polonaises fraîchement arrivées à Toulouse devinrent quasiment ses pensionnaires pendant plusieurs mois. Ginette s'aperçut plus tard qu'elles se servaient largement dans ses produits de beauté, empruntaient ses vêtements, et à l'occasion, se moquaient d'elle. Elle en fut très mortifiée, mais pas au point de regretter de les avoir accueillies. Ces deux-là au moins échappèrent aux griffes de Bousquet et du préfet de Haute-Garonne, qui supervisaient ensemble les rafles de Juifs étrangers.

Souvent, des personnes « disparaissaient », ne donnaient plus de nouvelles, et on faisait mille suppositions sur ce qui avait pu leur arriver. À coup sûr, un transfert vers les camps du Midi, mais ensuite ? Aussi, quand Ginette pouvait offrir l'asile à un pourchassé, elle n'hésitait pas. Avait-elle conscience des risques qu'elle prenait ? Elle savait pertinemment que si son appartement était fouillé et ses hôtes clandestins découverts, elle serait immédiatement arrêtée et emprisonnée. Où ? Pour combien de temps ? Elle n'en avait aucune idée. Mais la nuit, dans la touffeur de l'été, elle retenait son souffle au moindre craquement dans l'escalier et poussait un soupir de soulagement quand les pas s'arrêtaient à l'étage inférieur ou dépassaient sa porte sans ralentir. Le lendemain, elle courait à son rendez-vous avec Jean, se jetait dans ses bras, et lui, sentant son trouble et son soulagement, l'embrassait à perdre haleine. Encore libres, encore vivants.

Ce matin-là, quand Ginette arriva à son bureau, elle trouva un petit groupe de clients en plein conciliabule, le visage grave. La veille, racontait l'un d'eux, la police avait vidé les camps de Noé et du Récébédou des Juifs étrangers qui y croupissaient depuis de longs mois et les avait embarqués à bord de trains. Tous, jeunes, vieux, malades, mourants avaient dû faire à pied les deux kilomètres jusqu'à la petite gare de Portet-Saint-Simon, au sud de Toulouse, en traînant leurs bagages. Le transfert avait duré plusieurs heures, sous un soleil de feu, au milieu des cris, des pleurs, des évanouissements et des tentatives de suicide. Des femmes âgées, cachant leurs larmes, s'efforçaient de ne pas ralentir les autres. Les plus jeunes tentaient de faire passer des messages, s'inquiétant du sort d'un enfant confié à de très vagues connaissances ou d'un parent délaissé et fragile. Leurs supplications, leurs questions affolées – « Où allons-nous ? Où nous emmenez-vous ? » – ne rencontraient que le silence ou, parfois, cette réponse glaçante : « destination inconnue ».

– Personne n'a rien fait ? murmura Ginette d'une voix atone.

L'homme qui racontait la regarda en secouant la tête, accablé.

– Ma pauvre petite, que pouvait-on faire ? Des gens ont bien essayé de leur donner de l'eau, de porter leurs valises, mais ils étaient aussitôt repoussés par les gendarmes : ceux-là, il y en avait tout le long du trajet. À la gare, ils les ont entassés dans des wagons à bestiaux surchauffés et puants. On dit même qu'un pauvre homme s'est ouvert les veines sur le quai. Ils l'ont jeté dans le train au milieu des autres… Les ordures !

Ginette était horrifiée. Elle ne parvenait pas à croire que la police française puisse se conduire ainsi, contre des malheureux sans défense.

Quelques jours plus tard, il y eut enfin une réaction. Alerté par une assistante sociale témoin de ces scènes atroces, l'archevêque de Toulouse, Mgr Saliège, avait adressé une lettre à tous les prêtres de son diocèse en leur demandant d'en donner lecture durant la messe, ce qu'ils firent presque tous, de bon ou de mauvais gré, malgré les menaces du préfet qui voulait les faire taire. « Que des enfants, des femmes, des hommes, des pères et des mères soient traités comme un vil troupeau, que les membres d'une même famille soient séparés les uns des autres et embarqués pour une destination inconnue, il était réservé à notre temps de voir ce triste spectacle. Pourquoi le droit d'asile dans nos églises n'existe-t-il plus ? »

– Regarde, il parle de nous…, murmuraient les clients de Teboul en se passant de main en main une copie de la lettre : « Les Juifs sont des hommes, les Juives sont des femmes. Tout n'est pas permis contre eux, contre ces hommes, contre ces femmes, contre des pères et mères de famille. Ils font partie du genre humain. Ils sont nos frères comme tant d'autres. Un chrétien ne peut l'oublier. »

Ginette allait rarement à la messe : les rites répétés à l'infini, les obscures formules en latin ne comblaient pas son cœur inquiet. Mais elle restait croyante, et il lui arrivait d'entrer dans une église pour se recueillir et prier. Elle ne se pliait pas à l'exercice de la confession, d'autant qu'on ne savait jamais à qui on avait affaire : plus d'un curé était pétainiste, trop heureux de voir le maréchal reprendre l'antienne catholique sur la France chrétienne. Louis, son père, ne disait-il pas que le curé de Lézignan était fasciste ? Ginette n'avait pas oublié non plus l'acte d'allégeance envers Pétain prononcé l'année précédente par les cardinaux et évêques de France : « Nous vénérons le chef de l'État et nous demandons que se réalise autour de lui l'union de tous les Français dans l'œuvre de redressement qu'il a entreprise sur les trois terrains de la famille, du travail et de la patrie. » Ce Mgr Saliège avait signé lui aussi, mais maintenant, il avait le courage de se dresser contre l'inacceptable. Les Juifs comptaient donc un ami à l'archevêché ? Ginette retint précieusement son nom.

L'archevêque se révéla pourtant impuissant à enrayer la machine implacable de l'État français. Un deuxième convoi de déportés partit de Haute-Garonne deux semaines plus tard, et le 28 août 1942, une rafle massive et concertée s'abattit sur toutes les grandes villes de la zone sud. À Toulouse, cent soixante-dix Juifs étrangers, allemands, polonais, tchèques, autrichiens, furent tirés de leurs appartements, de leurs bureaux et de leurs écoles, d'autres kidnappés en plein jour sur la place Wilson transformée en souricière, des familles entières avec leurs enfants, même les plus petits, embarquées vers le camp de Noé. Et de nouveau, des convois partirent vers le nord, puis vers l'est. « Destination inconnue ». Vichy était à l'œuvre.

Jean échappa à la rafle. Mais cette fois, le danger était passé si près que Ginette avait eu peur de ne plus le revoir… Elle se disait que s'il était arrêté, elle le sauverait, elle s'enfuirait avec lui, rien ne pourrait jamais s'opposer à la force qui l'unissait à lui. Un amour comme celui-là, cela suffisait à combler toute une vie, même si elle devait être brève.

7

À l'heure allemande

Les premiers arrivèrent vers midi, précédés par un bruit continu, grandissant, sourd comme l'écho d'un tremblement de terre, qui faisait vibrer les immeubles… Ginette, figée sur le bord du trottoir, les regarda un moment défiler, incapable de se remettre en mouvement. Ce furent d'abord des motos chevauchées par des guerriers casqués, vêtus de gris, qui se postèrent au coin de la rue de Metz. Derrière avançaient lourdement quatre machines de fer, assez hautes pour atteindre le premier étage des maisons, assez larges pour barrer l'avenue, surmontées d'une tourelle où se tenait un militaire au regard fixe, immobile derrière un long canon pointé sur la ville. Les engins roulaient sur de gros pneus bizarrement entourés de chenilles, et arboraient d'épaisses croix noires bordées de blanc. Les panzers… Maladroits et absurdes dans les rues familières, ils sentaient la terreur et la mort.

Les nazis envahissaient la zone libre ! Telle était la réponse allemande au débarquement des Alliés en Afrique du Nord trois jours auparavant. La radio anglaise avait appelé les habitants du Midi à se réunir autour des monuments aux morts pour faire de ce 11 novembre 1942 une démonstration patriotique, mais les rassemblements escomptés n'auraient pas lieu. Au contraire… En traversant la place du Capitole, Ginette avait découvert l'affiche menaçante signée du préfet Chéneaux de Leyritz : « Des troupes allemandes arriveront à Toulouse et dans les départements de la région dans le courant de la journée. Je demande à la population d'observer un calme absolu. C'est par la dignité et l'esprit de discipline que nous prouverons notre patriotisme. Tout acte contraire à l'ordre sera impitoyablement réprimé. »

Derrière les chars suivaient les camions, deux par deux, s'amassant dans des embouteillages inextricables. Des estafettes agitées déployaient des cartes aux carrefours, interrogeaient les agents de police. Les véhicules manœuvraient en rugissant, reculaient, tournaient, reprenaient leur marche, vibrant sur les pavés disjoints. À l'arrière, des soldats assis face à face, mornes, sans expression, le fusil entre les genoux… Certains paraissaient très jeunes, les poignets dénudés dans leurs manches d'uniforme trop courtes, comme s'ils n'avaient pas fini leur croissance. C'était donc cela, la terrible Wehrmacht qui avait mis l'Europe à genoux ? se demandait Ginette. Les surhommes tant vantés par la propagande ? Après tout, ils avaient son âge, ils étaient eux aussi embarqués dans une aventure qui les dépassait. Fallait-il forcément les haïr ? Les chiens errants, eux, avaient déjà choisi leur camp, poursuivant d'aboiements furieux les motocyclistes qui essayaient de se dégager avec force coups de pied.

Après les camions vinrent les side-cars, puis les tractions marquées de la croix gammée. Aussi loin que Ginette pouvait porter le regard, au bout des larges avenues, c'était la même sinistre progression. Près d'elle, un ouvrier en bleu de travail grommela :

– Les Américains approchent, et nous, nous sommes prisonniers !

Un homme âgé, l'air terriblement las, ironisa amèrement en reprenant un mot d'ordre de Vichy :

– Eh oui, la voilà, la France nouvelle !

À son retour chez Teboul après l'heure du déjeuner, tendue, la tête douloureuse, Ginette eut la surprise de trouver Jean qui l'attendait à l'entrée du magasin.

– Que t'est-il arrivé ? s'exclama-t-elle, déjà inquiète.

– Rien… Rien encore…

Glissant son bras sous le sien, il l'entraîna vers les ruelles médiévales où les nouveaux arrivants ne s'étaient pas encore répandus. Il lui confia qu'il venait de quitter son emploi.

– Je n'allais pas attendre que les Boches viennent me cueillir comme un pantin à la foire, en ayant déjà mon nom, mes horaires, mon adresse.

– Mais qu'est-ce que tu as dit au directeur ?

– Je ne l'ai pas vu. Je me suis adressé au contremaître. Je lui ai raconté que j'étais requis pour effectuer le stage obligatoire aux chantiers de jeunesse. Il a eu l'air de me croire… Comme si on y acceptait les Juifs ! Le con ! Il n'avait peut-être même pas compris que j'étais juif !

En ce mois de novembre étrangement doux – « C'est l'été de la Saint-Martin », disait-on – où l'on grappillait les derniers raisins et les figues oubliées dans les jardins, une nouvelle époque avait brusquement commencé : celle d'une cohabitation constante, dangereuse et hostile, avec l'ennemi. Finie, la liberté bien relative de la zone « nono » ! Dans la rue,

Ginette et Jean adoptèrent l'attitude de la plupart des Toulousains : visage fermé, regard vide, l'air de ne pas voir ni entendre les envahisseurs au parler guttural et haché qui heurtait les oreilles. En réalité, on ne voyait qu'eux : vestes ceinturées, culottes de cheval, hautes casquettes aux insignes effrayants – aigles, têtes de mort et fémurs croisés –, bottes jusqu'aux genoux lestées de semelles ferrées qui martelaient sans relâche les rues pavées… Les hommes en civil, manteaux de cuir et chapeaux mous, paraissaient plus inquiétants encore. Les Allemands étaient partout.

Sur la place du Capitole encombrée de véhicules militaires, des soldats montaient la garde devant des guérites surgies en une nuit, et d'innombrables flèches clouées sur des piquets indiquaient, en lettres gothiques, des directions aux noms incompréhensibles : *Soldatenheim*, *Feldgendarmerie*, *Verbindungstab*, *Hauptbahnhof*, *Platzkommandantur*… La cité occitane était devenue un fief allemand.

En quelques jours, les occupants prirent leurs aises, avec morgue et brutalité. Ils réquisitionnèrent les grands hôtels, les bureaux de prestige et les plus beaux immeubles. Casernes, écoles, hôpitaux, appartements privés : ils se servaient à leur guise. La Wehrmacht trônait au Grand Hôtel de la Poste, rue d'Alsace. La Luftwaffe avait sciemment choisi l'hôtel du Grand Balcon où avaient logé autrefois Saint-Exupéry et Mermoz : les pilotes de stukas occupaient les anciennes chambres des as de l'Aéropostale. La Feldgendarmerie avait, elle, élu domicile dans des établissements confortables du boulevard Bonrepos ; le consulat général allemand s'était octroyé le 31, rue de Metz, célèbre pour sa splendide coupole Art déco… Et sur la place Wilson qu'affectionnait tant Ginette, les simples soldats étaient logés au Capoul, brasserie et étages compris. Tout près de là, à l'angle pointu formé par la petite rue Victor-Hugo et la rue d'Austerlitz, la Gestapo logeait à l'hôtel de l'Ours blanc. On apprendrait bientôt que les bureaux, geôles et chambres de torture de la police secrète se multipliaient à travers la ville. L'offensive de contre-espionnage, anti-résistance, anti-maquis, anti-Juifs, était lancée à grande échelle.

Malgré cela, Jean continuait à aller et venir comme bon lui semblait, comptant sur son aisance, son flair et son sens de l'à-propos. Certaines rues, certaines places comme celle du Capitole, étaient désormais interdites aux Juifs, également bannis des tramways. Jean circulait de préférence à vélo, mais quand il le fallait, il montait sans ciller dans un tram aux côtés de ces messieurs de la Wehrmacht qui occupaient l'essentiel des wagons. « De toute façon, disait-il, leurs règles, je les méprise ! » Il fréquentait toujours la salle de culture physique du cours Dillon, et retrouvait ses copains pour jouer au poker dans des tripots. Avec l'aide d'Alexandre, décorateur pour un grand magasin toulousain, il récupérait parfois quelques marchandises, vêtements ou chaussures, et les revendait discrètement au plus offrant. Marché noir ? Ginette se gardait bien de le juger, car il fallait survivre, et les activités licites lui étaient inaccessibles. Jean avait bien fait de quitter son emploi : la Société nationale des constructions aéronautiques où il travaillait auparavant était devenue une « usine Speer », du nom du ministre allemand de l'armement, contrôlée par l'occupant et consacrée à fournir l'aviation de guerre du Reich.

Cet hiver-là, on eut encore plus faim et plus froid que les années précédentes. Le charbon manquait, et

Ginette avait renoncé à chauffer son petit appartement. Quand elle restait chez elle, elle passait l'essentiel de son temps sous l'édredon. Jean venait la chercher pour l'emmener au cinéma. Au moins, les salles étaient chauffées. Et tant pis si Vichy avait interdit les films anglais et américains, et si bien souvent des gendarmes contrôlaient les papiers à la sortie. Un jour, un jeune homme qui avait sifflé les actualités fut arrêté. Le préfet imposa alors que la projection des nouvelles se fasse toutes lumières allumées.

Désormais Toulouse vivait à l'heure de Berlin, chacun avait dû ajuster sa montre. Le couvre-feu vidait les rues de dix heures du soir à six heures du matin, une patrouille pouvait surgir à chaque carrefour. Bruit de bottes, clameurs de soldats ivres, rugissements des tractions de la Gestapo… Avant de s'engager dans une ruelle, Jean et Ginette, aux aguets, se tenaient prêts à rebrousser chemin ou à filer dans une voie adjacente à la moindre alerte.

Partout, on se sentait en sursis, sans cesse pris en faute. Les contraintes administratives et policières se multipliaient. On avait déjà dû s'habituer aux cartes d'alimentation, de vêtements et articles textiles, de charbon, de tabac… Ginette se vit forcée d'aller à la préfecture demander un laissez-passer pour son vélo, faute duquel elle risquait de perdre sa seule richesse ! Chaque jour, il lui semblait que son sac à main s'alourdissait de nouvelles cartes, et sa vie d'interdictions inédites. Mais le pire, c'était les humiliations supplémentaires imposées aux Juifs, qu'elle ressentait comme une insulte personnelle.

Un soir de décembre, Ginette se rendit chez les parents de Jean, qui habitaient boulevard des Minimes, dans un petit immeuble proche de la gare. Une énième menace venait de s'abattre sur leurs têtes : ordre était donné à tous les Juifs de se rendre à la préfecture ou à la mairie pour faire tamponner leurs cartes d'identité de la mention « JUIF », en grandes capitales rouges. Les Oberman hésitaient… Jean voulait l'avis de Ginette.

Dans la famille de son amoureux, celle-ci ne se sentait pas à l'aise. Joseph, le père, parlait à peine, si ce n'était pour donner des ordres secs à sa femme. « Esther, le pain ! La soupe ! » Il mangeait bruyamment, les yeux rivés sur son assiette. Ginette percevait des regards inquiets qui allaient de la mère aux deux fils, ou des grimaces furtives échangées entre les garçons. Jean avait évoqué des corrections au ceinturon, des plats jetés à terre, parce que pas assez salés ou déjà refroidis… Esther paraissait toujours en alerte, et Jean prêt à la révolte. Entre les parents, Ginette devinait des tensions, des conflits latents où Jean, immédiatement, viscéralement, prenait toujours le parti de cette mère qu'il adorait. Il n'était pas rare qu'il intervienne en yiddish dans une discussion qui pouvait mal tourner.

Parfois, il semblait à Ginette que Joseph la jaugeait d'une manière insistante, qui la gênait. Qu'observait-il ? Sa fraîcheur, sa jeunesse ? Il posait de très rares questions, dont le sens demeurait trouble. Cherchait-il à évaluer le milieu de Ginette, sa position sociale ? Non, la petite Ginette Guy de Lézignan-Corbières n'était pas un « beau parti ». Famille modeste, moyens modestes… Esther, elle, voyait les choses autrement. Il ne lui avait pas fallu longtemps pour juger que cette petite aimait son fils – la prunelle de ses yeux ! – et qu'on pouvait lui faire confiance. Très brune, Esther avait les yeux sombres de Jean, son profil bien dessiné, mais pas son insolent sourire – peut-être l'avait-elle perdu. La fatigue et les tourments creusaient durement son visage. Ginette l'avait bien compris : Esther était la tête pensante, le pilier de la famille. Intelligente, lucide, opiniâtre. Prête à tout pour protéger ses enfants. Dès son arrivée à Toulouse, sans la moindre relation dans ce Midi inconnu, elle avait frappé à toutes les portes, réussi à trouver un logement, obtenu des travaux de couture, elle avait pourvu aux besoins de chacun. Joseph travaillait-il ? Ginette l'ignorait.

Esther avait très peur pour les siens, mais elle se savait elle-même particulièrement vulnérable : si ses enfants Jean, Marcel et Hélène parlaient avec l'accent parisien, « pointu » comme disaient les Méridionaux en se moquant, et si le français de Joseph, correct, ne suscitait pas a priori le soupçon, elle-même n'avait jamais pu se défaire de son très fort accent yiddish. Il suffisait qu'elle ouvre la bouche pour risquer immédiatement d'être identifiée à « l'anti-France » traquée par Vichy. Une épée de Damoclès qui pouvait s'abattre à chaque instant sur toute sa famille. Aussi, quand elle sortait, Esther parlait-elle le moins possible, ou même pas du tout.

Ce soir-là, tandis que l'atmosphère s'alourdissait autour de la table de la cuisine, elle rappela à Ginette comment les Oberman s'étaient dérobés au recensement de 1941, comment ils avaient réussi à échapper aux contrôles d'identité et, jusque-là, à passer inaperçus.

– Vous savez, Ginette, les enfants ne vont plus à l'école. Ils ont été exclus, comme tous les Juifs.

– Moi, marmonna Marcel, sans oser regarder son père, je ne retournerai jamais dans cette école, même si on me suppliait !

Hélène, la plus jeune, se taisait. Elle aimait l'étude et la lecture, et vivait cet exil loin de la classe comme une blessure supplémentaire :

– Je voudrais au moins revoir Anna, murmura-t-elle.

Anna Goldberg, sa meilleure amie… Ginette caressa tendrement les boucles brunes de la petite fille. Elle avait honte de faire partie, elle, Ginette, des « vrais Français » qui avaient « leur place » en France.

Esther reprit, s'interrogeant à haute voix :

– Pourquoi faut-il maintenant que l'on marque « JUIF » sur tous nos papiers ? Que cherchent-ils ?

– Ça me paraît simple, répondit Jean. S'ils n'ont plus assez de Juifs dans les camps pour remplir leurs wagons, ils se serviront dans les rues.

Il eut un geste circulaire de la main, comme pour rassembler des objets épars.

– La police ne fait plus de différence entre Juifs français et Juifs étrangers, ajouta sombrement Ginette. Ils arrêtent à tour de bras, sous n'importe quel prétexte.

Elle ne précisa pas « comme le troc de marchandises » ou « les entorses au couvre-feu » dont Jean se rendait fréquemment coupable. Celui-ci lui sut gré de sa discrétion, et enchaîna, catégorique :

– Avec « JUIF » sur nos cartes d'identité, on est foutus.

– Mais sans carte d'identité, plus de cartes d'alimentation, coupa Joseph.

Esther hocha la tête. Oui, le piège était bien ficelé.

– Et l'Espagne ? avança-t-elle.

– Il paraît que la frontière est complètement bouclée par les Allemands, répondit Ginette. Même ceux qui ont un visa pour l'Amérique du Sud sont rejetés.

– Quant aux passages clandestins, reprit Jean, la

dernière fois que j'ai entendu parler d'un passeur, il demandait 75 000 francs. Par personne.

Esther garda le silence. Soixante-quinze mille francs ! Une somme faramineuse…

– Ce qu'il nous faut, poursuivit Jean, ce sont des faux papiers. Mais pas n'importe lesquels, car les flics se méfient… L'idéal, ce serait de « vrais faux papiers » : bien authentiques, mais pas à notre nom. Dupont ou Durand, pas Oberman !

Chez Teboul, Ginette avait entendu dire que certaines mairies, comme celle de Moissac dans le Tarn-et-Garonne, délivraient discrètement des cartes d'identité de complaisance :

– Il paraît qu'ils ne contrôleraient pas trop l'état civil… On m'a aussi parlé de Montauban… Beaucoup de résistants allemands s'y étaient réfugiés en 1940.

– Moi, je veux bien y aller ! lança Jean, déjà prêt à l'action. Mais d'abord, on va à la préfecture faire tamponner nos papiers, on prend les tickets d'alimentation, et ensuite, hop, on déménage ! En cas de rafle, les gendarmes ne sauront pas où nous trouver. Ou alors… On prend nos tickets, on attend un peu, puis on retourne à la préfecture pour déclarer qu'on nous a volé nos papiers et qu'on voudrait une nouvelle carte d'identité, on donne un autre nom, légèrement différent, pour brouiller les pistes…

– Mais le lieu de naissance ? objecta Esther. Ils vont forcément vérifier… Marcel et Hélène sont nés à Paris, ce serait possible. Mais nous ? C'est Varsovie ou Opole. L'acte de naissance polonais qui a été traduit au moment de notre naturalisation indique même notre religion : juifs !

– On peut toujours compter sur les Polonais…, marmonna Jean avec une grimace.

– Il faudrait déclarer un lieu de naissance invérifiable, répliqua Ginette. Par exemple, en Afrique du Nord. On m'a dit que depuis le débarquement allié, les préfectures ne peuvent plus obtenir aucun renseignement de ce côté-là…

Le silence se fit. Jean se tourna vers Ginette. Ils se comprirent d'un seul regard : lui allait partir, à Moissac, Montauban ou ailleurs… Il aurait ses faux papiers.

– Bon, nous ferons tamponner nos cartes, reprit Esther. Puis nous déménagerons à nouveau. Il faut vite chercher un autre logement.

Joseph grommela, mais ne la contredit pas. Chacun savait qu'ils n'avaient pas le choix.

– Et si nous sommes contrôlés, poursuivit Esther, nous prétendrons que nous venons de perdre nos papiers. Dans ce cas-là, moi, je ne dois pas parler…

Ginette pensa à sa propre mère qui, depuis l'enfance, n'entendait quasiment rien. Elle indiqua à Esther les gestes spontanés pour simuler la surdité et signifier : « Je n'entends pas, je ne comprends pas. »

Esther approuva, mais le scénario semblait quand même bien fragile. Alors, elle se leva, croisa les bras, et révéla la terrible résolution avec laquelle elle s'était débattue pendant des nuits d'insomnie et qui s'imposait désormais :

– Et puis… Il faut nous séparer. Il faut cacher les enfants.

8

Le réseau Saliège

Ma mère m'attendait à Toulouse. Soixante-quinze ans plus tard, c'était elle, invisible, qui me guidait le long des rues alors que je m'efforçais de déceler, derrière l'envahissement du présent, les ombres fragiles d'un monde enfui. J'avançais, émue et incertaine. Je voulais m'imprégner des lieux où elle avait vécu, mettre mes pas dans les siens, découvrir les places qu'elle avait arpentées, les façades qu'elle avait contemplées, rechercher les adresses dont elle avait pu me parler…

Dans le monde d'hier que je tentais de rejoindre, les voitures étaient quasiment absentes, on n'entendait que le claquement des semelles de bois, le glissement des pneus de vélo, le toussotement d'un rare gazogène et, hélas, le martèlement des bottes ferrées ; les queues s'allongeaient aux abords d'étals dégarnis, et en déambulant sur les trottoirs, on levait parfois la tête, attiré par le caquètement insolite de poules élevées sur un balcon… Pouvais-je la retrouver si longtemps après, dans cette cité désormais engorgée d'embouteillages et surchargée de touristes, alignant ses restaurants, ses cafés, ses boutiques aux vitrines uniformisées par la mondialisation, qui débordaient de gourmandises en tout genre, si loin des restrictions et de la pénurie des temps de guerre ? Il me semblait pourtant que si j'écoutais mon intuition, ma mémoire, je percevrais quelque chose de sa présence, je devinerais, un bref instant, sa fugitive silhouette… Oui, j'avais rendez-vous avec ma mère…

La voilà, rue Saint-Rome, qui sort de l'épicerie Yacha aujourd'hui disparue. Elle s'y arrêtait parfois après le travail, à la recherche d'un petit supplément de victuailles, mais aussi pour prêter l'oreille aux discussions qui se tenaient autour du comptoir : on y évoquait les arrestations, les attentats de plus en plus fréquents, les nouvelles de Londres, et quelques adresses utiles que l'on chuchotait prudemment. Le propriétaire, juif, avait confié sa boutique à son épouse : belle, blonde et catholique, celle-ci fournissait une couverture parfaite, et en ce début d'année 1943, l'épicerie restait un point de ralliement pour les Juifs du quartier en quête d'un réconfort ou d'un conseil, surtout depuis que la police française et la Gestapo faisaient la chasse aux enfants.

– Allez à l'archevêché, ils peuvent peut-être vous aider… lui avait-on glissé.

L'archevêché… Mgr Saliège… Celui qui avait fait lire dans ses églises une lettre en soutien aux Juifs persécutés… Ginette n'avait pas oublié son nom. Pouvait-il faire quelque chose pour le frère et la petite sœur de Jean ?

Par une matinée de ce mois de janvier 1943 particulièrement grise et triste, l'une de celles qui donnent le sentiment que l'hiver ne finira jamais, elle sonna au portail du 1, place Saintes-Scarbes, près de la cathédrale Saint-Étienne. À peine le ventail entrebâillé, elle se faufila prestement à l'intérieur, referma tout aussi vite. Elle hésita entre le porche voûté qui s'ouvrait devant elle et les grandes marches de marbre qui grimpaient à sa droite. Lissées, usées, elles paraissaient creusées en leur centre par le passage du temps et des visiteurs. Combien de réprouvés les avaient un jour gravies ? Les siècles précédents avaient-ils tourmenté autant d'innocents ? Elle fit quelques pas, se retrouva dans une cour carrée, cernée d'immeubles d'inégale hauteur. Où frapper ? Déjà, une religieuse en habit noir sortait sur le seuil d'une porte vitrée, comme si elle guettait les allées et venues.

– Vous avez rendez-vous ? demanda-t-elle.

Ginette secoua la tête, embarrassée, ne sachant comment formuler sa requête à haute voix. Dans son hésitation, un message dut passer. La religieuse pointa le doigt vers le portail d'entrée, répondant à une question qui n'avait pas été posée.

– Pour les œuvres du diocèse, il vous faut ressortir et prendre la petite porte sur la rue, juste à droite. C'est au rez-de-chaussée.

Elle ajouta :

– Vous ne croiserez personne.

Ginette eut tout juste le temps de remercier, la sœur avait déjà disparu, comme absorbée par la pierre épaisse des murs. De retour sur le trottoir, Ginette jeta un rapide coup d'œil alentour avant de tirer la clochette d'une porte à peine visible dans la façade, qui s'ouvrit aussitôt. Là, une religieuse assise à une table chargée de papiers et de dossiers cartonnés ne lui posa pas davantage de questions et lui dit simplement :

– Mademoiselle Thèbes va vous recevoir.

En entrant dans le bureau de Louise Thèbes, Ginette frémit à la vue de l'imposant portrait de Pétain accroché au mur. Mais la femme qui se leva pour lui serrer fermement la main lui inspira aussitôt confiance.

Grande, les cheveux rassemblés en un chignon strié de gris, elle ne portait pas l'habit religieux. Son allure simple et décidée, sa voix posée, la tournure élégante de ses phrases, tout indiquait la jeune fille de bonne famille depuis longtemps consacrée à ce qu'on appelait « les bonnes œuvres ». Ginette lui exposa en quelques mots, sans donner leur nom de famille, la situation de Marcel et Hélène, frère et sœur de Jean. Melle Thèbes demanda un minimum de précisions, puis déclara :

– Que les enfants viennent ici au plus vite, autant que possible accompagnés.

Elle insista :

– Qu'ils viennent dès demain. Mme Bergon les prendra en charge…

Ginette promit que les enfants seraient au rendez-vous. Elle venait, sans le savoir, d'entrer dans le réseau Saliège.

Le principe cardinal du réseau, indispensable à son succès comme à sa survie, était le secret le plus strict. Il fallait une confiance absolue entre les quelques personnes chargées de procurer des cachettes aux enfants juifs afin de les soustraire aux griffes de Vichy et de la Gestapo. L'archevêque Saliège encourageait le recours à toutes les institutions catholiques susceptibles de fournir des abris. Louise Thèbes, la secrétaire des œuvres du diocèse, jusque-là responsable d'envoyer des petits Toulousains en colonie de vacances, s'était mise en quête de pensionnats, de couvents ou de fermes tenues par de bons catholiques, des lieux discrets à l'écart des villes et des kommandanturs… Pour Marcel et Hélène Oberman, elle avait pensé au couvent de Massip, près de Capdenac, une petite ville au creux des collines de l'Aveyron à quelque cent cinquante kilomètres de Toulouse. Denise Bergon, la religieuse qui dirigeait là-bas l'école du couvent, lui était tout acquise.

Louise Thèbes lui avait écrit peu de temps auparavant : « De nombreuses familles israélites persécutées désirent, à la veille de leur exil, confier leurs enfants à une œuvre sûre à tous les points de vue… » Denise Bergon avait immédiatement compris le message : « l'exil », cela voulait dire la déportation. Sans hésiter, la sœur avait pris le train de Capdenac à Toulouse pour rencontrer l'archevêque. Dans cette jeune femme de trente ans, intelligente, énergique, qui avait été révoltée par les rafles d'août 1942, celui-ci avait reconnu un esprit clair, une âme ferme, qui ne reculerait pas et ne faiblirait pas. Car la responsabilité était immense : il faudrait escorter les enfants, leur faire franchir tous les contrôles, leur procurer de faux papiers, changer leurs noms, trouver pour chacun une histoire plausible expliquant leur présence continue dans une école qui autrefois n'acceptait que des filles, et très peu de pensionnaires. Et une fois ces enfants recueillis, il faudrait chaque jour les nourrir, les vêtir, veiller à ce qu'aucun d'entre eux, même les plus petits, ne trahissent le secret de leur identité, de leur famille, de leur histoire…

C'est ainsi qu'avec l'aide de Ginette, Marcel Oberman, tout juste dix-sept ans, Hélène Oberman et son amie Anna Goldberg, douze ans toutes les deux, se présentèrent à l'archevêché. Pour égarer de possibles soupçons, Marcel, qui avait encore le menton imberbe et des joues enfantines, fut déguisé en religieuse. Escorté de Mme Bergon, le petit groupe se rendit à la gare Matabiau et prit le train à destination de Capdenac. Là, une voiture à cheval les attendait pour les conduire jusqu'au couvent. L'heure du couvre-feu était largement dépassée et Denise Bergon dut parlementer avec la patrouille allemande pour expliquer l'arrivée tardive de « ces petites réfugiées de Lorraine » qui avaient accompli un long voyage, et les horaires des trains ne permettaient pas, etc. Les enfants, inquiets et frigorifiés, ne dirent mot, la patrouille les laissa repartir. Hélène et Anna découvrirent le dortoir où elles logeraient désormais, tandis que Marcel, après quelques heures de repos, fut dès le lendemain caché dans une ferme des environs.

À Toulouse, les parents Oberman se mirent eux aussi à l'abri. Jean les aida à déménager dans une ruelle discrète du centre-ville, où ils espéraient que, dans l'entassement général, personne ne les remarquerait. L'absence de ses enfants mordait cruellement le cœur d'Esther Oberman. Pour la première fois depuis qu'elle les avait mis au monde, elle ne connaissait pas la maison qui les abritait, elle ne pouvait imaginer le lit où ils s'endormaient… Hors de question pour elle de songer à leur rendre visite : au moindre contrôle, son accent suffirait à la dénoncer et mettrait en danger non seulement sa famille, mais aussi les sœurs courageuses qui recueillaient ses enfants. Prudente, Esther ne leur écrivait pas non plus. Que se passerait-il si une lettre était interceptée par un employé des postes malveillant ou un agent de la Gestapo ?

Ginette, qui était très attachée à Hélène, proposa d'aller aussi régulièrement que possible à Capdenac pour prendre de ses nouvelles et lui transmettre l'affection silencieuse des siens. Cependant elle ne put réaliser sa promesse avant plusieurs semaines, tant il y avait à faire… Elle continuait à se rendre chaque jour à son travail, et passait beaucoup de temps à accomplir des démarches pour les uns et les autres, les Oberman, M. Teboul, quelques amis soucieux de ne pas avoir affaire aux autorités… Elle trottait entre les guichets, les boutiques et les officines, en quête d'un tampon, d'un formulaire, d'un supplément de nourriture ou d'un médicament, avec le sentiment de se faufiler entre les mailles d'un filet toujours plus serré.

Les premiers bourgeons pointaient sur les glycines, un ciel d'un bleu violet se découpait au-dessus des immeubles roses, comme si les saisons se moquaient des souffrances et des vilénies des hommes. Et pourtant rien n'était plus pareil. On aurait dit que la ville était traversée de courants électriques imprévisibles et menaçants. Il fallait désormais compter avec la Milice nationale, instaurée par Vichy à partir de l'ancien Service d'ordre légionnaire. À Toulouse, la Milice recrutait tout ce que la région comptait de fripouilles, voleurs, truands petits ou grands, auxquels se joignirent des rejetons d'honorables familles catholiques, quelques royalistes, et de grands propriétaires fonciers comme Henri Frossard, qui prit la direction de l'organisation en Haute-Garonne : visage maigre et dur, lourd béret noir, croix de guerre agrafée à la chemise kaki, adepte de la violence et des règlements de comptes expéditifs, celui-ci ne cessait de dénoncer « la tourbe judéo-maçonnique vendue à l'étranger ». Ses sbires, goguenards et menaçants, contrôlaient, arrêtaient, frappaient comme bon leur semblait, sortant leur arme à tout propos, jouissant de leur pouvoir tout neuf et de la terreur qu'ils inspiraient…

De son séjour à Montauban, Jean était revenu avec de faux papiers, achetés 1 000 francs, dans des circonstances que Ginette n'avait pas trouvées très claires. Mais elle n'en demandait pas plus : aux yeux des autorités, Jean s'appelait désormais André Cécile, français et catholique, né à Toulouse en 1923. Quand elle le retrouvait, elle restait pourtant à l'affût des bérets et des brassards noirs de la Milice, tout en sachant que certains n'hésitaient pas à se promener en civil pour mieux espionner. Il fallait surtout éviter d'évoquer à portée d'oreilles ennemies le sujet dont ils parlaient tous entre amis, avec Alexandre et Simon, ou encore Yvonne, une jeune fille qui les rejoignait fréquemment. Cela tenait en un seul mot : Stalingrad… Cité lointaine, mystérieuse, perdue dans la neige et les blizzards, devenue synonyme d'espoir. Même la propagande la plus éhontée n'avait pu dissimuler que l'armée allemande s'était bel et bien arrêtée à Stalingrad : on avait vu les images de la ville assiégée, incendiée, mais elle n'était pas tombée. L'armée russe, annonça Radio Londres, avait coupé les assaillants de leurs arrières, les privant de ravitaillement, de munitions et de renforts. Et puis – succession de nouvelles incroyables – le général Paulus, commandant de la VIe armée allemande, s'était rendu à un haut gradé soviétique ; le 2 février, tout ce qui restait de ses troupes décimées avait déposé les armes ! La Russie était-elle en train d'ensevelir les nazis sous le linceul implacable du « général hiver » ?

Dans toute l'Europe occupée, il était pourtant bien trop tôt pour se réjouir. La rude poigne de l'occupant pesait d'autant plus lourd que la certitude de la victoire allemande était ébranlée. À Toulouse, aux arrestations de Juifs et de résistants s'ajoutait désormais la menace du STO, le Service du travail obligatoire, dernière invention de Pierre Laval, qui s'enfonçait chaque jour davantage dans la collaboration. Après avoir échoué avec son projet de « relève » – un prisonnier de guerre français relâché en échange de trois Français volontaires pour travailler en Allemagne –, Laval était passé à la contrainte : les ouvriers français de vingt à vingt-deux ans seraient désormais expédiés dans des usines allemandes pour accélérer la production de l'industrie de guerre. Tout jeune homme en bonne santé déambulant dans les rues de Toulouse devenait donc suspect, un réfractaire en puissance, susceptible d'être arrêté.

Placardées sur les façades du centre-ville, des affiches de propagande montraient un soldat allemand casqué, regard impénétrable sur la ligne d'horizon : « Ils donnent leur sang, donnez votre travail pour sauver l'Europe du bolchevisme. » D'autres présentaient un ouvrier à la blondeur aryenne et au sourire radieux : « Français, l'ouvrier allemand vous invite. »

– Ils sont cinglés ! se moquait Jean en levant les yeux au ciel.

Car devenu « André Cécile », il n'avait officiellement que dix-neuf ans. Un répit de quelques mois, mais en pleine guerre, cela semblait une éternité…

Un matin, Ginette les vit, ces réquisitionnés du STO, chargés de valises, de sacs à dos et de couvertures roulées comme s'ils partaient en excursion, qui s'engageaient sur le Pont-Neuf pour se rendre à la gare Saint-Cyprien. Avaient-ils été embarqués de force ? Pas de gendarmes ou d'uniformes à l'horizon pourtant, personne ne les escortait, à part quelques mères, sœurs ou fiancées, le regard embué mais le sourire aux lèvres. Elles avaient l'air fières de leurs hommes ! Croyaient-elles réellement qu'ils allaient « faire leur devoir » ? N'étaient-elles pas alarmées par cet amoncellement de couvertures et de vêtements chauds destinés à défier l'hiver germanique ? Ginette ne savait s'il fallait les plaindre ou les mépriser.

Ce jour-là, elle arriva au bureau avec un peu de retard, mais M. Teboul ne fit pas la moindre remarque. Il semblait ailleurs, perdu dans ses réflexions.

– Mademoiselle Ginette, finit-il par lui dire en fermant derrière lui la porte vitrée du bureau, nous avons été dénoncés...

Dénoncés ? Qui était ce « nous » ? Elle aussi ? Et Jean ? Était-il en danger, là, maintenant ?

– Oui, dénoncés, poursuivait M. Teboul. Un ami à la préfecture m'a prévenu, le dossier d'aryanisation est en cours.

Ainsi donc, c'était arrivé. Parmi les petits fournisseurs du fourreur, Ginette avait vu les échoppes fermer les unes après les autres, certaines reprises par un commerçant au patronyme bien gaulois, « irréprochable ». Que la maison Teboul, reconnue et visible par tous, se soit maintenue aussi longtemps lui avait paru tenir du miracle. Elle s'était dit que le fourreur disposait certainement d'appuis politiques, peut-être grâce à sa riche clientèle toulousaine ? Visiblement, cela ne suffisait plus...

– Un administrateur va être nommé, ajouta Teboul sans percevoir le frisson d'affolement qui avait secoué sa petite employée. Il faudrait que vous restiez là, mademoiselle Ginette, que vous veniez travailler comme d'habitude, aux mêmes horaires... Je vais devoir m'absenter quelque temps, mais tout doit sembler normal. Même si ce n'est plus moi qui dirige, même si vous ne savez pas où je suis...

Ginette planta dans les yeux du fourreur un regard sans détour :

– Bien sûr, monsieur Teboul, cela ne change rien, je n'ai jamais su où vous étiez en dehors du magasin. Comptez sur moi, je serai là tous les matins.

Il comprit qu'à cet instant même, elle « oubliait » la belle maison familiale où elle avait parfois déposé un pli, tout comme les adresses de certains clients qu'on ne voyait plus et dont les bons de commande avaient disparu des registres.

– Merci, petite, dit simplement Teboul en lui posant une main sur l'épaule.

Le fourreur ne revint plus au magasin, trois ouvriers de l'atelier manquèrent eux aussi à l'appel. Ginette arrivait ponctuellement le matin, repartait le soir à l'heure habituelle. Elle évitait d'échanger des regards entendus avec les autres employés et ne partageait que quelques remarques banales. L'un des tailleurs, pourtant, lui confia sous le sceau du secret qu'il pensait que Teboul avait rejoint le maquis. Ginette comprenait : « le maquis », cela voulait dire la Résistance, la lutte contre l'occupant. Silencieusement, elle approuvait. Dans son immeuble, le fils d'une famille habitant au deuxième étage avait disparu du jour au lendemain, peut-être pour fuir le STO et se fondre lui aussi dans « le maquis ». Quand elle croisait les parents du jeune homme dans l'escalier, elle les saluait d'un sourire, mais ne demandait rien.

Chez Teboul, elle avait le sentiment de flotter dans un temps suspendu, qui ne pouvait durer. À l'heure de la fermeture, elle se retrouvait souvent seule. Elle en profita pour ranger le bureau, vérifiant tiroirs et rayonnages, à la recherche de possibles papiers compromettants. Et en effet, parmi ses propres dossiers, elle tomba sur une feuille pliée en quatre qu'elle avait un matin découverte dans sa boîte à lettres et dont elle n'avait pas voulu se séparer tant sa lecture la réconfortait. Était-ce un tract, une ébauche de journal ? Le texte datait de septembre 1942, et portait le titre « Combat publie son manifeste ». Elle en connaissait par cœur des phrases entières :

« La France réelle, populaire et profonde, demeure fidèle à elle-même, c'est-à-dire à la Liberté. Un pays qui veut vivre, et dans la grandeur, doit lui-même combattre pour sa Libération. Le monde civilisé était en quelque sorte en deuil de la France. Il avait grand-peine, il croyait l'avoir perdue. Le monde civilisé a retrouvé la France. C'est avec elle qu'il veut courir à la Victoire, car la France est indispensable au monde ».

« Le monde civilisé en deuil de la France… » Ginette pensait à ce qu'elle avait tenté d'exprimer dans sa rédaction du brevet supérieur, presque trois ans auparavant. Elle se souvenait aussi de la pièce de dix sous que son père Louis lui avait montrée, pendant l'été 1940, où était gravée l'inscription rebelle : *À de Gaulle.* Cette France-là existait encore. Mais que pouvait-elle faire, elle, comment se rendre utile ? Elle relut encore une fois ce message de courage et d'espoir, puis jeta le papier dans le poêle où un maigre feu lançait ses derniers crépitements.

Quelques jours plus tard, la relative quiétude du magasin fut soudain brisée par le crissement de deux tractions noires freinant brutalement devant les vitrines, bloquant l'entrée et faisant fuir les passants. Un soldat allemand vêtu de cuir des pieds à la tête, pistolet à la ceinture, mitrailleuse en travers du torse, se campa à la porte. Une escouade descendit des voitures et avança entre les rayons, lentement, délibérément, en terrain conquis, et une partie de la troupe emprunta l'escalier qui menait aux bureaux. Assise à sa table, Ginette s'efforça de ne pas broncher, levant à peine les yeux. La porte vitrée qui lui offrait une protection dérisoire s'ouvrit largement, poussée par deux hommes portant chapeaux mous, longs manteaux battant les talons.

– Bonjour mademoiselle, police allemande, suivez-nous.

L'accent honni, la prononciation appuyée et maladroite qui faisait si peur… Veillant à ne pas se précipiter, retenant ses jambes qui semblaient animées du désir de fuir à toute vitesse, Ginette rejoignit employés et clients déjà tous alignés le long du mur.

Deux jeunes gens en complet veston à grosses rayures étaient appuyés, bras croisés, au comptoir de bois. La Milice ? Ou la Gestapo, qui, on le savait, employait la pègre locale aux basses œuvres ? Le plus fluet flottait dans son costume comme s'il l'avait emprunté à son père pour jouer au grand garçon. Ils chuchotèrent entre eux quelques mots que la jeune fille ne réussit pas à comprendre, mais où elle reconnut, sans erreur possible, un fort accent du Midi. Ils s'écartèrent, déférents, pour faire place à un officier en uniforme noir, brassard à croix gammée sur la manche. Ses culottes de cheval, démesurément larges, avaient aussi quelque chose de comique. Il salua d'un geste sec, bras plié au coude, paume de main levée. Était-ce le terrible Helmut Retzek, chef de la Gestapo de Toulouse, dont la réputation d'antisémitisme frénétique avait franchi les murs de l'hôtel de l'Ours blanc ? L'homme ressemblait à un modèle du parfait aryen : regard transparent sous la visière de la haute casquette, nez droit, sourire froid. Et il semblait fort satisfait de lui-même.

– Nous voulons voir M. Teboul, énonça-t-il en détachant chaque syllabe.

Les employés se regardèrent, muets.

– Alors ? reprit l'officier en noir, dont on sentait déjà monter l'impatience.

Ce fut Aline, la plus âgée des vendeuses, qui répondit benoîtement :

– M. Teboul ? Il n'est pas là.

– Il n'est pas là ? Il n'est pas là aujourd'hui ? Il reviendra quand ?

– On ne sait pas, il ne nous a rien dit…

– Ah ! Il s'en va comme ça, sans rien dire ? Il n'a pas laissé d'adresse ?

Tout le monde secoua la tête en signe de dénégation. L'officier claqua des doigts, fit un geste autoritaire de l'index, donnant ainsi le signal à sa clique de fouiller le magasin et les bureaux. Il y eut quelques tiroirs retournés, des portes de placards claquèrent, mais le cœur n'y était pas, et à nouveau, l'homme s'impatienta.

– Vos papiers ! aboya-t-il en direction des employés et des clientes, qui n'avaient pas bougé.

Chacun plongea la main dans sa poche ou demanda la permission d'aller chercher son sac au portemanteau, sous la surveillance étroite des deux jeunes Toulousains. Le gestapiste examina une à une les cartes d'identité. Il lut : « Guy Ginette, née à Lézignan-Corbières le 17 juin 1924 », leva ses yeux durs vers le visage juvénile. Elle lui sembla insignifiante, pas le genre de personne à qui on confierait un secret ou des responsabilités. Il lui rendit brusquement ses papiers, claqua des talons, et laissa tomber, sèchement :

– Désormais, votre patron n'est plus Teboul.

En sortant ce soir-là du magasin qui ne s'appelait plus Teboul, Ginette se dit qu'elle pourrait difficilement supporter une émotion de plus. Elle venait d'apprendre que la détonation dont l'écho avait fait trembler les vitres quelques heures auparavant était celle d'une bombe déposée au Capitole, devant l'hôtel de ville. Y avait-il eu des morts ? Parmi les Allemands ? Parmi les passants ? Elle se demandait avec angoisse comment prévenir Jean, car elle n'avait pas une confiance sans limite dans ses faux papiers, et si jamais il était démasqué, il risquait de se retrouver parmi les premiers sacrifiés en cas de rafles d'otages. Ces jours-ci, il était occupé à récupérer un lot de mercerie – bobines de fil, élastiques, fiches en carton où étaient cousus des boutons – qu'il revendrait ensuite. Ginette savait que le marchand contraint de fermer boutique lui avait donné rendez-vous rue des Trois-Renards, tout près de la basilique Saint-Sernin. Elle décida d'aller voir si Jean s'y trouvait encore, mais en faisant le détour par le boulevard de Strasbourg pour éviter la place du Capitole.

Elle se hâtait, anxieuse, et s'apprêtait à traverser devant le café des Américains quand elle aperçut, sur le trottoir d'en face, la svelte silhouette à la démarche souple, qu'elle reconnaîtrait entre toutes. Jean ! Elle voulut lever le bras, lui faire signe, mais son geste se figea. Sa main retomba, inerte… Aux côtés de Jean marchait une femme en tailleur bleu, grande, l'allure décidée, un petit chapeau de feutre crânement posé sur ses cheveux crêpés : Yvonne, cette fille qu'elle voyait souvent dans leur petit cercle d'amis, et qui la mettait mal à l'aise. Animée, rieuse, Yvonne tournait son visage vers Jean, et la main de celui-ci reposait sur son épaule, tout près de son cou. Ginette sentit sa gorge se serrer, à l'étouffer. « Oh Jean, Jean, mon amour ! », appelait en elle une enfant bouleversée, tandis qu'elle restait là, muette, immobile sur le bord de la chaussée.

9

Les enfants cachés

Appuyée à la vitre du wagon de troisième classe, le regard perdu, Ginette laissait filer sans la voir la campagne herbeuse, qui semblait noyée dans la fumée de la locomotive. Le ciel était blanc, semé de lambeaux gris. Quelques traces de bleu perçaient les nuages, très haut, comme au sommet d'étroites cheminées. L'express 51 se rapprochait de Capdenac. Mais ses pensées étaient restées à Toulouse.

Elle n'avait pas confié à Jean qu'elle l'avait surpris avec Yvonne. Pas encore. Elle avait trop peur de sa réponse. Elle voulait l'entendre dire qu'Yvonne n'était qu'une amie, certes envahissante, un peu trop familière, mais sans importance. N'importe quelle excuse vaguement crédible qui soulagerait sa peine. Ce matin, Jean avait tenu à l'accompagner à la gare en dépit des contrôles, il l'avait serrée fort dans ses bras, il lui avait fait de grands signes tandis que le train s'ébranlait. Il l'aimait donc ? Oui, certainement. Mais était-ce le même amour que le sien, sans limite, à la vie à la mort ? Rejetée contre le dossier de son siège en bois, elle serrait ses paupières sur des larmes qu'elle ne voulait pas laisser couler.

Elle avait emporté un volume des *Misérables* qui venait de Lézignan. Mais elle n'avait pas la force de l'ouvrir. Elle songeait à la tendre Fantine à laquelle, adolescente, elle s'était pleinement identifiée, « une songeuse, une rêveuse, une pensive, une sensitive »… L'adorable Fantine qui vendait sa beauté, sa santé, ses cheveux d'or, ses dents éclatantes comme des perles, et finalement son corps, et descendait les derniers degrés de la déchéance pour tenter de protéger son enfant. Le dévouement jusqu'au sacrifice ultime, l'amour qui ne préserve rien pour soi… Sur l'amant inconstant, Victor Hugo portait un jugement sans appel : « amourette pour lui, passion pour elle ». Et si c'était la même chose avec Jean ? Ginette savait que si elle s'abîmait dans cette détresse sans fond ses pleurs déborderaient. Il ne fallait pas, surtout pas maintenant. Elle ne devait penser qu'à Hélène, à la visite que l'enfant, cachée dans son couvent, attendait et qui ne devait, à aucun prix, la mettre en danger.

Dans sa sacoche, Ginette avait aussi glissé un gilet que la mère de la petite lui avait confié – oublié au moment où la valise d'Hélène avait été bouclée à la hâte –, avec deux paires de chaussettes et un petit pot de confiture de cerises, confectionnée avec très peu de fruits et une double dose de saccharine. Si, à la gare de Capdenac, on lui posait la moindre question, elle avait préparé une histoire simple mais crédible : elle rendait visite à sa petite cousine, un peu fragile et mal nourrie – comme presque tous les enfants d'alors – qui reprenait des forces à la campagne.

Au pied d'un éperon rocheux où se perche sa jumelle Capdenac-le-Haut, la ville de Capdenac-Gare était à l'époque un important nœud de correspondance vers Cahors, Rodez, Aurillac, Brive, puis Paris. Un train direct y assurait trois fois par jour la liaison avec

Toulouse. Dans cette cité de cheminots, on stockait les locomotives, on réparait les wagons, on entretenait les rails… Aujourd'hui, cette Capdenac-là a perdu sa splendeur ferroviaire, la plupart des quais sont déserts mais la gare en briques roses, avec sa monumentale verrière quadrillée de fer, domine toujours la ville, les pendules de la tour carrée continuent à marquer les heures en chiffres romains, exactement comme en 1943, lorsque Ginette y débarqua pour la première fois. En suivant sa trace jusqu'à ces collines aveyronnaises, un vers de Nerval m'est revenu en tête : « Elle a passé la jeune fille, vive et preste comme un oiseau ». Elle a passé, elle a vécu, elle s'est enfuie… Et pourtant, fantôme menu et attentif, ma mère m'attendait là aussi, comme à Toulouse. J'ai presque cru la voir parmi les passagers qui descendaient du train.

« Ici Capdenac, ici Capdenac ! »

À présent, elle ne devait pas traîner, elle avait peu de temps pour se rendre à pied jusqu'au couvent, à un bon kilomètre de là, passer un moment avec Hélène, puis attraper le train qui regagnerait Toulouse avant le couvre-feu.

Une activité intense régnait sous la verrière. Mécaniciens qui allaient d'un train à l'autre, porteurs croulant sous les bagages, voyageurs inquiets qui vérifiaient les pancartes accrochées au flanc des wagons… Et dans les haut-parleurs, les annonces de service – « Le train pour Brive va entrer en gare ! », « L'express pour Cahors, attention au départ ! » – sans cesse entrecoupées par des ordres beuglés en allemand : *Achtung, Achtung ! Papiere Kontrolle !*

Ginette emprunta le passage en planches qui traversait les voies et prit place dans la file d'attente devant la sortie. Il fallait, là aussi, passer entre deux haies de militaires allemands qui vérifiaient les papiers en dévisageant chaque voyageur. Un couple avec trois petits enfants, lourdement chargé, avait été mis à l'écart et attendait, encadré par des gendarmes français. « Faux papiers ! » hurlait le soldat allemand en agitant frénétiquement leurs cartes d'identité. Les malheureux… Juifs, probablement… Comme Jean. Comme Hélène. Elle ne pouvait rien pour eux. Devant elle, deux hommes en bleu de travail chuchotaient. Elle perçut : « Si, si, je t'assure, ici même, avant Noël… le pont tournant… deux locomotives dans le fossé… » L'homme qui disait cela en semblait très satisfait. Se rendant compte que Ginette les écoutait, l'autre le fit taire d'un coup de coude. Mais la jeune fille avait compris : ils parlaient d'un sabotage… La Résistance était donc présente ici aussi… Bien sûr, elle aurait été bien en peine d'identifier amis ou ennemis dans cette foule d'inconnus. Elle tendit mécaniquement ses papiers au militaire qui contrôlait, celui-ci lui lança un coup d'œil appréciateur, il devait la trouver jolie. Elle baissa les yeux, et se retrouva dehors, sur l'esplanade de la gare. Saine et sauve. Pour l'instant.

Pour rejoindre le couvent, il faut d'abord emprunter un raidillon abrupt, mi-chemin mi-escalier, enfoui sous des ormes centenaires et une avalanche de lierre et d'herbes folles, et qui, aujourd'hui encore, plonge vers la rue principale. Ginette prit l'église et sa massive tour carrée comme repère, passa devant le monument aux morts où sont gravés les noms des nombreux soldats sacrifiés de 14-18. Si elle avait su que cette avenue, qu'elle suivait d'un pas pressé en ce jour de 1943, porterait un jour le nom de Charles de Gaulle, l'homme de Londres !

De là, après avoir laissé derrière elle la rue Victor-Hugo, il lui fallait encore avancer au bord des champs, avant d'atteindre l'enceinte de Notre-Dame-de-Massip et son grand portail de bois à deux battants, qui interrompait un mur suffisamment haut pour qu'en levant les yeux on n'aperçoive que la cime des arbres du parc.

– Je suis Ginette Guy, une amie de la famille d'Hélène Ob… déclara la visiteuse à la religieuse venue lui ouvrir.

Elle s'arrêta juste à temps sur cette première syllabe, se rendant compte qu'elle ignorait sous quel nom Hélène avait rejoint les pensionnaires du couvent. Après un moment d'attente, une autre religieuse parut, elle aussi vêtue de l'habit sévère d'alors, guimpe blanche entourant le visage, voile noir, amples manches couvrant presque entièrement les mains…

– Je suis Mme Bergon, Hélène m'a parlé de vous.

Un regard pénétrant et chaleureux, un sourire généreux, une allure déterminée, fougueuse même, pleine d'énergie. Comme avec Mlle Thèbes à l'archevêché, Ginette sentit qu'elle pouvait faire confiance. Et elle se dit qu'en ces temps hasardeux, la vie de chacun dépendait bien souvent de cette décision simple mais fondamentale : faire ou ne pas faire confiance.

À Capdenac, le secret des enfants juifs était bien gardé. Outre Denise Bergon et Marguerite Roques, son assistante et sa meilleure amie, seules trois personnes étaient au courant : Mme Labrunie, maîtresse des novices, Mme Balby, la vieille supérieure, et l'abbé Kirsch, refugié de la Moselle annexée, qui chaque dimanche venait célébrer la messe… Au-delà, pas une âme ne devait savoir. Les autres religieuses étaient dans l'ignorance mais elles couraient toutes un grand danger.

– Je vais devoir mentir, monseigneur… avait déclaré Denise Bergon à l'archevêque Saliège lors de sa visite à Toulouse. Mentir, tous les jours…

– Eh bien mentez, mentez ma sœur, aussi souvent qu'il le faudra ! avait répliqué ce dernier en hochant vigoureusement la tête. Je vous donne d'avance toutes mes absolutions.

Denise Bergon avait cependant voulu se mettre en règle avec l'institution et elle était allée trouver Mgr Challiol, l'évêque de Rodez, dont elle dépendait directement. Elle avait aussitôt compris qu'ils ne partageaient pas les mêmes sympathies.

– Mais c'est votre propre supérieur hiérarchique, Mgr Saliège, qui le demande ! avait-elle osé.

Challiol avait manqué s'étrangler. Il l'avait renvoyée sèchement :

– Que je ne le sache pas ! J'ignore tout !

Jusqu'à la Libération, l'ecclésiastique ne dirait jamais un mot contre Vichy ni contre l'occupant. Sur les quatre-vingt-quatorze prélats que comptait alors la France, seuls six, dont le cardinal Gerlier à Lyon et l'évêque Théas à Montauban, suivraient l'exemple de Saliège et prendraient le risque de protester et d'agir.

Déjà, Hélène avait rejoint Ginette et l'entraînait vers le parc. Elle lui faisait fête, elle parlait vite, elle riait et semblait enchantée de sa nouvelle vie.

– En bas, expliqua-t-elle en désignant le grand bâtiment en L, il y a les salles de classe et le réfectoire, et à l'étage le dortoir… Au pied du clocher, c'est la chapelle…

Elle souffla à l'oreille de Ginette :

– On va à la messe, on fait les prières et le signe de croix, mais chut…

Elle ajouta :

– On ne communie pas, Mme Bergon ne veut pas nous « changer ».

Tout en évoquant avec un sourire entendu cet étrange travestissement religieux, Hélène faisait aussi comprendre à Ginette qu'elle ne négligeait pas les consignes. Même ici, dans cet asile providentiel, il ne fallait rien dire, jamais, à personne. Et surtout pas son nom, encore moins la vérité sur sa religion. Elles croisèrent une petite fille rousse que Ginette se rappelait avoir vue chez les Oberman, et Hélène déclara bien nettement, en détachant les syllabes : « Tu te souviens d'Anna Gol-bert ? » Ginette sut ainsi qu'Anna Goldberg était devenue Golbert, que les enfants avaient reçu des noms francisés, et, semblait-il, en respectant autant que possible leurs initiales.

Elles admirèrent le vaste potager qui avait remplacé les anciennes pelouses, où deux sœurs, les mains terreuses et le dos courbé, étaient occupées à bêcher et à désherber, et Ginette songea à son père qui, chaque soir au retour du travail, entretenait soigneusement ses rangées de tomates et de haricots, plus nécessaires que jamais alors que le conflit entrait dans sa quatrième année. Ici comme à Lézignan, un poulailler avait été installé, et même si Hélène, la petite citadine, avoua avoir un peu peur des volatiles qu'il fallait déranger pour ramasser les œufs, elle appréciait ce supplément de nourriture, si rare à Toulouse. Elle raconta que, parfois, elle partait avec Mme Bergon faire la tournée des fermes environnantes, à la recherche de pommes ou de poires car le couvent n'avait pas d'arbres fruitiers. Visiblement, pour Hélène, être choisie pour accompagner la directrice de l'école était un privilège qu'elle chérissait.

Dans le couloir de la maison de pierres grises, elles croisèrent une jeune fille très brune, l'œil vif et la démarche rapide. Elle tenait par la main un petit garçon de sept ou huit ans. Hélène fit les présentations :

– C'est Annie, qui donne le cours de géographie, et Albert, qui fait l'enfant de chœur. À la dernière messe, il secouait tellement l'encensoir qu'on a failli tous étouffer ! Normalement, il n'y a que des filles ici, mais Mme Bergon ne résiste pas à ceux qu'elle appelle les « bouts de chou » !

Ginette avait remarqué l'expression d'Hélène – « il fait l'enfant de chœur » – comme si, ici, tout était jeu de rôle et déguisement. Mais dans ce théâtre-là, où les enfants figuraient de bons petits catholiques, c'était leur vie qu'ils jouaient. Elle réalisait aussi que dans ce pensionnat de filles, Denise Bergon acceptait les petits frères, certains presque encore bébés, pour ne pas ajouter une séparation supplémentaire à leur détresse. Chaque jour, la religieuse devait tracer la limite entre générosité et prudence, toujours prête à ouvrir sa porte aux pourchassés sans pour autant mettre en danger les enfants qu'elle protégeait déjà. Elle les faisait passer pour des réfugiés de l'est de la France, alors qu'en réalité ils avaient fui l'Allemagne, la Pologne, la Roumanie ou l'Autriche. Et il fallait bien se trouver dans le Midi pour que l'accent de certains puisse être pris pour celui de la Lorraine ou du Jura !

Quand elles se trouvèrent seules dans le dortoir situé à l'étage, assises sur le petit lit en fer d'Hélène, avec ses draps soigneusement bordés et sa couverture délavée, Ginette lui donna enfin des nouvelles de la famille restée à Toulouse.

– C'est un peu dur le soir, confia enfin l'enfant. Il y a une petite qui pleure, qui appelle sa mère… Mais Mme Roques ne manque pas de venir nous embrasser, tous, et ça prend longtemps parce qu'il y en a toujours qui cherchent à la retenir. Parfois, Mme Bergon aussi vient me voir, même si elle est fatiguée. Je ne me sens jamais vraiment seule.

Dans le silence du dortoir, la petite se laissa aller à une confidence supplémentaire :

– Tu vois, avec Mme Bergon, moi je prie vraiment, même si elle ne me le demande pas.

Ginette devina qu'auprès de cette femme exceptionnelle, Hélène, qui venait d'une famille totalement laïque, avait trouvé une sorte de guide, moral ou spirituel, sans que pour autant la religieuse cherche à utiliser la situation exceptionnelle où se trouvaient les enfants pour tenter de les convertir.

– Dis bien à maman qu'ici nous sommes dans une maison « amie », ajouta Hélène, en accentuant ce dernier mot.

Ginette vérifia l'heure à sa montre, ce précieux bracelet que lui avait offert l'oncle Eugène pour sa communion solennelle.

– Tout va bien, j'ai encore un peu de temps.

– Alors viens, je vais te montrer notre secret.

C'était une vieille porte en bois, tout au fond du parc, dans le coin le plus reculé du mur d'enceinte, loin de la route et du bâtiment. Formée de planches mal équarries, décolorée par le soleil et la pluie, elle se distinguait à peine parmi les pierres couvertes de mousse et de lierre.

– Derrière, dit Hélène, ce sont les bois. C'est immense, ça va jusqu'à la montagne, tout appartient au couvent. Personne ne pourrait nous y retrouver.

Ginette pensa à l'ouverture dissimulée dans la haie du jardin, qu'avait ménagée son père Louis dans leur maison de Lézignan, pour pouvoir s'échapper de la même manière au cas où… Telle était désormais leur vie à tous : il fallait toujours prévoir une issue de secours.

– S'il y a une alerte, poursuivit Hélène, nous devons venir jusqu'ici, sans parler, même la nuit, pour pouvoir filer dans les bois s'il le faut. Chaque grande est chargée d'un petit ou d'une petite. Plusieurs fois, on s'est même couchées dans le dortoir toutes habillées, et puis au dernier moment, miracle, rien !

Cette porte vers la liberté que Ginette découvrait, c'est moi qui la regarde maintenant, tant d'années après. Elle est toujours là, au fond du parc, derrière les arbres séculaires dispersés sur des pelouses tondues de frais, presque comme autrefois… À part ce cèdre du Liban, incongru dans la campagne de l'Aveyron, qui étire aujourd'hui ses rameaux bleutés au-dessus d'une stèle dressée dans la terre et jette un pont vers le passé :

« Ce cèdre a été planté le 5 avril 1992, en souvenir du sauvetage de 83 Juifs, enfants en majorité, de décembre 1942 à juillet 1944 par Denise Bergon et Marguerite Roques (filles de Notre-Dame) et Mlle Louise Thèbes, à la demande de Mgr J.G. Saliège, archevêque de Toulouse, et de Mgr de Courrèges d'Ustou. »

En prenant congé de Mme Bergon, Ginette comprit, à sa manière de sourire à la petite fille et de la tenir par l'épaule, la tendresse particulière qui la liait à Hélène :

– Ici, nous l'aimons tous, confirma la religieuse, comme si elle avait lu dans ses pensées. Dès que cela sera possible, je l'accompagnerai moi-même à Toulouse pour voir ses parents. Mais d'abord, je dois me rendre à Figeac. Et puis aussi à Rodez…

Autant de lieux où Ginette supposa qu'il fallait secourir une famille, chercher un enfant, se procurer de faux papiers, de fausses cartes d'alimentation pour nourrir tous les pensionnaires qui dépendaient d'elle. Cette femme-là, sans hésiter, bravait tous les dangers. Alors que certains couvents accueillaient discrètement deux ou trois enfants juifs, pas plus, pour ne pas prendre trop de risques, Mme Bergon, elle, les acceptait tous. Elle se donnait tout entière à sa tâche. Des inquiétudes qui la tenaient éveillée la nuit, elle ne partageait rien.

La sœur gardait bien des secrets que ni Ginette, ni Hélène, ni les pensionnaires ou les autres religieuses ne soupçonnaient. Elle avait fait enterrer dans un coin du parc les bijoux que quelques familles lui avaient confiés, et qu'elle restituerait après la tourmente. Elle avait aussi dissimulé des lettres envoyées par des parents, beaucoup trop explicites, qui auraient pu mettre la communauté en danger.

Et puis, il y avait le dernier recours : la trappe, dont personne, à part Denise Bergon et l'aumônier, ne connaissait l'existence ; la cachette préparée pour l'urgence ultime, au cas où les nazis entreprendraient à l'improviste de fouiller le couvent.

C'est l'une des découvertes les plus bouleversantes que j'ai pu faire au cours de ce voyage dans le temps… Car elle existe toujours, cette cachette, dans un recoin de la chapelle, sous le banc des religieuses autrefois séparées des fidèles par une clôture à croisillons, inchangée depuis la guerre. Le contour de la trappe se confond avec les lignes du plancher. Une fois trois lattes soulevées par des mains averties, on découvre une étroite ouverture creusée dans le sol… J'y suis descendue, remplie de tristesse et d'effroi. C'est une niche souterraine, un trou sans lumière et sans air, haut d'une soixantaine de centimètres, long de moins de deux mètres, creusé en biais dans un sol irrégulier, mélange de terre, de pierres et de gravier, avec, pour seule protection, le plancher et les poutres qui le soutiennent. Impossible de s'y tenir debout, ni allongé, on ne peut que se plier, se tasser, se courber. À l'été 1944, des divisions SS remontèrent vers le front de Normandie en semant la terreur, et quadrillèrent Capdenac à la recherche de résistants. La petite Annie, qui « donnait le cours de géographie », séjournerait dans la trappe quatre jours et cinq nuits. Annie était elle aussi une enfant cachée, trop jeune pour être une « vraie » professeure, trop grande pour être pensionnaire, et donc aussitôt suspecte. Avec deux autres protégées de Mme Bergon, elle resterait là, dans le noir, suffoquant de chaleur, terrifiée à l'idée de mourir étouffée dans ce piège impossible à ouvrir de l'intérieur. Toutes les trois échapperaient à l'horreur nazie.

Soixante-quinze ans plus tard, je restais penchée au bord de ce cauchemar, et je pensais : voilà donc où aboutit la haine la plus brute, le nationalisme le plus meurtrier, dans un terrier obscur où doivent se cacher des enfants, les plus innocents des innocents, ceux qui sont juste « coupables » d'être nés.

10

Les fiancés

C'était l'une de ces nuits douloureuses, remplies de mots et de larmes, de coups de griffe et de baisers. Un échange interminable de questions hésitantes et de réponses embarrassées… Ginette avait enfin osé lui parler d'Yvonne. Ils étaient tous deux recroquevillés sur le même fauteuil, dans le petit appartement sous les toits, ils n'avaient pas même songé à allumer la lampe quand le soir était venu. Ils parlaient sans fin. Ils se faisaient mal. Ils souffraient.

– Ne pleure pas, lui avait dit Jean en la prenant contre lui. Elle ne compte pas pour moi, tu le sais bien. C'était juste comme ça, en passant…

– Mais pourquoi ? Pourquoi ? Je croyais que nous deux, c'était… Juste nous deux… Pour moi, il n'y a que toi. Alors pourquoi ?

– Cesse de demander pourquoi… Il n'y a pas de raison à tout. Ça n'a rien à voir avec nous…

– Tu l'aimes ?

– Mais non voyons ! Tu mélanges tout. C'était juste pour s'amuser…

– Tu ne t'amuses pas avec moi ?

– Bien sûr que si ! On rit si souvent ensemble. Pour un oui pour un non. Juste parce qu'on se comprend.

Je peux tout partager avec toi, je ne connais personne d'aussi intelligent.

Ginette recueillait chacune de ses paroles. Comme un écureuil serre ses noisettes pour les mois d'hiver, elle se faisait des souvenirs de lumière, si un jour, si jamais… Et puis, inévitablement, elle recommençait, entêtée à titiller la blessure lancinante :

– Tu la trouves jolie ?

– Elle est jolie, mais…

– Plus jolie que moi ?

– Ça n'a pas de sens, cette question. Tu es jolie autrement.

– Et les autres, toutes celles qui tournent autour toi, tu leur souris, tu les encourages…

Et Ginette répéta encore, doucement, tristement :

– Pourquoi ?

Jean se laissa glisser du fauteuil sur le sol carrelé, enserra de ses bras les genoux de la jeune fille, enfouit son visage dans les plis de la robe bleue. Sa voix étouffée lui parvenait :

– Je n'y peux rien, ça me flatte de leur plaire, mais ce n'est rien, rien du tout. Toi…

Il releva la tête, ses joues étaient couvertes de larmes, qui avaient déposé des étoiles tièdes sur le tissu de coton :

– Ne me quitte pas, il ne faut pas. Pas pour ça.

Ginette se sentit traversée par une vague brûlante de tendresse et de peine, bouleversée par ce chagrin d'enfant, par cet aveu d'amour et de faiblesse qui la comblait et la déchirait à la fois. Jean reposa la tête sur ses genoux. Il ne bougeait plus. Le silence dura. Puis il ajouta d'une voix sourde, avec une gravité mal contenue :

– Quoi qu'il arrive entre nous, promets-moi… Promets-moi de ne jamais me traiter de… sale Juif.

Ginette se pencha sur lui et l'enlaça de toutes ses forces, ses pleurs se perdant dans le lustre des cheveux sombres :

– Oh, mon amour, comment peux-tu… Jamais, jamais !

Jean… Sa désinvolture, son assurance triomphante, qui se croyait invincible et immortel. Mais Jean traqué, vulnérable comme le petit enfant juif qui vivait en lui, à la merci d'un simple regard, d'un hasard fatal…

À Toulouse, Rudolf Bilfinger, nouveau chef de la Gestapo, menait désormais directement la chasse aux Juifs : pour éviter le front russe, les Allemands faisaient du zèle et apportaient au minotaure hitlérien sa ration quotidienne de déportés. Quand quelqu'un ne se montrait plus, on craignait le pire. Des employés et des clients du fourreur Teboul, lui-même évanoui dans la nature, des habitués des cafés que Ginette fréquentait avec Jean, un couple de voisins dans sa rue, une dame âgée dans un autre immeuble, et même toute une famille… Volatilisés… De leurs voix, leurs visages, leurs silhouettes familières, il ne restait pas trace. Comme s'ils avaient été effacés de la ville. Avaient-ils fui ? Pris le maquis ? Avaient-ils été arrêtés ? Déportés ? Par ignorance ou par prudence, personne n'en parlait.

Le plus dur pour Ginette, ce n'était pas les restrictions, les rations de plus en plus réduites, cette course épuisante et incessante pour dénicher un peu de saccharine, un ersatz de café, une poignée de rutabagas. Mais c'était l'angoisse, cette tension qui ne retombait plus, cette menace omniprésente qui nouait l'estomac. Il fallait faire un effort constant pour ne jamais baisser la garde, se tenir aux aguets, maîtriser ses mains tremblantes lors d'un énième contrôle de la police, de la Milice ou de la Gestapo… Chacun avait l'impression que la foudre pouvait s'abattre à tout moment, au hasard, sans raison. La peur et l'arbitraire avaient pris le pouvoir.

Ginette avait terriblement besoin d'un soutien. Si Dieu existe, se disait-elle, peut-être faut-il lui demander directement de l'aide, prier plus fort ? Elle qui n'allait pas à la messe et ne se confessait pas, elle qui, comme son père Louis, n'appréciait pas les cérémonials ni les encensoirs, elle eut l'idée de se rendre à Lourdes. Le sanctuaire des causes perdues, celui du dernier espoir… Elle aimait l'idée que la Vierge ait choisi pour messagère une très humble jeune fille, cette petite sainte Bernadette, si menue, si chétive, analphabète… Alors, un jour de mai 1943, après un périlleux voyage dans des trains surchargés et d'autant plus contrôlés qu'on se rapprochait de la frontière espagnole, elle se retrouva devant la grotte de l'apparition. Entraînée par la foule des fidèles, encore plus nombreux en cette période de guerre, portée par la ferveur collective, elle pria pour ses proches, pour ses amis, pour les sœurs du couvent, pour les Juifs, et pour Jean… Protégez-le, gardez-le en vie, faites qu'il m'aime, je vous en supplie !

Ginette savait qu'à son retour à Toulouse, Jean l'attendrait sur le quai de la gare, il l'avait promis. Debout sur le marchepied du wagon, elle n'eut pas le temps de le chercher, il était déjà là et la reçut dans ses bras. Il fit quelques pas pour s'écarter de la cohue, se pencha sur elle, prit son visage entre ses mains et la regarda profondément :

– Je voudrais qu'on se marie. Tu veux bien ?

Quand l'été arriva, Ginette décida de prendre un congé depuis longtemps reporté. Le magasin Teboul était maintenant dirigé par M. Kopetzki, le tailleur protestant qui profitait peut-être indûment de l'aryanisation de l'établissement ou qui, au contraire, prévoyait de le rendre à son propriétaire légitime, un jour… On ne pouvait pas savoir. Elle partit avec Jean chez ses parents, à Lézignan-Corbières, pour leur présenter celui qui était officiellement… son fiancé.

Esther avait encouragé leur départ, heureuse sans doute de savoir son fils loin de la ville, au moins pour quelque temps. Car Jean n'était plus protégé par sa fausse identité en tant qu'« André Cécile ». Il semblait s'être encore fourré dans un imbroglio impossible à démêler. Des soupçons s'étaient portés sur lui à l'occasion d'un vol de portefeuille à la salle de culture physique où il s'entraînait, et il s'était retrouvé au commissariat. Rien n'avait finalement été retenu contre lui, mais ses papiers, par contre, avaient tout de suite attiré l'attention. Car quelque temps auparavant, le véritable André Cécile, jeune militaire logé à la caserne Cafarelli, s'était manifesté pour déclarer que ses cartes d'identité, d'alimentation, de textile et de tabac lui avaient été dérobées. Les « faux » papiers de Jean étaient donc « vrais », mais ils avaient malheureusement un propriétaire légitime. Jean était-il au courant ? Il avait protesté de sa bonne foi, parlé de documents trouvés par hasard, qu'il venait justement rapporter de lui-même… Le commissaire, perplexe, avait pris force notes dans son registre, et l'avait finalement laissé partir. Un moment d'absurdité bureaucratique, mais surtout un véritable miracle.

À Lézignan, la famille de Ginette, ignorant tout de ces dernières péripéties, accueillit comme l'un des siens ce jeune Juif à l'accent parisien et à l'allure citadine, au physique suffisamment étranger pour que le voisin, le toujours bavard Mézonave, s'exclamât : « Alors mademoiselle Ginette, vous êtes fiancée avec un Arabe ? » Même dans ce petit village des Corbières, il fallait être extrêmement vigilant : il y avait là aussi une kommandantur qui recevait chaque jour une épaisse liasse de dénonciations et de lettres anonymes. Le collège de Ginette avait été transformé en dépôt de vivres et de munitions, gardé par des sentinelles allemandes, et le terrain d'aviation accueillait désormais des stukas et des chasseurs Messerschmitt.

Jean et Ginette se méfiaient surtout de l'autre voisin, Costesèque, dont le beau-frère était milicien. Quand ce dernier venait en visite, pour donner un coup de main dans le jardin, en chemise noire et pantalon kaki, il déposait tranquillement sa mitraillette sous la treille. Si Louis l'apercevait par-dessus la haie d'aubépine, il ne pouvait s'empêcher de l'apostropher :

– Tu ne sais pas que ce sont tous des salauds dans la Milice ? Tu n'as pas honte ?

L'autre fronçait les sourcils, concentré sur ses plants de tomates :

– Tais-toi, Guy, c'est pas le moment !

L'affaire en restait là.

Mémé Anna, elle, était tombée sous le charme du fiancé de Ginette, et répétait, enchantée : « Quel beau garçon ! Vraiment, quel beau garçon ! » Avec Éveline, elle s'affairait dès le matin aux fourneaux pour mijoter ce que le jardin, le poulailler et le marché du jour pouvaient leur fournir, afin de combler l'appétit de ce jeune homme continuellement affamé qui les remerciait avec tant de chaleur.

Les amoureux, eux, se promenaient à travers la garrigue, évitant les ruelles du centre, les patrouilles et les questions indiscrètes. Ils marchaient longtemps pour trouver un coin tranquille au bord de l'Orbieu et s'assurer qu'ils étaient seuls, enfin ! Assis côte à côte dans l'ombre humide d'un figuier, les jambes baignant dans la fraîcheur de l'eau, ils se laissaient aller à la rêverie.

– Tu verras, disait Jean à Ginette. Ça passera, on s'en sortira… Après la guerre, on prendra une boutique. À nous deux, ce sera un succès. Et puis peut-être une autre ? À Toulouse… Non, à Paris ! Je suis certain que tu t'y plairas.

Elle, elle l'aurait suivi bien plus loin encore, au bout du monde s'il le voulait.

– On n'aura plus besoin de se cacher, poursuivait Jean. On se promènera librement, partout, on retrouvera les grands boulevards, les cafés, les Champs-Élysées…

– Tu n'as jamais peur que… ça finisse mal ? Tu y penses ?

– Évidemment j'y pense. Il n'y a que les abrutis qui n'y pensent pas.

Il hésita une seconde, puis ajouta :

– Mais les Boches ne sont pas si malins que ça. Il faut juste attendre, se débrouiller, tenir. Et vivre !

Ginette ne se sentait pas totalement rassurée :

– Même ici, à Lézignan, tout le monde se méfie de tout le monde.

– Oui, comme partout… Avec tous ces collabos dégueulasses qui maintenant ont peur que l'Allemagne perde la guerre !

– Un jour, il faudra qu'on raconte tout ça. Comment on a réussi à les tromper, les dénonciateurs, la Gestapo, la Milice…

– Tu te souviens, je t'avais dit qu'on devrait écrire un livre tous les deux…

– Bien sûr que je m'en souviens, fit Ginette. On raconterait aussi comment on s'est connus, comment on s'est aimés… Et comment on s'en est sortis. J'ai déjà le titre : *Il s'appelait Jean Oberman.*

– J'aime bien ! Au moins, avec un nom pareil, on comprend tout de suite de quoi il s'agit…

Il l'embrassait. La tête au creux de son épaule, elle fermait les yeux. Dans le cercle de ses bras, rien ne lui semblait impossible.

Chez les Guy, à la table du dîner, la conversation ne s'éloignait jamais bien longtemps de la politique. Louis décrivait un climat qui se rapprochait de la guerre civile. Les collabos se montraient de plus en plus agressifs à mesure que la Wehrmacht essuyait des revers, les autres courbaient l'échine ou laissaient discrètement percer leur sympathie pour la Résistance, et les haines s'attisaient. On jetait des regards noirs aux quelques jeunes inconscientes qui se pavanaient au bras d'un « chleuh » sur le tour de ville… Dans l'illusoire espoir de se hisser au-dessus de leur condition, certains accueillaient même à leur table des officiers de la Wehrmacht. La vitrine du photographe ne présentait plus que des portraits de militaires du Reich. Des petits fabricants d'huile d'olive trouvaient leur avantage à traiter directement avec les Allemands, et un marchand de matériaux faisait fortune en leur fournissant sable, béton et étais de fer pour la construction du mur de la Méditerranée, le *Südwall* destiné à empêcher un débarquement allié entre la côte languedocienne et la frontière italienne.

Plus d'une famille était déchirée. Louis évoquait ce couple d'amis, dont l'un des fils avait rejoint le maquis, tandis que l'autre, sous l'influence du curé, s'était enrôlé dans la Légion des volontaires français contre le bolchevisme et combattait à la frontière ukrainienne, sous l'uniforme allemand. Les parents n'avaient plus de nouvelles. Dans tous les cas, ceux-là avaient déjà perdu la guerre.

– Il y en a qui n'ont plus le sens commun, déplorait Louis, atterré. À la gare, j'en vois qui accompagnent les soldats allemands en partance pour le front russe avec des embrassades et des bonbonnes de vin. Comme si c'était de bons copains !

La fraternisation n'était pas toujours payante. Louis raconta comment le propriétaire de vignes proches, pourtant bien disposé envers l'occupant, était allé un jour se plaindre à un officier que des soldats pillaient un peu trop sa récolte. Mal lui en avait pris. Attablé devant un plat débordant de raisins, le responsable de la troupe avait lancé : « Monsieur, vous calomniez l'armée allemande ! » Depuis, ses hommes avaient eu le droit de se servir et de piétiner les plants de vigne en toute impunité.

Même les enfants étaient considérés comme suspects. Robert, le petit frère de Ginette, avait été menacé par une sentinelle près du terrain d'aviation après avoir simplement demandé combien de soldats un planeur pouvait transporter. L'avait-on vraiment pris pour un espion ? Le gamin, lui aussi, souffrait des privations de liberté. Le soir, après le dîner, lui qui autrefois poursuivait ses jeux dans la campagne jusqu'à la nuit noire en bon sauvageon des champs, devait maintenant rester à la maison, à cause du couvre-feu. Parqué comme les chèvres et les poulets ! Tout à coup, les grands mots que prononçait souvent Louis – fascisme, nazisme, communisme, démocratie, république – prenaient pour lui un sens bien personnel. Devant Jean, qui l'impressionnait par son physique d'acteur et son aisance de Parisien, Robert s'efforçait toujours de souligner l'attitude intègre de son père qu'il admirait :

– Il y a un policier allemand qui a réclamé des abricots du jardin. Il proposait du tabac en échange ! Mais papa l'a envoyé promener en lui disant qu'il ne fumait pas.

Tant que cela n'affectait que lui, Louis Guy, à sa manière, n'entendait pas céder à l'occupant. Et il cherchait toujours à partager avec les siens le moindre indice indiquant que le combat continuait. Comme ce jour de juillet, peu avant l'arrivée de Jean et Ginette, où il avait vu passer dans le ciel un cortège de plusieurs centaines d'appareils américains, des quadrimoteurs entourés de chasseurs à long rayon d'action. Les sirènes de la défense antiaérienne allemande s'étaient déchaînées, les canons de Flak – dont les fameux « 88 » – avaient tiré, mais aucun n'avait atteint les avions alliés. « Cela nous a remplis d'une joie indicible », racontait Louis, encore ému.

Comme tous les hommes valides trop âgés pour le STO, trop jeunes pour la retraite, le père de Ginette était souvent requis la nuit, pour garder les voies de chemin de fer. Dans tout le Midi, les résistants faisaient sauter les rails, dynamitaient des ponts et des locomotives, et les occupants étaient sur les dents. Les hommes réquisitionnés étaient censés, s'ils repéraient la moindre activité suspecte, prévenir la kommandantur par téléphone. Mais pas question pour Louis de prêter main-forte à la Wehrmacht ! Il venait pointer au début de la garde, puis s'en allait discrètement vers son bureau tout proche pour avancer son travail du lendemain. Il n'ignorait pourtant pas que, si un sabotage se produisait dans son secteur, il serait aussitôt arrêté et probablement déporté.

Les résistants du département, il les connaissait presque tous. Jamais il ne les aurait trahis. Parfois, l'un d'eux venait prendre un ersatz de café à la table des Guy, on évoquait la prochaine opération envisagée, on donnait des nouvelles des maquis. Chacun savait que pas un mot de ces confidences ne sortirait de la maison. Robert, même à onze ans, avait lui aussi une conscience aiguë de l'importance du secret. Il ne répétait jamais rien.

Pendant le séjour des deux amoureux à Lézignan, Louis avait tenté quelques ouvertures à l'adresse de Jean :

– Jean, si vous vouliez, vous aussi…

Oui, si le jeune homme souhaitait rejoindre un réseau de résistance, Louis pouvait l'aider. Il connaissait les filières, il avait des contacts, il savait à qui s'adresser. Mais Jean ne relevait pas. Ginette, qui tenait sa main serrée dans la sienne, ne disait rien. L'idée de le voir prendre les armes, lui qui courait déjà tant de dangers, la terrifiait. Fallait-il aller jusque-là ? En elle, l'idéaliste le croyait ardemment, mais l'amoureuse tremblait. Jean était-il plus à l'abri à Toulouse, talonné par la Gestapo et les miliciens ? Ou dans les maquis ?

Le matin du 24 août 1943, Robert, radieux, se précipita vers Jean :

– Les Russes ont repris Kharkov !

Kharkov, cette lointaine ville d'Ukraine que Louis avait entourée d'un cercle rouge sur la carte qu'il déployait parfois sur la table de la salle à manger pour suivre l'avancée des combats. Elle n'avait cessé de changer de mains, occupée par les nazis en octobre 1941, reprise par les Soviétiques en février 43, conquise à nouveau par la Wehrmacht en mars, et maintenant, de manière définitive espérait-on, regagnée par l'Armée rouge. Un nouveau signe d'espoir, enfin !

– Si tu savais comme je m'en fous… répondit Jean à Robert.

Le gamin ravala sa joie, sans comprendre. Jean avait-il appris de mauvaises nouvelles ? Lui et Ginette s'étaient-ils heurtés dans une querelle d'amoureux ? Robert ne sut jamais le pourquoi de cette réplique blessante et indifférente, alors que des hommes mouraient sur le front russe et que le sort de tous était lié à leur victoire ou à leur défaite. Mais il garda au fond de lui un goût amer qu'il n'analyserait que bien plus tard, l'esquisse d'un soupçon… Ginette avait-elle raison de faire autant confiance à Jean ?

11

La rencontre

La bombe avait explosé la veille au soir, au cœur du cinéma les Variétés. En passant place Wilson, Ginette regarda avec stupeur la façade noircie et les vitres brisées. Il y avait longtemps qu'elle et Jean ne fréquentaient plus la célèbre salle Art déco, devenue le temple de la propagande allemande. Cette semaine, on y projetait *Le Juif Süss*. « Le film le plus émouvant et le plus applaudi », vantait l'affiche, repoussante, qui montrait un homme portant perruque poudrée, bague et broche de pierres précieuses, l'air cruel et avide d'un rapace… Ginette apprit bientôt que les poseurs de bombes avaient assisté à la séance afin de déposer leur engin sous un siège. Le dispositif, réglé pour exploser après la sortie des spectateurs, s'était déclenché trop tôt, et ils avaient été déchiquetés par l'explosion. Les « terroristes », comme les appelait le quotidien *La Dépêche* devenu la voix directe de Vichy, étaient au nombre de trois : un jeune homme de vingt-six ans, David Freiman, mort sur le coup, une jeune fille de dix-neuf ans décédée à l'hôpital, et un garçon de dix-huit ans, blessé, qui serait fusillé quelques jours plus tard, attaché à une chaise dans la cour de la prison Saint-Michel… Ginette n'approuvait pas leur méthode, mais elle se disait que des jeunes gens, des jeunes filles, guère différents d'elle-même et de Jean, osaient s'engager, quitte à le payer de leur vie.

À Toulouse, la Résistance, même très minoritaire, se manifestait de plus en plus souvent. Les comptes se réglaient au coin des rues. L'intendant de police Roger Barthelet avait été abattu d'une balle de revolver. Une bombe avait explosé à la Feldgendarmerie, une autre à la poudrerie qui fournissait l'armée du Reich, d'autres encore aux sièges de la Gestapo et de la Milice, à la Feldpost réservée à l'armée allemande, et dans un tram bourré de soldats… La Gestapo redoublait de violence, et les miliciens, truands et hommes de main des quartiers louches assassinaient ouvertement, parfois même parmi leurs propres soutiens, comme tout récemment le directeur de *La Dépêche* lui-même. Ils jouissaient d'une complète impunité, encouragés par leur chef national Joseph Darnand, membre du gouvernement de Vichy chargé du maintien de l'ordre, qui les appelait à « lutter contre le judaïsme triomphant ».

– Il me fait marrer, avec son judaïsme triomphant ! commentait Jean, entre rire et exaspération.

Pour l'instant, son triomphe à lui, c'était d'avoir récupéré quelques vestes de troisième main dont il se disait qu'il ne réussirait jamais à les revendre…

Dès qu'elle le pouvait, Ginette retournait au couvent pour voir Hélène, cette enfant si lucide et si forte face aux dangers qui pesaient sur elle et les siens. Ce matin-là, Ginette avait failli rater le direct qui la conduisait de Toulouse à Capdenac. Et l'après-midi, au moment de repartir, elle s'aperçut qu'elle était de nouveau en retard. Il lui semblait que depuis des mois elle n'agissait que dans la précipitation, parant au plus pressé, toujours bousculée.

Brusquement, la pluie tomba dru, bouchant l'horizon et emplissant à grand bruit le moindre sillon de terre. Ginette se mit à courir, maladroite sur ses semelles de bois. Ses cheveux mouillés lui pendaient dans les yeux, elle n'avait même pas pensé à prendre un foulard ou un parapluie… Décidément, elle faisait tout mal. Comme pour son ami Simon… Elle se maudissait de sa conduite : Simon avait disparu depuis plusieurs semaines, elle ignorait tout de son sort, jusqu'à ce qu'elle reçoive une lettre envoyée du camp de Gurs, qui hélas fonctionnait toujours. L'antichambre de la déportation… Simon était vivant, relativement en bonne santé disait-il, mais dans un grand dénuement. Il n'avait pas de famille à Toulouse, Ginette était son amie la plus proche. « J'ai faim, écrivait-il avec simplicité, si tu peux m'envoyer un colis, ce que tu trouveras, cela m'aiderait tellement. » Elle s'était promis de s'en occuper dès le lendemain, mais n'avait pu arriver à temps pour faire la queue chez l'épicier. Pareil le surlendemain. Chaque course était devenue d'autant plus compliquée qu'elle était privée de son précieux vélo. Elle l'avait prêté à Jean, qui deux jours après était revenu à pied, furieux et embarrassé : l'engin lui avait été volé. Impossible d'espérer en acheter un autre, on n'en trouvait plus qu'au marché noir, pour de véritables fortunes. Finalement, elle n'avait rien envoyé à Simon… Était-il en vie ? Encore au camp, encore en France ? Sans lui, elle n'aurait pas rencontré Jean. Et elle, elle n'avait même pas été capable de lui tendre la main. Elle se faisait honte.

Quand elle grimpa, transie et à bout de souffle, le petit chemin abrupt qui menait à la gare de Capdenac, il ne restait qu'une poignée de minutes avant le départ du train. Une file d'attente piétinait devant l'entrée que filtraient deux officiers allemands. C'était fichu. Elle hésita… Elle avait déjà remarqué, sur la droite de l'esplanade, une série d'annexes, jouxtée par un terrain vague donnant directement sur les rails. Par là, on devait pouvoir contourner la gare et rejoindre le quai principal. Mais si elle se faisait repérer… Pas le temps de se poser des questions. Elle courut vers le passage, se tordant les chevilles dans la boue, longea un moment les rails et se retrouva sous la verrière, puis sur le quai, et sauta dans le train quelques secondes avant qu'il ne s'ébranle.

Elle trouva de la place tout au bout d'un wagon, dans un compartiment presque vide, face à une jeune femme qui lui jeta un coup d'œil étonné. Ginette se dit qu'elle devait avoir l'air d'une noyée, les cheveux ruisselants, la robe collée au corps. Elle claquait des dents. Sans un mot, l'inconnue enleva sa veste de toile et la lui tendit. Ginette hésita, mais l'autre confirma d'un signe de tête. Ginette s'enveloppa dans ce tissu très doux, un peu usé, qui sentait la violette.

Le froid qui lui glaçait les os sembla céder un peu. La femme en face d'elle restait silencieuse. De toute sa personne émanait un air de calme et de sérieux. Un visage mince, un peu osseux, des rides fines sur le front, des cheveux ramenés derrière les oreilles, avec juste une mèche plus lourde retombant sur la tempe. Elle était vêtue d'un chemisier clair, une jupe droite, des souliers lacés. Des vêtements nets et pratiques. Son coude reposait sur un sac en cuir lustré par le temps. Ginette remarqua qu'elle portait au doigt un anneau torsadé. Une alliance ? Était-elle mariée ? Avait-elle des enfants ?

– Vous devriez faire attention… murmura soudain

l'inconnue d'une voix feutrée. Il y a parfois des sentinelles au bout du quai...

Ginette se rétracta brusquement. On l'avait donc vue se soustraire au contrôle.

– Ne vous inquiétez pas... Vous vous sentez mieux ?

– Oui, merci, je me réchauffe. C'est trop bête, je suis partie ce matin sans penser qu'il pouvait pleuvoir.

– Vous n'êtes pas de Capdenac ?

– Non, je vis à Toulouse.

Il y eut un silence, comme une attente. Ginette bredouilla l'histoire préparée depuis longtemps, dont elle ne s'était encore jamais servie :

– Je rendais visite à ma petite cousine, elle vit à la campagne.

– Ah, je comprends !

Que comprenait-elle ? Ginette avait-elle déjà trop parlé ? Sa voisine poursuivait, toujours sérieuse :

– On a du mal à respirer, on est de plus en plus surveillés. Pas seulement dans le train. Le moindre faux pas, la moindre erreur... Faites très attention.

Elle se tut brusquement, comme si elle aussi craignait d'en avoir trop dit. Ginette osa livrer une partie de sa pensée :

– On ne savait pas combien c'était précieux de se sentir chez soi, dans son pays...

– C'est exactement ça, maintenant on comprend ce qu'on a perdu. Mais il ne faut pas se résigner...

– À Toulouse, osa Ginette, c'est devenu très dur, ces derniers temps. La Gestapo est partout, la Milice aussi...

À nouveau, la voyageuse regarda longuement Ginette. Elle finit par demander :

– Vous avez des proches en difficulté ?

Quelle étrange expression, songea Ginette, « en difficulté ». La même qu'utilisait Mme Bergon, qui parlait de « familles en difficulté », ou bien « atteintes par la contagion ». L'inconnue voulait-elle dire « arrêtés, emprisonnés, déportés » ? Ginette se lança :

– Un ami. Il est au camp de Gurs. Enfin, je crois qu'il y est encore.

Elle veillait à ne pas donner de nom. Mais elle sentait que la femme comprenait. Gurs, c'était l'entrée de l'enfer pour les Juifs étrangers, et désormais, les Juifs français.

– Je dois lui envoyer un colis, reprit Ginette, bourrelée de remords. S'il est encore temps… Je voudrais au moins lui rendre un petit service.

L'autre restait silencieuse. Comme si elle l'évaluait. Puis elle reprit la parole :

– Oui, il faut essayer de se rendre utile. En ce moment, c'est difficile. On a perdu beaucoup de monde.

– À Toulouse ?

– Pas seulement… Dans toute la région aussi. On a eu un problème, avant Noël.

Ginette avait le sentiment que toutes deux avançaient dans le noir, à pas prudents, se rapprochant l'une de l'autre en vérifiant si le terrain n'était pas glissant.

– J'ai entendu parler d'une rafle… dit enfin Ginette d'un ton hésitant.

– Ils étaient très bien renseignés. On a été trahis, vous voyez ?

Ginette hocha la tête, gravement. L'inconnue poursuivit :

– Il faut savoir à qui on a affaire, être sûr que chacun garde le secret, à n'importe quel prix.

Elle répéta :

– À n'importe quel prix.

À nouveau, Ginette hocha la tête. L'autre risqua :

– Vous avez entendu parler de François Verdier ?

Le premier nom. Celui-là était mort, Ginette le savait. *La Dépêche* l'avait annoncé. Un entrepreneur de la région, disparu en décembre.

– Je sais que son corps a été retrouvé dans la forêt de Bouconne.

– Oui, torturé, affreusement défiguré. Sans doute l'œuvre de cet Oskar Rau, celui qu'on appelle « le tueur de la Gestapo »…

Il y eut encore un moment de silence. Puis Ginette reprit :

– Vous pensez que le débarquement est proche ?

La jeune femme qui lui faisait face sembla reprendre vie :

– Oh oui, forcément ! On ne sait ni où ni quand, mais ça va arriver, il ne faut pas perdre courage. Et chacun a un rôle à jouer.

– Quel rôle ? Qu'est-ce qu'on peut faire ?

Son interlocutrice s'enhardit :

– Il faut soutenir tous ceux qui préparent le débarquement, vous comprenez ? Coordonner les renseignements, faire passer les messages. La poste est surveillée, le téléphone aussi. Alors tout doit être donné de la main à la main… Le courrier, les journaux, vous voyez ?

– J'ai eu un numéro de *Combat*. Une fois aussi, un de *Libération*.

– Ah, c'est bien ! Les imprimeurs prennent tellement de risques. Au début de l'année, tout un groupe est tombé dans un piège. Ça a été terrible… Mais on doit continuer. On a besoin d'agents de liaison et… le mieux, ce sont les femmes, les jeunes filles…

Elle regardait fixement Ginette.

– Ils… reprit-elle (de nouveau ce « ils », mystérieux et menaçant), ils n'imaginent pas qu'elles puissent prendre de tels risques. Ou même simplement qu'elles aient des opinions !

Elle eut un sourire ironique, leva les yeux au ciel, soudain plus jeune. Elle murmura :

– Je vois bien que vous êtes dans nos idées, venez avec nous !

Quand le train entra en gare de Matabiau à Toulouse, Ginette rendit sa veste à la voyageuse, qui l'enfila en lui disant :

– Attendez un peu, il vaut mieux que nous ne descendions pas ensemble…

Elle se pencha vers Ginette et lui chuchota une adresse à l'oreille.

– Retenez-la bien. Si je ne suis pas là, dites que vous venez de la part de Sylvie.

Ginette patienta un moment, en se répétant plusieurs fois l'adresse pour bien la mémoriser. Elle n'avait plus froid, mais se sentait flottante, comme si son corps ne lui appartenait plus tout à fait. Quand elle voulut se lever, ses membres refusèrent de lui obéir, figés dans une ankylose douloureuse qui la bloquait sur son siège, désarmée. Peu à peu, serrant les dents, elle réussit à prendre appui sur une jambe, puis sur l'autre, et enfin à redresser sa colonne vertébrale. Elle s'en alla à pas lents, comme une petite vieille. Il lui fallut une bonne vingtaine de minutes avant qu'elle ne retrouve son allure habituelle.

Ses pensées restaient occupées par sa rencontre avec la mystérieuse Sylvie, et elle oublia bientôt ce malaise apparemment sans suite. Elle l'ignorait, mais elle venait de subir la première atteinte de la polyarthrite rhumatoïde qui assombrirait toute une partie de sa vie.

Dans la nuit du 5 au 6 avril, Ginette fut brutalement réveillée par les hurlements des sirènes. Elle regarda sa montre : minuit moins le quart. Jusqu'à présent, loin de la mer et des possibles débarquements, de la capitale et des routes principales, Toulouse n'avait pas été au centre des préoccupations stratégiques. Mais il y avait tout de même la ligne de chemin de fer nord-sud qui passait par là, la seule qui fût électrifiée, sans compter les terrains d'aviation, les usines d'aéronautique et d'armement qui travaillaient pour le Reich, et intéressaient beaucoup la Résistance et les Alliés… Ginette hésitait à quitter son appartement, ne sachant où aller. La plupart des immeubles de Toulouse n'avaient pas de cave, et les rares abris accessibles lui semblaient davantage des pièges que des refuges.

Tout à coup, la pièce fut éclairée comme en plein jour. Elle reconnut pour les avoir entendus au cinéma le vrombissement des bombardiers, le sifflement des bombes et le *ta-ta-ta-ta-ta* ininterrompu des obus de la DCA, la défense contre avions. Trop tard pour sortir… Où était Jean ? Pourvu qu'il soit en sureté ! Aux bruits, aux éclats de lumière, elle essayait de localiser les impacts. Encore assez loin, probablement de l'autre côté de la Garonne… Il y eut une pause. Puis ça recommença. Le grondement des avions, la lueur des fusées éclairantes… À nouveau le silence. Elle attendit. Plus rien. Au bout d'un long moment, elle regarda sa montre : presque une heure du matin. Il lui semblait que le bombardement avait duré toute la nuit.

Le lendemain, elle ne croisa dans la rue que des visages hébétés. Les gens se saluaient, comme s'ils n'en revenaient pas d'être encore là. Les rumeurs les plus folles couraient. Tout un quartier détruit. Des maisons effondrées. Des morts par dizaines… Un véritable déluge de bombes s'était abattu sur les usines. Les avions volaient bas, disait-on, ce devait être les Britanniques, qui avaient la réputation de descendre au plus près de leurs cibles.

Ce soir-là, Jean n'attendait pas Ginette à la sortie du magasin. Elle patienta longtemps. En vain. Elle finit par se rendre chez les parents Oberman, heureusement sains et saufs, le centre-ville n'avait pas été touché. Jean avait passé la nuit chez eux, mais il était reparti le matin, ils ne savaient pas dans quelle direction. Avec Esther, Ginette tenta de recouper les informations glanées ici et là. Des avions frappés par la DCA seraient tombés près de la Côte-Pavée ; l'un d'eux avait largué ses bombes dans la Garonne juste avant de s'écraser sur un quartier d'habitation ; un autre aurait été pulvérisé en plein vol, provoquant une pluie de fer au sud de la ville. Un habitant avait découvert les débris d'une carlingue dans son jardin, avec sept corps calcinés, ceux d'un équipage britannique… La préfecture avait fait les comptes et annonçait au moins vingt-cinq morts, de très nombreux blessés, un millier de sinistrés sans abri. Ginette regagna son logement juste à temps pour échapper au couvre-feu. Jean n'était pas rentré.

Le vendredi soir, le jeune homme manqua à nouveau le rendez-vous habituel. Ginette se sentait de plus en plus inquiète, tentait de se rassurer en se répétant qu'il avait échappé au bombardement, que c'était le principal. Dans l'immédiat, il devait y avoir plus urgent pour les autorités que de faire la chasse aux Juifs. Elle passa le samedi dans l'angoisse. L'absence de Jean devenait inexplicable. Le dimanche de Pâques, dans l'espoir d'avoir des nouvelles plus précises de la situation à Toulouse, elle alla frapper chez des voisins du rez-de-chaussée qui laissaient sans arrêt la radio allumée. Hélas, le poste était branché sur Radio Paris d'où dégoulinait la voix sirupeuse de Philippe Henriot, le secrétaire d'État à la Propagande : « Pâques ! Fête religieuse mais aussi fête familiale ! Pourquoi ne délaisserions-nous pas une journée les querelles et les débats, les polémiques et les controverses ? » Écœurée, nerveuse, Ginette remercia et s'enfuit.

Le café des Américains était fermé. Devant le Lafayette, elle aperçut deux amis de Jean, mais ils n'avaient pas croisé ce dernier depuis plusieurs jours. Ginette fit le tour du jardin de la place Wilson, espérant voir apparaître la chère silhouette au bout d'une allée, comme la première fois, comme si souvent… Finalement, elle décida de retourner chez les Oberman. Non, ils n'avaient pas non plus revu leur fils depuis la nuit du bombardement… Il fallait se rendre à l'évidence : Jean avait disparu.

12

La prison Saint-Michel

Disparu… Jean avait disparu, avalé à son tour par le monstre invisible. Dissous parmi les ombres insaisissables de la ville. Mais Ginette le sentait, elle en était persuadée : il était vivant. Elle ne voulait même pas envisager une autre hypothèse. Oui, il était vivant. Il était *quelque part*, et il lui appartenait, à elle, Ginette, de le retrouver et de le sauver.

Elle entreprit de sillonner les rues, de rechercher chaque personne que Jean fréquentait ou aurait pu croiser. Elle interrogea les garçons de café et les marchands ambulants. Elle retourna dans chaque magasin, chaque arrière-boutique, chaque dépôt où Jean était peut-être passé. Elle retrouva les amis, les complices des soirées et des jeux de cartes. M. Kopetzki lui suggéra d'interroger le commissariat mais c'était bien le dernier endroit où elle pouvait chercher de l'aide. Il lui conseilla aussi de consulter les avis parus dans les journaux de la région, y compris parmi les faits divers, et lui remit les quelques exemplaires qu'il avait reçus depuis le bombardement.

Dans son bureau, Ginette les examina page à page, jusqu'au plus petit paragraphe. Et elle trouva, en effet. Un bref article paru dans *La Garonne*, qui lui fit monter le sang au visage. Il était titré : « Des pilleurs de maisons internés ».

« À l'occasion des travaux de déblaiement effectués à Toulouse le 7 avril, les services de police ont surpris en action de pillage les nommés Alexandre Szibrnik demeurant 52 boulevard des Récollets et Jean Oberman demeurant 26 rue des Changes. Ces individus ont immédiatement fait l'objet d'une mesure d'internement administratif. »

Affolée, les mains tremblantes, Ginette relut dix fois sans comprendre. Elle entendait le cliquetis familier des machines à coudre dans l'atelier voisin, auquel se mêlait une conversation lointaine entre deux vendeuses. Mais plus rien n'avait de sens. Elle essaya de mettre de l'ordre dans ses pensées. Pilleurs de maisons… Action de pillage… Tout cela paraissait absurde. Jean et Alexandre. Avaient-ils été arrêtés en tant que voleurs ? Ou plutôt en tant que Juifs ? Impossible pour l'instant de le savoir. Mais c'était écrit : Jean était vivant. Il était en prison. Elle devait le sortir de là.

La Garonne ne se trompait pas. Le registre de la prison Saint-Michel, dossier 6 954 W 15, écrou n° 2125, retrouvé aux archives départementales quelque soixante-quinze ans plus tard, indique en effet l'incarcération le 9 avril 1944 du nommé Oberman Jean, religion déclarée israélite, avec, sur deux pages, une description de ses vêtements à l'arrivée – veste grise, pantalon rayé, tricot gris clair, souliers bas noirs – ainsi que les mesures très détaillées de sa morphologie, dimensions de la tête, du front, du nez, des oreilles… Les méthodes policières héritées de la IIIe République, la froide expression administrative. Quelques lignes, comme des milliers d'autres dans des milliers de registres, qui ne disent rien des hommes et des femmes inventoriés, ni de leurs vies ni de leurs souffrances… Rien du « Juif Oberman » ni de la petite Ginette qui, déjà, remuait ciel et terre pour le sauver.

Le jour même, elle décida d'aller à la prison Saint-Michel, connue dans tout Toulouse comme un lieu de sévices et d'horreur. On y enfermait les bandits et les résistants, on y puisait des otages à la moindre occasion, on torturait, on pendait, on fusillait. Ginette parcourut à pied l'interminable Grand-Rue qui partait du centre-ville pour rejoindre un quartier sinistre, peuplé de maisons basses, où elle avait le sentiment qu'un ennemi la guettait derrière chaque fenêtre.

La prison est une authentique forteresse à l'allure moyenâgeuse, toujours debout aujourd'hui, comme si le temps n'avait pas eu de prise sur elle. Le bâtiment sur la rue est surmonté de créneaux et percé de meurtrières, flanqué de deux énormes tours carrées en briques. Au centre, un colossal portail de fer en forme d'arche, clouté du haut en bas, semble presque écrasé par la hauteur des murailles.

Ginette longea le mur d'enceinte coiffé d'épais rouleaux de barbelés, mais elle ne réussissait qu'à apercevoir les toits de nombreux bâtiments rassemblés autour de ce qui semblait être une cour gigantesque… Jean devait être là, dans l'une de ces cellules, derrière ces barreaux.

Elle attendit un moment, prit le temps de contrôler sa respiration et se dirigea vers l'un des policiers français qui montaient la garde parmi des militaires allemands, mitraillette en bandoulière.

– Je dois rendre visite à un prisonnier.

L'autre la regarda, ahuri, comme s'il avait affaire à une folle :

– Il n'y a pas de visite !

– Je suis de la famille.
– Pas de visite !
– Jamais ?
– Seulement pour les avocats.

Elle comprit qu'elle n'en tirerait rien de plus. Elle s'éloigna, nantie d'une nouvelle mission. Il lui fallait un avocat.

Trouver et convaincre un bon avocat, le meilleur, à qui elle puisse faire confiance, qui accepte de se rendre à la prison pour se renseigner sur un jeune Juif accusé de vol, puis de prendre sa défense, et soit prêt à faire tout cela pour la bonne cause. Pour lui sauver la vie… Ginette n'avait pas d'argent en dehors de son salaire, ni d'économies ; elle ne connaissait personne qui soit mieux loti qu'elle. Elle savait que, pour Jean, Esther ferait tout son possible, mais elle ignorait quel pouvait être le montant des honoraires d'un avocat et craignait fort que ce soit inaccessible.

Dans un geste automatique, elle effleura son cou, là où si longtemps elle avait porté la chaîne d'or attachée à sa médaille de baptême, oubliant qu'elle l'avait perdue quelques semaines plus tôt. Elle avait fouillé son appartement de fond en comble et retrouvé la médaille, ensevelie au milieu de ses vêtements dans un tiroir de la commode, mais pas la précieuse chaîne qu'elle aurait pu tenter de vendre pour en tirer un peu d'argent. Comme pour son vélo, un soupçon l'avait effleurée… Non, pas Jean… Elle lui aurait tout donné, il le savait, il aurait suffi qu'il le lui demande… Elle chassa vite cette pensée horrible. Jean était en danger de mort, elle penserait à ça plus tard.

Elle recommença sa tournée, interrogeant tous ceux dont elle pouvait espérer un conseil, une adresse. Elle sollicita encore M. Kopetzki, tenta l'archevêché…

Partout, elle ne rencontrait que des moues dubitatives. Quel serait l'intérêt pour un avocat toulousain d'assister un inconnu, juif de surcroît, qui n'avait même pas un profil « politique » ? Finalement, ce fut à l'épicerie Yacha qu'elle dénicha une piste. Un habitué, qui connaissait toute la clientèle et l'avait souvent vue avec Jean, se trouvait là. C'était un vieux Toulousain, toujours la cigarette à la bouche même en ces temps de pénurie, toujours un chapeau sur la tête, qu'il fasse chaud, qu'il fasse froid. Ancien professeur d'université, il avait perdu son poste, sans doute à cause de son hostilité au régime ou de son appartenance à la « race maudite ». Il se présentait simplement comme « M. Brun », tel le personnage discret de la pièce *Marius* de Marcel Pagnol, peut-être un nom de guerre. Il écouta attentivement Ginette, et trancha, sans hésiter, la tutoyant pour la première fois :

– Va chez Arnal, il les défend tous !

Charles Arnal, celui qui portait le titre de bâtonnier, une véritable légende toulousaine ! Ginette avait entendu parler de lui lors de l'affaire Marcel Langer, ce résistant juif polonais, qu'Arnal avait défendu devant l'une des implacables « sections spéciales » instaurées par Vichy, où les droits de la défense étaient réduits au minimum. Tout le monde se souvenait du réquisitoire du procureur Lespinasse : « Marcel Langer, vous êtes juif, étranger, communiste. Trois raisons pour moi de réclamer votre condamnation à mort ! »

– Oui, c'est bien ça, confirma M. Brun. Arnal a tout fait pour sauver Langer. Il est même allé jusqu'à Vichy pour tenter d'obtenir sa grâce.

Ginette savait que le résistant avait été guillotiné en juillet 1943, dans la cour de la prison Saint-Michel. L'échafaud, transporté depuis Paris, était arrivé sur une immense remorque, par la sinistre Grand-Rue qu'elle-même avait suivie la veille. Elle se demanda si c'était un mauvais présage. Au moment de l'exécution de celui qu'on appelait parfois Marcel ou Mendel Langer, elle se trouvait à Lézignan avec Jean. « Marcel, c'est Mendel en yiddish », lui avait dit son fiancé. Un Juif polonais, comme lui.

– Le procureur croyait que l'exécution de Langer servirait d'exemple, reprit M. Brun, mais c'est surtout son exécution à lui qui a marqué : il a été abattu en sortant de chez lui, sur le chemin de la messe. Depuis, aucun procureur de Vichy n'a osé requérir la mort contre un résistant.

Il ajouta à mi-voix :

– Il faut dire que les Allemands s'en chargent. Sans jugement… En tout cas, va chez Arnal, il saura quoi faire.

– Il soutient la Résistance ? interrogea Ginette, perplexe.

– Oh non, pas jusque-là… Mais c'est un patriote, un vrai. Je crois que c'est un ancien Camelot du roi, ça te dit quelque chose ?

Ginette fit non de la tête.

– Catholique, royaliste, lecteur de *L'Action française*, enfin, plus maintenant. Au début, il a soutenu le maréchal. Mais c'est bien fini. La France sous la botte allemande, il ne supporte pas. Alors il ne rate pas une occasion de les défier, au nom du droit. Va le voir. Il reçoit l'après-midi.

C'est ainsi que Ginette se retrouva dans la salle d'attente de maître Charles Arnal, au troisième étage d'un bel immeuble de la rue Romiguières. Elle avait traversé la place du Capitole, longé l'hôtel du Grand

Balcon où régnait la Luftwaffe, trouvé facilement le ventail de bois sculpté décrit par M. Brun et grimpé l'escalier. Elle avait frappé avec le marteau de cuivre, sans réponse. Puis elle s'était rendu compte que la porte n'était pas fermée à clé. Elle était entrée, et s'était glissée parmi les visiteurs qui patientaient dans une antichambre mal éclairée, à peine plus large qu'un corridor.

En s'asseyant sur une chaise un peu branlante, Ginette dérangea deux chats qu'elle n'avait pas vus dans la demi-obscurité. À Lézignan, elle avait toujours vécu au milieu des chats de la maison et des chats de passage, comme celui que Louis appelait en patois *le povras*, « le pauvre », tant il faisait piètre figure, avec ses oreilles dentelées à force de bagarres. Elle savait amadouer le plus réticent des matous. Et ceux-ci le sentaient immédiatement : l'un des chats de maître Arnal vint se rouler en boule sur ses genoux, l'autre se frotta contre ses jambes. Elle se sentit réconfortée par cette présence complice au moment où elle avait le sentiment de jouer sa vie. La vie de Jean n'était-elle pas la sienne ?

Quelle étrange assemblée… Il y avait là un curé en soutane, un monsieur à lorgnon qui écrivait fébrilement dans un cahier, un jeune homme dégingandé qu'elle identifia comme un musicien à cause du petit bagage posé à ses pieds qui ressemblait à un étui à violon, une femme très maquillée qui lui rappelait vaguement une affiche vue à l'entrée du théâtre du Capitole – une comédienne ou juste une élégante à la mode ? Un couple d'âge mûr se tenait debout au coin de la fenêtre, comme n'osant pas s'asseoir. Toutes sortes de gens venaient prendre conseil chez Charles Arnal. Aurait-il le temps de s'intéresser à son cas ?

La porte du fond s'ouvrit brusquement, une silhouette massive se dessina dans l'embrasure. Un visage large et vermeil, des cheveux gris en bataille, un regard pétillant qui parcourut vivement la petite assistance… Ginette tourna vers Arnal son visage enfantin et ses yeux sombres. Il lui fit signe, arrêtant d'un geste le couple qui s'était avancé, sans doute parce qu'ils étaient les premiers arrivés.

– Mademoiselle d'abord, fit l'avocat, impérieux. Elle a rendez-vous.

Il la prit par le coude et l'entraîna dans son bureau. La pièce, claire et haute de plafond, chaleureuse et confortable, était à l'opposé de l'antichambre. Par la fenêtre éclairée des rayons dorés du soleil, Ginette reconnut l'étrange tour des Cordeliers, avec son clocher posé de côté. Des rayonnages débordant de livres et de disques couvraient les murs du haut en bas, des fauteuils profonds attendaient les visiteurs. C'était le cabinet d'un lecteur passionné, d'un intellectuel et d'un musicien. Grand, corpulent, Charles Arnal se déplaçait avec une vivacité étonnante, donnant le sentiment, avec sa veste froissée aux poches gonflées de papiers, d'avoir tout juste échappé à une tempête. Il s'assit derrière l'immense bureau incurvé, posa les pieds sur un tapis de fourrure en forme d'animal – à moins que ce ne fût l'authentique dépouille d'un fauve…

– Expliquez-moi ce qui se passe.

Ginette lui raconta tout ce qu'elle savait, et c'était peu de chose. Elle avait apporté l'avis paru dans *La Garonne*. Arnal réfléchit brièvement, émit l'hypothèse que Jean et Alexandre aient été embarqués pour participer aux déblaiements après le bombardement, puis arrêtés dans des circonstances pour l'instant incertaines, mais probablement par la police française. À moins que ce soit par la Milice…

– Bon, bon, bon… conclut l'avocat. Je vais me renseigner. Revenez demain à la même heure.

Le lendemain. Ginette fut de nouveau introduite la première dans le bureau du maître. Devait-elle ce privilège à son audace qui intriguait le grand homme, ou à son joli minois de gamine ? Peu lui importait. Pour sauver Jean, elle se sentait capable de déplacer des montagnes, et elle n'envisageait même pas qu'elle puisse échouer.

– Je dois dire, commença maître Arnal, que votre jeune homme s'est mis dans un bien mauvais pas.

– Vous l'avez vu !?

– Oui, ça n'a pas été simple. Il est en effet à Saint-Michel. Bon, là, ils me connaissent, je sais à qui m'adresser.

– Comment va-t-il ?

– Ça va, ça va… Il a été arrêté par la Milice, et… ils l'ont un peu secoué.

Ginette le regarda, muette, les sourcils remontant au milieu du front en guise d'interrogation.

– Il leur a craché dessus, expliqua l'avocat.

Oh Jean ! C'était tout lui, ce défi, cette insolence, ce refus de se soumettre ! Jusqu'où était-ce allé ? Arnal reprenait :

– Ils l'ont pendu par les pieds, je crois que ça a été assez pénible… Mais bon, des gnons, rien de cassé.

Jean, son beau visage, sa taille mince qu'elle aimait entourer de ses bras, l'épaule où elle se blottissait… Son amour, inaccessible, dans les mains de brutes toutes-puissantes… Elle réussit à demander, dans un souffle :

– Que lui reprochent-ils ?

– Vraiment une bêtise de gamin, ça, je peux vous le dire. Ça s'est passé dans le quartier Saint-Cyprien. Avec le nommé Alexandre, votre ami a donné un coup de main à un cafetier dont l'établissement avait été bombardé. Ils l'ont aidé à transporter ce qui restait de son stock dans un immeuble voisin. Il y avait pas mal de bouteilles cassées, et si j'ai bien compris, les deux chenapans se sont enivrés. Je crains qu'ils se soient fait remarquer en faisant du tapage. Des miliciens les ont contrôlés et ont trouvé trois bouteilles de champagne et deux autres d'armagnac dans les sacoches de la bicyclette d'Alexandre. Ils ont des goûts de luxe, ces garçons ! Comme je vous l'ai dit, l'arrestation a tourné au vinaigre. En somme, petit chapardage, insulte à la puissance publique pour Oberman, refus d'obtempérer… Pas grand-chose en temps normal. Mais maintenant…

– Je sais, fit Ginette gravement, nous ne sommes pas en temps normal.

– J'ai vu le juge d'instruction, c'est Roques, je le connais bien, et j'ai pu lire le rapport d'enquête. Je vais déjà faire sauter l'accusation de « pillage ». Ils ne se sont pas servis dans une « maison sinistrée » comme le sous-entend *La Garonne*, mais pendant le transport qu'ils effectuaient pour le compte du cafetier : donc ce sera un délit de vol, moins grave que pillage. Roques m'a aussi parlé d'une histoire de faux papiers, usurpation d'identité… Vous êtes au courant ?

– Je ne suis pas sûre… hésita Ginette, qui avait presque oublié la brève période où Jean s'était appelé « André Cécile ».

Arnal lui toucha le bras, sentit qu'elle tremblait de tous ses membres :

– Ne vous inquiétez pas, on n'en parlera pas. J'ai

convaincu Roques de ne pas revenir sur une affaire déjà réglée, et en plus, pas très claire… Mais à l'évidence, je ne pourrai pas obtenir que ces deux garçons échappent à la prison. Vous connaissez Saint-Michel, enfin, vous savez comment c'est organisé ?

– Pas vraiment.

– Il y a cinq séries de bâtiments, disposés en étoile. Trois appartiennent à la section allemande, deux à la section française.

– Jean doit rester à la section française !

Le cri avait spontanément jailli de ses lèvres. Arnal approuva vigoureusement :

– Vous avez tout compris. Il a été repéré comme Juif, mais pour l'instant, la police française le garde pour cette affaire de vol. Et il faut absolument qu'elle le garde ! Il vaut mieux qu'il soit condamné par les Français – faites-moi confiance, il le sera – plutôt que d'être libéré et aussitôt remis aux Allemands. S'il tombe dans les pattes de la Gestapo, nous n'aurons plus aucun moyen de l'atteindre.

Ginette comprit que ce « nous » signifiait l'avocat et sa cliente. Maître Arnal avait donc décidé de se charger de l'affaire. Elle voulut aller au bout de la menace :

– Et dans ce cas, il pourrait être déporté ?

– C'est le premier risque, évidemment. Torture, exécution, tout peut arriver. C'est leur quotidien, à ces messieurs du Reich, peu importe la loi, ils font ce qu'ils veulent parce qu'ils sont les plus forts. Pour l'instant…

Un pli amer s'était creusé au coin des lèvres d'Arnal. Il marqua une pause.

– Comment s'assurer qu'il reste bien chez les Français ? demanda Ginette.

– Il va passer devant le juge. Un procès en bonne et

due forme, ou à peu près. La justice française devrait avoir mieux à s'occuper, mais elle traite encore ces petits délits. De mon côté, je vais faire ce que je peux pour accélérer.

– Vous allez le défendre ?

– Oui, mon petit, je vais le défendre. Et tant qu'à faire, je les défendrai tous les deux, culpabilité partagée.

– Monsieur, maître, je dois vous dire, enfin je…

Il l'interrompit, balayant l'air d'un geste négligeant, comme s'il chassait une mouche :

– Ne vous préoccupez pas de cela. Je sais, je sais, honoraires, etc. On avisera. On va faire ce qu'il faut pour mettre votre jeune homme à l'abri.

– En attendant, il reste à Saint-Michel ?

– Là, on n'a pas le choix. Je ne vous mentirai pas : les conditions sont dures. Les détenus sont entassés à huit ou dix dans des cellules prévues pour deux, ils dorment par terre, ça grouille de vermine, on les nourrit peu et très mal. Mais ce petit Oberman a tout de même de la chance, il n'est pas à l'isolement. Et il vous a, vous. Rentrez chez vous, je vous ferai prévenir dès que j'aurai la date du procès. Je les connais, ça ira vite. Autant que possible, ne vous inquiétez pas.

Déjà, il se levait pour la raccompagner. Il lui entourait les épaules de son grand bras, et au moment d'ouvrir la porte, il lui glissa les mains autour de la taille, chercha à la serrer contre lui. Elle s'échappa comme une anguille, fila dans l'antichambre, et de là dans l'escalier. Pourvu qu'il ne change pas d'avis ! Pourvu qu'il tienne parole !

Ce soir-là, Ginette se rendit chez les Oberman et tint longuement conseil avec Esther. Celle-ci convint qu'en effet l'urgence était de tout faire pour que Jean soit gardé par la police française. Ginette eut même le sentiment que, pour autant qu'il soit hors de portée des Allemands, Esther éprouvait une forme de soulagement à penser que son fils était sous clé, et qu'il cesserait un temps de courir les risques les plus fous. Mais un nouveau danger pesait sur elle et son mari : l'adresse familiale était consignée dans le rapport d'enquête. Si la Gestapo y jetait un œil, tous deux pouvaient être arrêtés du jour au lendemain.

Ce rapport d'enquête, que l'avocat avait pu lire en se renseignant auprès du juge d'instruction, je l'ai retrouvé, moi aussi, des décennies plus tard. Il avait été joint au dossier de naturalisation « Oberman » conservé aux Archives nationales. Le document, tapé à la machine par un fonctionnaire zélé, mentionne quelques éléments suspects dans le parcours de l'accusé, dont ces lignes : « À partir du 11 novembre 1942, le susnommé ne s'est livré à aucun travail, vivant à différentes adresses pour se dissimuler, craignant d'avoir des ennuis à cause de sa religion, étant israélite… » Je soupçonne qu'il n'y a dans cette formulation aucune trace d'ironie ou de second degré, et que le policier avait bien vu là une raison supplémentaire de se méfier du « susnommé »… Pourquoi diable, en effet, un bon citoyen « israélite » aurait-il tenté de se dissimuler ?

Comme Arnal l'avait prévu, la date du procès fut rapidement fixée. Ce jour-là, Ginette se leva tôt – depuis l'arrestation de Jean, elle dormait à peine. Mais elle sentait en elle une force que rien ne pouvait arrêter. Elle se vêtit avec soin, sa robe bleu marine plissée, une ceinture de cuir à la taille, et ses habituelles chaussures à semelles de bois – à part ses espadrilles, elle n'en avait pas d'autres. Elle se rendit d'abord à la cathédrale Saint-Étienne, très loin du tribunal mais à deux pas de l'archevêché. Comme si la proximité de Mgr Saliège, qui avait su mettre à l'abri la petite sœur de Jean, pouvait protéger Jean lui-même.

Ce matin-là, l'immense cathédrale, sombre et romane à l'arrière, lumineuse et gothique à l'avant, était presque vide. Ginette n'alla pas vers le christ en croix qui, très haut, surmontait l'autel principal. Toute cette imagerie du martyre la rebutait, elle n'avait jamais compris que l'on pût trouver un réconfort à savoir que le Christ avait « tant souffert pour nous ». Elle prit une allée latérale et se dirigea vers la chapelle Notre-Dame-des-Anges où trônait une statue de Marie, le visage paisible, portant son enfant dans les bras, entourée d'anges bienfaiteurs. « Protégez Jean, protégez-le, je vous en prie », pria silencieusement Ginette, sans que les mots réussissent à franchir ses lèvres.

Elle arriva en avance au tribunal. Il était entouré de grilles très hautes, terminées de pointes aiguës comme autant de menaces. En vis-à-vis, il y avait un jardin public, des platanes couverts de feuilles vert tendre, les premières du printemps, quelques bancs, un petit parc étrangement paisible, comme si on avait pu oublier un instant la guerre, le danger, la mort… Mais non, de l'autre côté de la rue, les gardes en uniforme étaient à leur poste, avec leurs armes, leurs saluts secs et parfois un claquement de talons.

Le factionnaire la dirigea vers une petite entrée latérale. Arnal était déjà là, vêtu de la solennelle robe noire. Il discutait vivement avec deux de ses collègues, mais adressa à Ginette un petit signe amical.

Quand la porte s'ouvrit, elle fut surprise par l'exiguïté de la salle d'audience – on n'était pas au cinéma, et ce n'était pas du spectacle. Une demi-douzaine de personnes lui avait emboîté le pas. Des curieux ? Des amis d'Alexandre ou d'un autre accusé ? Elle se retint d'une main tremblante à la barrière derrière laquelle était cantonné le public. Le juge, visage fermé, prit place sur l'estrade sans un regard pour l'assistance, et prononça le rituel : « Faites entrer l'accusé ! »

Jean comparaissait le premier. Il parut menotté, entre deux gendarmes, la tête rasée, le visage couvert de boutons. « Oh Jean, que t'ont-ils fait ? » se dit douloureusement Ginette, déchirée. Il l'aperçut, et lui adressa un petit sourire ironique, comme s'il se moquait de lui-même – « Tu as vu l'allure que j'ai ? » – et de cette situation ridicule – « Ne panique pas, ils ne m'ont pas vaincu, je suis toujours là ». Dès lors, Ginette eut l'impression de s'enfoncer dans un brouillard, les sons lui parvenaient de loin, atténués et confus, des personnages aux contours flous évoluaient devant ses yeux sans qu'elle comprenne bien le sens de cette agitation. Le procureur accusa, maître Arnal plaida – la jeunesse, l'inconscience, les restrictions, mais bien sûr, il comprenait, il y avait les intérêts de la société, la nécessité d'enseigner le sens civique, la responsabilité, la probité…

Ginette ne le voyait plus, l'entendait à peine. Son regard s'était fixé à quelques mètres sur sa gauche, vers un banc où avait pris place une jeune fille qui dévorait Jean de ses yeux écarquillés. Ses cheveux cendrés retombaient autour de son visage très pâle, et elle gardait un air perpétuellement étonné, accentué par des sourcils arqués, redessinés au crayon. Sa bouche ronde tremblait, comme celle d'un enfant prêt à pleurer. Elle échangea avec Jean un petit hochement de tête, qui semblait dire : « J'ai compris… » Une fille amoureuse, elle aussi. Ginette se sentit glisser au fond de l'eau, comme une pierre.

Le coup de marteau du juge la ramena brutalement à la réalité. Quinze mois de prison. Une éternité. Jean repartit escorté par les gendarmes, ce fut ensuite le tour d'Alexandre. Dix minutes plus tard, ce dernier recevait la même sentence. Ginette se leva en titubant.

Maître Arnal l'attendait à la sortie. Il lui posa une main amicale sur l'épaule :

– Ne vous inquiétez pas, je vais faire appel, ce sera six mois, pas plus !

Mais Ginette semblait ne pas comprendre. L'avocat insista :

– Mon petit, vous ne pouvez rien faire de plus. Le voilà à l'abri, sous la garde de la police française. Et en quelques mois, il se passera bien des choses.

Elle remercia, sans sourire et des larmes plein les yeux, serrant longuement les deux mains qu'Arnal lui tendait.

Du tribunal, Ginette alla directement chez les Oberman pour les informer du sort de Jean. Elle les rassura autant que possible. Puis sans hésiter, elle partit vers le sud de la ville. Elle s'aperçut qu'en fait sa décision était prise depuis longtemps.

Elle trouva facilement la maison dont elle avait appris l'adresse par cœur. Il y eut quelques minutes d'attente… Elle remarqua un léger mouvement derrière les rideaux de l'étage. Puis la porte s'ouvrit. C'était Sylvie, la jeune femme rencontrée dans le train de Capdenac.

– Alors, vous êtes des nôtres, lui dit simplement celle-ci en la faisant entrer.

« Je voulais être utile, me confierait plus tard ma mère pour expliquer son choix. Je voulais faire quelque chose. Mais c'était un peu comme on se suicide. »

Dès le lendemain, avec un billet acheté sous un autre nom, elle prit le train pour Saint-Gaudens, chargée d'un paquet de courrier… Ginette venait de basculer dans la clandestinité.

DEUXIÈME PARTIE

13

Marie-Claude

Dans la boîte verte des souvenirs de ma mère, seules trois photos évoquent son engagement dans l'armée de l'ombre. Sur la première, une jeune fille se tient de profil, comme pour un cliché destiné à la police. Sous le régime de Vichy, chacun étant devenu suspect, de nombreuses photos d'identité adoptaient cette pose. Le sourire timide, le regard clair, le modèle semble très jeune, tout proche de l'enfance. Son cou gracile est enserré d'un col de dentelle fermé par une broche, et ses cheveux, crêpés au-dessus du front, sont rassemblés sur la nuque dans un filet noir. Elle a signé : « Toulouse, 1944. Le bon souvenir d'une petite camarade de passage, Marie. »

La deuxième photo montre une jeune femme au visage énergique, vêtue d'un chemisier à carreaux, ses épaisses boucles blondes forment comme une couronne autour de sa tête. Derrière, une dédicace : « À ma chère petite Marie-Claude, en souvenir des bons moments passés ensemble, Mauricette. »

La troisième est celle d'un homme d'environ quarante ans, aux cheveux bruns séparés par une raie bien droite, qui porte chemise et cravate, veste, écharpe et pardessus. Son regard semble las, comme s'il avait vu beaucoup de choses, trop peut-être… Il s'agit cette fois d'un « instantané » sur lequel on distingue, à l'arrière-plan, une note punaisée à la porte, une machine à écrire sur une table, deux chaises, et sur le mur, une carte de l'Europe en guerre… La photo a sans doute été prise dans un lieu de réunion. Au dos, deux lignes plus explicites : « À ma chère Marie-Claude, en souvenir des bons et des mauvais jours de la clandestinité. Julien. »

Ces trois-là furent des compagnons d'armes de Ginette. C'est-à-dire de Marie-Claude…

Au printemps 1944, qui embaumait déjà le lilas éclos dans les jardins, des cartes postales commencèrent à arriver à Lézignan, chez les Guy. L'écriture était incontestablement celle de Ginette. Mais elle signait « Marie-Claude ». Laconique, le texte ne variait guère : il commençait par « Chers tous », évoquait « un nouveau travail, nécessitant de nombreux voyages », affirmait que tout allait bien, recommandait de ne pas s'inquiéter, avant de terminer par des souhaits de bonne santé et des baisers affectueux à toute la famille. Le véritable message se cachait dans ce prénom inconnu, et dans le cachet de la poste, jamais le même, qui indiquait Toulouse, Lyon, Saint-Gaudens, Carcassonne, Marseille, de nouveau Lyon… Louis avait parfaitement compris ce que Ginette voulait lui faire savoir à mots couverts : sa fille était entrée dans la Résistance.

« Marie-Claude » devait être son pseudonyme, et les multiples déplacements signifiaient certainement qu'elle était agent de liaison, comme lui-même l'avait été autrefois, dans la guerre précédente, ces années terribles qui lui semblaient à la fois si proches – vingt-cinq ans tout juste écoulés, pas même une vie d'homme – et si lointaines, enterrées sous l'accumulation de tant d'épreuves. Pendant la bataille et sous les balles, Louis avait porté les dépêches d'un officier à l'autre, relayé les ordres et les renseignements. Et voilà que sa fille, à son tour, se faufilait entre les ennemis, soldats allemands, agents de la Gestapo, miliciens et dénonciateurs, pour, elle aussi, transmettre les informations indispensables au combat ! Il savait que, la poste n'étant pas sûre, le téléphone pas davantage, la Résistance ne pouvait pas organiser la lutte sans ces messagers discrets et anonymes, souvent des jeunes filles, qui prenaient d'énormes risques.

À chaque fois qu'il trouvait une nouvelle carte dans la boîte aux lettres, Louis sentait s'écarter un instant le nuage funeste qui obscurcissait ses jours, sa respiration s'allégeait, le soleil retrouvait un peu d'éclat. Elle était en vie, elle allait bien… Mais pour combien de temps encore ? Comment savoir si, depuis l'envoi, le piège ne s'était pas refermé ? Après avoir montré la carte à Éveline, Robert et Mémé Anna, Louis la jetait dans le foyer de la cuisinière. Surtout, ne pas laisser le moindre indice… Alors, il redevenait sombre et silencieux. Les semaines passaient.

Au début du mois de juin, il reçut une enveloppe à l'allure officielle, adressée à « Melle Ginette Guy », qu'il se décida à ouvrir. C'était une convocation au Service du travail obligatoire. Le STO ne concernait pourtant que les hommes. Pourquoi cette étrange requête ? Fallait-il y voir une ruse des autorités pour inciter Ginette à se présenter à la kommandantur ? Ou était-ce au contraire un signe envoyé par un fonctionnaire sympathisant de la Résistance, pour leur faire comprendre qu'elle avait été repérée ? Dans les deux cas, cela signifiait qu'elle était recherchée. Louis n'avait aucun moyen de la prévenir.

Avec ce poids d'inquiétude supplémentaire, la famille se raccrochait plus que jamais aux nouvelles de Radio Londres. À travers le brouillage persistant des ondes, on percevait une tension nouvelle, comme les prémices d'une accélération brutale des événements. Pendant quatre jours, la BBC répéta la même phrase poétique, noyée parmi les messages personnels : « Les sanglots longs des violons de l'automne ». Le 5 juin, le vers de Verlaine fut lu en entier : « Blessent mon cœur d'une langueur monotone ». Et le lendemain, après avoir diffusé les hymnes nationaux américain, anglais et français, la radio anglaise annonça dans son bulletin de treize heures : « Le quartier général du commandement suprême des forces expéditionnaires alliées vient de publier le communiqué suivant : Sous le commandement du général Eisenhower, les forces navales alliées, avec le soutien de puissantes formations aériennes, ont commencé ce matin le débarquement des forces alliées sur les côtes nord de la France. »

Dans la salle à manger de Lézignan, les mains se tendirent les unes vers les autres, tremblantes à la fois de joie et de peur. Où était Ginette ? Avait-elle entendu le message ? Reviendrait-elle ?

Depuis son engagement, la vie de Ginette avait complètement changé. Auparavant, elle avait donné ici ou là un petit « coup de main », sans trop se poser de questions, acheminé des enveloppes pour des proches de la maison Teboul, accueilli pour la nuit une « amie d'amis », multiplié les voyages à Capdenac au couvent qui abritait Hélène… Désormais, elle était entrée à plein temps dans l'action clandestine. Elle avait quitté son emploi, arguant qu'elle retournait dans sa famille. Son petit appartement dans l'impasse proche du boulevard de Strasbourg n'était plus qu'une halte quand elle repassait par Toulouse. Devenue « Marie-Claude », elle opérait au sein de « l'Inter-Région » de la Résistance : elle voyageait dans tout le Midi pour servir de lien entre les responsables de la « Région 4 » – celle de Toulouse – et ceux de la « Région 1 » autour de Lyon et de la « Région 2 » autour de Marseille. Il lui arrivait aussi de se rendre dans des villes de la « Région 3 », qui comprenait Montpellier, Nîmes, Narbonne et Carcassonne.

On lui avait révélé, sans détails superflus, les grandes lignes du découpage territorial de la Résistance, ainsi que l'architecture toujours mouvante des principaux réseaux actifs dans l'ancienne zone libre : Libération et Franc-Tireur, considérés plutôt à gauche, et Combat, proche des démocrates chrétiens. Ginette avait intégré Libération, et elle trouvait un certain réconfort à avoir rejoint la famille socialiste chère à son père, même si à dire vrai, les distinctions politiques lui importaient peu. Ces trois grands mouvements non communistes s'étaient d'ailleurs réunis quelques mois plus tôt sous le vocable M.U.R. (Mouvements Unis de la Résistance), et Ginette l'avait compris, beaucoup de leurs membres allaient d'un groupe à l'autre, et tous alimentaient les maquis et les organisations armées. Elle ignorait souvent auprès de qui elle collectait les messages destinés à « Julien », son chef direct à Libération.

Elle ne connaissait pas non plus la nature exacte des documents qu'elle livrait, mais elle savait combien ils pouvaient être cruciaux pour leurs destinataires. Renseignements sur les activités allemandes et les arrestations de la Gestapo, préparations des opérations secrètes et des sabotages sur les voies de chemin de fer, organisation des planques, des lieux de rendez-vous et de réunions, nouvelles destinées aux tracts et aux journaux clandestins, noyautage des administrations publiques, et tout ce qui pouvait se révéler précieux pour aider au débarquement allié en Méditerranée que tout le monde attendait… La circulation des informations entre les différents réseaux était vitale, et les agents de liaison comme Ginette se trouvaient plus que jamais en première ligne.

Ses journées étaient intenses et épuisantes. Elle se levait avant l'aube, voyageait d'une ville à l'autre, prenait des trains bondés, des cars, parfois une bicyclette qu'on lui prêtait. Elle mémorisait des plans de rues et d'immeubles, des mots de passe et des noms d'emprunt, des adresses de planque et des horaires de transport. Elle frappait à la porte d'appartements discrets ou s'asseyait dans des cafés dotés d'une sortie sur rue et d'une autre sur cour. Elle déambulait sans se presser dans un square, discutant paisiblement avec un « vieil ami » qu'elle connaissait depuis moins d'une heure et à qui elle glissait une feuille soigneusement pliée en lui serrant la main…

Il arrivait aussi qu'elle doive déposer son paquet de courrier dans des boîtes à lettres anonymes, accrochées sous un porche ou dans un corridor. Le matin précédant un rendez-vous, elle s'efforçait de repérer les lieux, de détecter un éventuel guetteur, de trouver une issue au cas où… Une fois sa mission accomplie, elle gagnait, en faisant de nombreux détours à pied ou en tramway, un logement inconnu où des étrangers l'accueillaient toujours à bras ouverts, comme une messagère de la liberté. Elle partageait avec reconnaissance un repas chaud, consciente de l'effort que chacun faisait alors que le ravitaillement n'avait jamais été aussi difficile. Et elle tombait, recrue de fatigue et d'émotion, sur la couche provisoire qui lui était réservée, parfois un lit douillet tendu de draps frais, parfois une banquette dure comme la pierre ou même un simple coin de tapis auquel une âme bienveillante trouvait moyen d'ajouter une couverture et une manière de coussin.

Elle avait des amis, des camarades qui partageaient ses idéaux et se battaient comme elle, avec qui il faisait si bon rire et plaisanter, car on ne savait jamais quand – ou même si – on se reverrait. Son amour pour Jean ne l'avait pas quittée, il était comme une ombre accrochée à son épaule et qui la suivait partout. La douleur de la trahison avait ouvert une blessure cuisante, qui l'envahissait tout entière dès qu'elle avait un moment de repos, elle incluait Jean dans chacune de ses prières, demandant ardemment qu'il soit préservé, qu'il survive dans la sinistre forteresse Saint-Michel, pauvre prisonnier à la tête rasée. Pourtant certains jours, au moment où ses yeux se fermaient pour quelques heures de repos, elle s'apercevait que, depuis le matin, elle n'avait pas eu le temps de penser à lui.

Ginette ne se méprenait pas une seconde sur le danger de ses activités. Elle pensait mesurer exactement les risques qu'elle prenait, et ses raisons de les prendre : elle voulait lutter contre l'oppression. S'engager. Agir. Jusque-là, elle n'avait pas réalisé qu'au cours des années précédentes, en accueillant chez elle des fugitifs, en rendant de si fréquents services à des Juifs pourchassés, elle s'était déjà engagée. Cela lui avait semblé si naturel… Mais cette fois, elle participait directement au combat pour un monde meilleur, un monde où elle n'aurait plus peur, où les enfants ne seraient plus persécutés, où Jean et les siens

– même s'il ne l'aimait plus, même si elle ne devait jamais le revoir – n'auraient rien à craindre.

Pour elle, le but était simple et terrible : chasser l'occupant, désarmer ceux qui s'étaient mis à son service. Ce n'était pas tant le patriotisme qui l'animait, qu'une révolte morale, intime. « Tout homme a deux pays, le sien et puis la France » : elle n'avait pas oublié. Pour elle, la France, c'était bien davantage qu'un territoire. C'était une idée : la liberté contre la barbarie. Une patrie du cœur et de l'esprit, fondée sur le principe intangible du droit pour chacun à disposer de soi, de son corps, de sa vie.

À travers les échanges auxquels elle assistait dans les QG secrets de la Résistance, elle voyait que plus d'un se positionnait pour faire partie de ce qu'on appelait déjà « l'après », pour influer sur les choix à venir et y trouver sa place. Elle savait que l'idéal commun n'empêchait pas les rivalités, les conflits ou les ambitions, et que la camaraderie, si forte, si nécessaire, ne devait jamais écarter tout à fait la prudence et même la suspicion. Car au-dessus de la tête de chaque résistant planait la menace de la trahison, qu'elle vienne de l'un des leurs ou d'un agent ennemi infiltré. Les voyages, les rencontres, les missions, toutes les ruses pour échapper à la surveillance des gendarmes et des gestapistes, c'était une incroyable aventure. Mais ce n'était pas un jeu. C'était la guerre. Une lutte à mort qu'elle menait au jour le jour. Ginette le savait, et pourtant, elle ne le réalisait pas tout à fait, ou pas tout le temps.

Elle connut sa première grande frayeur au retour de Saint-Gaudens, alors qu'elle commençait tout juste ses tournées de courrier clandestin. Elle regagnait

Toulouse, accompagnée d'une jeune fille à la voix fluette et au sourire tendre qui portait le pseudonyme de « Marie » et avait déjà dormi chez elle lors d'un de ses précédents passages. Toutes deux se hâtaient vers la sortie de la gare Matabiau, conscientes que la Gestapo et la police française, secondées par la Milice, avaient l'habitude de contrôler les arrivants et d'embarquer immédiatement vers Saint-Michel quiconque leur semblait suspect.

Bras dessus bras dessous, telles des gamines sans histoire, « Marie-Claude » et « Marie » franchirent les grandes portes en arcade, tâchant de distinguer si quelques tractions noires stationnaient sur l'esplanade. Et elles étaient là en effet : plusieurs groupes d'hommes en long manteau de cuir et chapeau, l'air concentré de chasseurs aux aguets, dévisageaient chaque voyageur. À certains, ils demandaient leurs papiers. Les autres passaient sans mot dire, la tête basse.

Les deux jeunes filles connaissaient les consignes : ne pas presser le pas, ne pas avoir l'air inquiet et, si tout se déroulait sans accrocs, surtout rester impassible, pas un clin d'œil, pas un soupir qui puisse signifier un soulagement : « Ouf ! J'ai eu chaud ! » Elles le savaient – Sylvie, le premier « contact » de Ginette dans la Résistance, le lui avait bien rappelé – leur meilleur atout était leur jeunesse, qui les rendait plaisantes à regarder mais insignifiantes aux yeux des policiers. C'était un temps où les femmes étaient supposées rester cantonnées à la maison, au service de leurs maris et de leurs enfants, ignorantes de la politique et filant doux sous l'autorité du *pater familias*. C'était encore plus vrai en Allemagne, et même la Gestapo, qui se méfiait de tout et de tout le monde, avait du mal à croire que de très jeunes filles, avec leurs petites robes d'été aux couleurs fanées par plusieurs années de restrictions, leurs joues rondes et leurs coiffures bouclées, puissent être des guerrières engagées.

Le cœur battant mais l'air innocent, « Marie-Claude » et « Marie » se rapprochaient du pont qui franchit le canal du Midi, espérant gagner au plus vite les ruelles où la pénombre descendait doucement.

– *Papiere bitte ! Schnell !*

L'ordre fut lancé dans un aboiement qui faisait vibrer les tympans. Elles se regardèrent, faussement tranquilles, comme si elles doutaient que ce braillement s'adressât à elles. Ils étaient deux, mains dans les poches de leur manteau, qui dissimulaient certainement des pistolets. Chacune fouilla dans son sac, tendit les documents réclamés. Le premier policier rendit rapidement sa carte d'identité à Marie, le second considéra Marie-Claude – ou Ginette – longuement, examinant la signature, revenant au visage de la jeune fille, comme s'il réfléchissait ou cherchait à se souvenir de quelque chose. Puis de la tête, il fit un bref signe de côté, langage universel pour signifier « Filez ! ».

Au moment où elle reprenait ses papiers, le regard de Ginette croisa celui de l'homme qui lui faisait face : des yeux profondément enfoncés dans les orbites, des sourcils drus qui jetaient une ombre sur les joues creuses, une mâchoire supérieure qui semblait avoir été repoussée brutalement pour forcer sa place entre le nez et le menton… L'expression d'un dément. Qu'est-ce qui, dans ce visage déformé et ces pupilles étrangement fixes, dénotait la folie, le sadisme à l'état pur ? Ginette prit le bras de Marie avec un peu plus d'empressement qu'il n'aurait fallu, et toutes deux traversèrent la rue longeant la gare.

Elles s'engageaient sur le pont quand elles entendirent un bruit de pas – un frappement métallique sur le pavé, celui des bottes ferrées immédiatement reconnaissable. Ginette jeta un rapide coup d'œil en arrière : les deux policiers avaient visiblement changé d'avis, et se lançaient à leur poursuite en hurlant : *Halt ! Halt !* Ginette n'hésita pas : c'était la fuite ou la mort. Des pattes de celui-là, elle ne sortirait pas vivante.

– Suis-moi ! lança-t-elle à Marie, à mi-voix, mais d'un ton sans réplique.

Déjà, elles détalaient, buste en avant, coudes au corps. Vite, rue de Bayard, prendre à gauche, contourner la place de Belfort. Plus vite encore. Se jeter dans la rue Denfert-Rochereau. Se cacher dans l'ombre d'une porte cochère. Guetter les bruits. Il sembla à Ginette que les poursuivants hésitaient, s'éloignaient… Un coup de coude à Marie, encore vingt pas, tourner dans l'impasse et rejoindre son appartement… Mais de nouveau, le frappement des bottes. Pour elles, deux bonds de géant, le portail familier… Elles se précipitèrent à l'intérieur, repoussèrent le battant, attentives, malgré leur épouvante, à éviter le moindre grincement. Ginette saisit le poignet de sa compagne : « N'allume pas ! » intima-t-elle. Dans le noir, elles s'élancèrent à l'assaut de la cage d'escalier, le souffle coupé. Premier étage. Deuxième étage. Elles volaient plus qu'elles ne grimpaient. Troisième étage…

À tâtons, Ginette chercha sa clé dans son sac, la glissa dans la serrure. À l'abri ! Tremblantes, les deux jeunes filles restèrent immobiles dans l'obscurité, l'oreille aux aguets. Dans les rues désertes, il leur semblait que les deux gestapistes déclenchaient un vacarme épouvantable. Ils firent quelques pas dans l'impasse. Rebroussèrent chemin. Allaient-ils chercher du côté du boulevard ? Puis de nouveau, le choc précipité sur les pavés, cette fois jusqu'au fond de la ruelle. Examinaient-ils la rangée de petits immeubles ? Une bordée de jurons en allemand. Et enfin ils s'éloignèrent, pesamment. Le silence se fit. Ginette et Marie se jetèrent dans les bras l'une de l'autre, sans un mot.

Le lendemain matin, Marie partit la première. Avant de dire adieu, elle tint à laisser à Ginette une photo, même si ce n'était pas prudent. Pour qu'elle se souvienne… Elles s'embrassèrent, se tenant les mains un long moment.

– Fais bien attention à toi, dit Ginette.

– Toi aussi.

Ginette, les larmes aux yeux, retourna la photo et découvrit la dédicace : « Le bon souvenir d'une petite camarade de passage, Marie. »

Ginette reprit ses voyages avec une prudence mais aussi une inquiétude grandissantes. L'annonce – tant attendue ! – du débarquement allié en Normandie l'avait soulevée d'allégresse. Enfin, enfin, les Américains étaient en France ! Comme au cinéma, ils envoyaient la cavalerie au secours des assiégés ! Mais pour les résistants des groupes armés, le 6 juin fut aussi le signal de l'action militaire. Hélas, trop confiants dans la défaite allemande qu'ils croyaient proche, sortis trop tôt à découvert, les maquis du Midi se faisaient littéralement massacrer. Chaque jour, les survivants espéraient le second débarquement, quelque part au sud. On ne pensait plus guère qu'il aurait lieu dans les Landes ou en Gironde, mais bien en Méditerranée. À quel endroit ? Quel secteur semblerait le plus vulnérable, et donc le plus propice ? À moins que la préférence ne soit donnée au plus inattendu ? En Provence, les Allemands avaient transformé le port de Marseille et la rade de Toulon en citadelles bardées de batteries côtières et de fortifications qu'ils espéraient imprenables. Alors, plus à l'ouest, en Languedoc ? Ginette revoyait la plage de son enfance à La Nouvelle, son étendue immense, mais aussi ses eaux peu profondes sur des centaines de mètres vers le large. Il était facile de s'approcher en bateau, mais ensuite, même des barges plates risquaient de s'enliser. Tout près de là, la falaise du cap Leucate, hérissée de barbelés et de blockhaus percés de meurtrières, seule hauteur le long de ce rivage sans relief, permettait aux Allemands de surveiller la côte sur des centaines de kilomètres, depuis Agde jusqu'en Espagne.

Dans les QG de la Résistance, on avait compris que l'ennemi lui aussi croyait à un possible débarquement en Languedoc : des divisions SS, « troupes d'élite » revenant du front de l'Est, avaient été positionnées aux abords de Toulouse. Mais début juin, elles reçurent l'ordre de rejoindre la Normandie, et entamèrent leur marche sanglante à travers les villages du Sud-Ouest. Pour prévenir tout risque de soulèvement dans la population civile, l'occupant répandait méthodiquement la terreur, brûlant les villages et assassinant les habitants… C'est ainsi qu'en remontant vers le nord, la terrible division *Das Reich*, ou une autre semblable, longea l'enceinte du couvent où se cachaient Hélène Oberman et plus de quatre-vingts enfants juifs… Par miracle, les tueurs n'y pénétrèrent pas.

On approchait du dénouement. Les groupes militaires réunis dans les FFI – Forces Françaises de l'Intérieur – multipliaient attaques et sabotages. La consigne : aucun militaire allemand ne devait plus se sentir en sécurité. En retour, la répression de la Gestapo se durcissait chaque jour davantage. Et Ginette, comme ses camarades, sentait le nœud coulant se resserrer implacablement autour d'elle. Partout où elle allait, il lui semblait qu'on l'observait d'un œil soupçonneux.

À Toulouse, elle trouva un jour sa boîte à lettres fracturée, grossièrement refermée, comme un avertissement. Une autre fois, elle se crut suivie dans les rues de Lyon, du côté de la place Bellecour. Un homme de taille moyenne, d'âge moyen, au visage rond et banal… Elle tourna brusquement à droite, puis à gauche, entra dans un cinéma. Attendit. Ressortit… La rue était vide. Un type cherchant l'aventure ? Un collabo ? Un gestapiste ? Le lendemain, quand elle se rendit au rendez-vous, l'alerte était bien réelle : rue Auguste-Comte, elle aperçut deux tractions garées à proximité du lieu de rencontre prévu. Elle ne ralentit pas. Qui était tombé dans le piège ? L'attendaient-ils ? Les nerfs à vif, craignant que le trop-plein d'émotions et d'angoisse la conduise à une erreur fatale, elle reprit le train pour Marseille, et trouva une correspondance pour Narbonne. Dans sa tête tournait la phrase prononcée tout récemment par un proche de « Julien » : « Les choses s'aggravent. Les agents de liaison durent trois mois, pas plus. » Julien avait froncé les sourcils et entraîné à part, pour lui parler discrètement, celle qu'il ne connaissait que comme « Marie-Claude » : « Si tu sens que tu en as besoin, lui avait-il dit, pesant ses mots, tu peux faire une petite pause. » Le moment était venu.

À Narbonne, Ginette se rendit directement rue Droite, cette venelle biscornue portant si mal son nom, et frappa à la porte de son amie d'enfance, Lucie. Mariée, celle-ci était depuis peu maman d'un bébé prénommé Jean-Marc, comme le petit garçon auquel Ginette s'était attachée quand elle était « bonne d'enfants » sur la côte atlantique à l'été 1939. L'année de ses quinze ans… Une autre vie… Le mari de Lucie était absent, Ginette confia à son amie qu'elle se savait recherchée, et Lucie lui donna asile sans hésitation. Durant quelques jours, toutes deux retrouvèrent l'intimité et les rires étouffés de leur enfance, comme dans la chambre de Ginette quand elles s'isolaient pour lire des magazines de cinéma et essayer de nouvelles coiffures. Pendant cette courte trêve, Ginette ne sortit pas, ne s'approcha ni de la porte ni des fenêtres, s'efforçant d'être silencieuse et invisible. Mais auprès de Lucie, elle réussit enfin à dormir sans sursauter au moindre bruit. Elle reprit des forces.

Le 12 juillet, elle repartit pour Lyon. De là, elle devait retourner à Marseille, chargée d'une nouvelle mission pour la Résistance.

14

Marseille

Ce n'était pas la première fois que Ginette acheminait du courrier de Lyon à Marseille, mais jamais encore elle n'était arrivée sans l'adresse d'une planque où passer la nuit. Au sud, les réseaux de la Résistance, qui avaient désormais adopté le nom collectif de Mouvement de Libération Nationale (MLN), étaient traqués sans répit, et celui de Ginette se trouvait particulièrement exposé. Semblables à des marins pris dans le brouillard, les résistants s'efforçaient de naviguer à vue, mais ils ne parvenaient plus à garder un pas d'avance sur la Gestapo, les agents de liaison tombaient les uns après les autres. Séjourner à l'hôtel n'était jamais recommandé et Ginette savait que c'était une option particulièrement risquée à Marseille, où les Allemands et la pègre avaient partie liée, contrôlant, espionnant et rackettant tous les établissements pouvant accueillir des voyageurs. Elle avait donc décidé de faire halte chez son oncle Eugène qui, elle en était sûre, ne lui refuserait pas l'hospitalité.

En sortant de la gare Saint-Charles, elle s'attarda quelques minutes sur la grande esplanade, respira à fond. Le vent sentait l'iode, la mer, le grand large. Comme toujours. Comme avant la guerre… Sa chère Méditerranée, l'eau salée, transparente et tiède, dont elle était privée depuis si longtemps… Mais ce n'était pas le temps des vacances. Elle descendit rapidement l'escalier monumental vers le boulevard d'Athènes et s'enfonça dans la ville surchauffée et poussiéreuse, en évitant le port sous étroite surveillance militaire.

En cet été 1944, Marseille était une ville meurtrie et affamée, littéralement étranglée. Des milliers d'habitants avaient été tués ou blessés lors du bombardement allié du 27 mai qui avait particulièrement touché le quartier de la gare, la Gestapo faisait régner la terreur, le ravitaillement n'arrivait plus… Pour les Allemands, qui s'étaient abattus sur le Midi en novembre 1942, la cité phocéenne représentait tout ce qu'ils détestaient : le cosmopolitisme, le métissage, la pagaille, les ruelles inextricables, la possibilité pour les Juifs de se fondre parmi des habitants venus de partout et parlant toutes les langues. Sans compter la Résistance, présente et active dès le début de l'Occupation : un premier, puis un deuxième attentat à la bombe n'avaient pas fait de victime, un troisième avait tué un officier et des soldats dans un bordel. Depuis Berlin, Himmler, le chef des SS, avait alors ordonné de trouver « une solution radicale et totale au problème de l'épuration à Marseille », à charge pour la police française d'assumer le nettoyage, car « la porcherie de Marseille est une porcherie française ».

La terrible équipe à l'œuvre lors des grandes rafles s'était donc reformée à Marseille : René Bousquet et Karl Oberg. La police française et les SS, main dans la main… Ensemble ils avaient pourchassé, arrêté, déporté quelque vingt mille « indésirables » : Juifs, apatrides, étrangers, résistants ou suspects de l'être. En février 1943, pour punir Marseille sur ordre de Berlin et de Pierre Laval, ils avaient fait sauter tout le quartier du Vieux-Port. Explosé à la dynamite. Rasé. Depuis, rien n'avait été reconstruit. Tandis qu'elle approchait de la montée de l'Oratoire où habitait Eugène, Ginette entrevit de loin ce périmètre de désolation au-delà du quai nord : des monceaux de pierres, mêlés à des pans entiers de toitures, des amas de poutres et de ferraille tordue… Au détour d'une rue, sur une façade, elle découvrit une inscription à la craie en larges lettres capitales : *Vive de Gaulle ! Vive les Alliés ! À mort la Milice !* Malgré tout, l'esprit de révolte vivait encore à Marseille.

– *Dé qué fas acqui, Pitchounette ?*

Au tintement de la sonnette, Eugène était venu ouvrir la porte du logement de fonction qu'il occupait avec sa femme Alice, et sous le coup de la surprise, il retrouvait spontanément le patois familial. Il répéta :

– Que viens-tu faire ici, petite ? Tu as quitté Toulouse ?

Il embrassa celle qui était à la fois sa nièce et sa filleule, et à bien des égards, la fille qu'il n'avait pas eue. Lui n'avait pas changé : toujours mince, bien mis, même après le travail. Le négligé n'était pas dans ses habitudes. Ginette essaya de reprendre le ton habituel de leurs rapports, confiant, rieur, comme si les circonstances n'étaient pas exceptionnelles.

– Bonjour mon oncle, vous n'êtes pas à la pêche aujourd'hui ? Il fait si beau !

Autrefois, le grand bonheur d'Eugène était de prendre son bateau à la fin de la journée de bureau et, au rythme cahotant de son petit moteur, de traverser le Vieux-Port pour gagner le large. Là, il redevenait le gosse insouciant de La Nouvelle, celui qui avait grandi entre la mer et les étangs.

– Ma pauvre petite, il y a bien longtemps que nous n'avons plus droit à la mer ! Le port est miné, les Allemands ont coulé des explosifs au fond de l'eau, les quais et les hangars sont prêts à sauter. Les gares maritimes sont foutues, il n'en restera rien. Quant aux bateaux… Même ma barque de pêche a été réquisitionnée ! Si c'est avec ça que les Boches espèrent repousser le débarquement en Méditerranée, ils n'iront pas loin.

– Tu crois que ce sera par ici ?

– On dit qu'il y a une armada, peut-être trois cent mille hommes, rassemblés du côté de la Corse et prêts à partir. À ma place au bureau des douanes, j'entends beaucoup de choses, tu sais… Évidemment, dans le détail, on n'est sûr de rien. Mais c'est pour bientôt, là-dessus il n'y a pas de doute. On attend. Il faut qu'on en finisse, quel que soit le prix à payer…

Ginette avait posé son sac dans l'entrée et Eugène l'entraîna vers le salon sans lâcher son épaule. Elle savait très bien qu'il attendait une réponse à sa première question. Et en effet, il y revint :

– Il n'y a pas de problème à Lézignan ?

– Non, non, ne t'inquiète pas, rien de particulier…

– Alors ?

Ginette avait vaguement réfléchi à l'histoire plus ou moins plausible qu'elle pourrait inventer : des échantillons de tissus à porter à Marseille de la part du magasin Kopetzki, une visite à une amie… Rien de tout cela ne tenait debout, et il ne s'agissait pas de prendre Eugène pour un imbécile, lui qui autrefois devinait immédiatement si elle avait fait une bêtise rien qu'en la regardant au fond des yeux. Il répéta :

– Alors ?

Elle hésita, prit une grande inspiration :

– Je suis de passage… Juste deux jours…

Eugène attendait toujours, muet. Elle poursuivit :

– Je dois déposer du courrier. Pour un ami.

– Ah !

Il hocha la tête. Il avait parfaitement compris. Il lui fit signe de prendre place dans un des fauteuils tendus de cretonne, assortis aux lourds rideaux qui encadraient la fenêtre. Il s'assit près d'elle et demanda sans détour en baissant instinctivement la voix :

– Depuis quand es-tu là-dedans ?

– Un peu plus de trois mois.

Elle répéta l'explication à laquelle elle s'accrochait chaque jour :

– Moi aussi je veux être utile. Faire ma part, même si c'est peu de chose.

– Peu de chose ! Mais enfin tu te rends compte ? Tu réalises à quel point c'est dangereux ?

Déjà la voix d'Eugène montait d'un ton, comme autrefois, quand son sang « ne faisait qu'un tour ». Ses colères étaient légendaires, mais il suffisait d'un rien pour le faire éclater de rire. Cette fois, il se calma aussitôt, pourtant il n'avait aucune envie de plaisanter.

– Tu sais bien que je suis de ton bord, je ne l'ai jamais caché. Mais enfin ce n'est pas aux enfants de faire la guerre.

– Mon oncle, je ne suis plus une enfant ! Et puis, les Allemands font aussi la guerre aux enfants.

– C'est vrai… Mais permets-moi de te dire que tu es bien petite quand même. Et tu ignores à qui tu as affaire ici. Marseille est devenue une jungle, tous les jours ça canarde, ça pille, ça tabasse, ça tue, les truands et les collabos n'ont plus de limite. D'ailleurs, ce sont les mêmes. Les bas-fonds ont pris le pouvoir, ils marchent main dans la main avec la Gestapo.

Et l'homme au centre de tout ça, c'est Sabiani, tu comprends ce que ça veut dire ?

Ginette leva un sourcil, incertaine. Sabiani, c'était un nom qui courait sur toutes les lèvres dès qu'on évoquait Marseille. Quand on parlait du « système Sabiani », cela n'annonçait rien de bon, mais elle n'en savait guère plus. Eugène reprit :

– Pauvre innocente, si tu ne sais pas ce que représente Simon Sabiani à Marseille, tu n'as rien à faire ici ! Il a transformé cette ville en capitale des Corses, et ces Corses-là lui doivent tous quelque chose. Autrefois il était communiste ; maintenant, c'est un authentique fasciste. Dans le Midi, c'est lui le chef du Parti populaire français, la clique de Doriot. Il tient les dockers et les syndicats maritimes, il a le milieu à sa botte, et avec ça, il fournit les rangs de la Gestapo. Voilà ce qu'est devenue « la bande à Simon » !

Eugène reprit son souffle un instant. Alice, que Ginette appelait « Tantine », les avait rejoints, silencieuse. Elle déposa le plateau d'ersatz de café sur la table, tendit une tasse à chacun, alluma une cigarette. C'était une belle femme, grande, élégante, aux formes pleines, avec, dans l'œil et l'allure, une sorte d'audace, presque de provocation, qui impressionnait Ginette et même lui faisait un peu peur. La jeune fille savait qu'Alice formait avec Eugène un couple inséparable et explosif. Tous deux s'étaient connus dans la dernière année de la Grande Guerre, alors qu'Eugène était stationné dans le Nord, tout près de la frontière belge.

La mère de Ginette lui avait raconté qu'Alice, alors âgée de dix-sept ans, avait contraint Eugène au mariage sous la menace d'un revolver – rien de moins ! – après que celui-ci l'avait poussée à un avortement qui aurait mal tourné. Ils s'étaient mariés, mais n'avaient pas eu d'enfant, un manque si violent qu'Alice aurait avoué ressentir parfois la tentation de voler un bébé dans un berceau. Si elle n'avait pas cessé d'aimer Eugène, elle prenait aussi un certain plaisir à le tourmenter, à braver les interdits et les bonnes manières. À mots couverts, on chuchotait à Lézignan qu'elle avait eu, qu'elle aurait peut-être encore, un amant « haut placé » dans la pègre marseillaise.

Ce jour-là, entre deux bouffées de cigarette, Alice glissa :

– Le système Sabiani, il n'aurait pas tenu sans l'alliance du PPF avec Carbone et Spirito.

– Carbone et Spirito ? interrogea Ginette, hésitante.

– Carbone le Corse, Spirito l'Italien, précisa Alice. Les vrais patrons des truands marseillais. Carbone a été tué quand le train Marseille-Paris a sauté au mois de décembre. Une attaque de la Résistance. Mais Spirito est toujours là.

Eugène fixait sur elle un regard étincelant. Il répéta la phrase d'Alice qu'il trouvait insupportable :

– « Les vrais patrons des truands marseillais ! » Tu pourrais aussi dire : la lie de l'humanité ! L'alcool, la drogue, la traite des Blanches, les assassinats, ils trempent dans toutes les saloperies qui se passent à Marseille. Leurs nervis protègent Sabiani et le PPF, et comme ça ils peuvent faire tranquillement leurs sales affaires. Ah c'est sûr, Sabiani n'a pas hésité, il est allé jusqu'à Vichy pour obtenir directement de Laval la libération de tout ce beau monde ! Il a marié la politique et la mafia, et ils sont tous aux ordres de la Gestapo !

– Je ne te dis pas le contraire, fit Alice en écrasant posément son mégot dans le cendrier. Mais moi, ils ne me font pas peur. La « dame » d'un de ces beaux messieurs raconte partout qu'elle se promène avec une bouteille de vitriol dans la poche au cas où elle me rencontrerait, ça ne m'a jamais empêchée de sortir de chez moi !

Ginette restait muette, estomaquée par la brutalité de l'échange entre Eugène et Alice, même si tous deux semblaient maintenant désireux de passer à autre chose, comme s'ils rejouaient de temps en temps un match à l'issue toujours prévisible. Alice alla rapporter le plateau dans la cuisine. Déjà, la tension était retombée. Eugène grommela :

– Avec Sabiani et le milieu, Delage n'a même plus besoin de la Wehrmacht. Tout Marseille est son terrain de chasse.

Il se tourna brusquement vers Ginette :

– Tu as entendu parler de Delage ?

– Oui, je sais qui c'est, un Allemand, le chef de la Gestapo de Marseille.

– Oui, le chef… Pas officiellement. Un petit maquereau berlinois, rien de plus. Il n'est que sergent-chef, mais c'est lui qui fait la loi. Ici, quand on dit « la Gestapo », on pense « Delage ». Il a mis à son service tout ce que Marseille compte de crapules, il nage là-dedans comme un poisson dans l'eau. C'est à lui que tu veux te frotter ? Tu sais ce qui t'arriverait si tu tombais entre les mains de ces saligauds ?

Ginette hocha la tête sans mot dire. Elle venait tout juste d'avoir vingt ans, la mort lui semblait une éventualité abstraite, voire impossible. Ou alors, si tout allait mal, pourquoi pas ? Une forme d'évasion ? Ce n'était pas le plus grave à ses yeux. Non, sa véritable terreur, c'était la torture… Impossible d'imaginer comment on réagirait. Si on tiendrait… Eugène continuait :

– C'est la guerre la plus dégueulasse qui soit, tu

comprends ? Ils sont en train de liquider les maquis de Provence de la pire manière. Et toi, petite, que viens-tu faire là-dedans ? Tu portes du courrier ? À qui ? Pourquoi ? Des renseignements ? Des ordres ?

– Je ne connais pas le contenu. J'ai les noms, mais ce sont tous des pseudonymes.

– Ah malheureuse !

– Je ferai vite. Je passe, je dépose mon courrier, je repars, c'est tout. Je serai très prudente, je te promets.

La veille du rendez-vous, Ginette fit un premier repérage rue de La Palud où se trouvait le petit magasin de tapis tenu par celui qu'elle connaissait sous le nom de « César ». Tout semblait normal, paisible, pas d'agitation suspecte, pas de type en costume traînant d'un air désœuvré, pas d'uniforme en vue… Mais on était dimanche, la ville vivait au ralenti, écrasée sous le soleil. Elle décida de revenir le lendemain dans l'après-midi, à l'heure où chacun s'activait et où elle pourrait se mêler aux habitants du quartier sans attirer l'attention. Elle rentra chez Eugène, partagea le repas du soir que les siens appelaient toujours le « souper ». Son oncle et sa tante s'efforçaient de discuter avec un naturel trompeur du manque de pain – au mieux, les boulangeries ouvraient un jour sur deux – et de la présence beaucoup trop fréquente des moules sur la table familiale.

– Si on m'avait dit qu'un jour on manquerait de poisson à Marseille… soupira Eugène, mélancolique. Les bateaux ne sortent plus, il n'y a plus d'essence. Mais les moules, il y en a partout ! Il faut croire que les chleuhs n'aiment pas ça.

Ce soir-là, Ginette se coucha tôt, Alice lui avait préparé un lit dans la pièce qui servait à la fois de bureau et de garde-robe pour les manteaux d'hiver. La jeune fille fit sa toilette, brossa ses cheveux. Au moment où elle reposait son miroir de poche sur la commode, il lui échappa des mains et éclata en miettes sur le carrelage. Miroir brisé, sept années de malheur, dit l'adage populaire. Toute sa vie, Ginette lutterait contre les superstitions que sa raison refusait mais qui reviendraient obstinément la hanter avec les mauvais souvenirs.

Le lendemain, alors qu'elle s'apprêtait à sortir, Eugène lui répéta à deux reprises :

– N'oublie pas qu'on t'attendra pour souper. N'oublie pas ! *Adessias ma Pitchounette !*

Elle avait fait oui de la tête, la gorge serrée.

Ce 17 juillet, Ginette ne se sentait pas tranquille. Lors de leur dernière rencontre à Lyon, Julien l'avait mise en garde : un agent marseillais avait manqué le rendez-vous prévu et n'était pas réapparu depuis… Les Allemands traquaient la direction des FFI dans la région sud, ils semblaient terriblement bien informés, on craignait une trahison… Mais on n'avait pas le choix, le second débarquement approchait, les renseignements et la coordination étaient plus essentiels que jamais. Il fallait continuer, en redoublant de précautions. « Marie-Claude, je compte sur toi, avait ajouté Julien, l'air plus grave qu'à l'ordinaire. Sois très prudente. On se revoit à la fin de la semaine prochaine. »

En cheminant, Ginette repensait à cet ultime avertissement. Elle se retourna vers la basilique perchée au sommet de la colline qui domine Marseille, surmontée par la statue dorée de la Vierge, visible de partout. Notre-Dame-de-la-Garde, la Bonne Mère, patronne des marins et des pêcheurs. « Sainte Marie, protégez-moi, protégez-nous », murmura Ginette. N'était-elle pas, elle aussi, un matelot ballotté dans la tempête, risquant à tout instant d'être submergé par les flots ? Elle tourna dans la rue de La Palud.

Au numéro 50, un immeuble de deux étages, avec un balcon en fer forgé et des persiennes fatiguées, décolorées par le soleil et la poussière. Du linge séchait aux fenêtres. Au rez-de-chaussée, la petite boutique *À l'Art marocain*. Le rideau de fer était levé. Ginette passa sans s'arrêter, tout en jetant un rapide coup d'œil à l'intérieur. Puis elle entra dans la cour, frappa à la loge de la concierge, qui jouxtait la boutique :

– Bonjour madame. Je viens voir un ami, tout va bien dans l'immeuble, pas de problème ?

Il aurait suffi d'un rien... Un léger froncement de sourcil, un clin d'œil discret, une grimace à peine esquissée... Cela aurait suffi pour prévenir Ginette. Pour lui dire qu'elle était en danger. Pour la sauver... La concierge n'aurait pris aucun risque. Un simple signe, et la jeune visiteuse passait son chemin... Mais non, la femme d'un âge déjà avancé, replète malgré les restrictions, vit devant elle cette petite fille de vingt ans, et elle lui répondit sans ciller :

– Pas de problème, tout va bien.

Sciemment, elle l'envoyait dans la gueule du loup.

– Police allemaaaaande ! Haut les mains !

Ils étaient trois, un grand costaud, deux autres plus trapus, tous français, avec l'accent de Marseille, et l'accent corse pour l'un d'entre eux.

– Ton sac ! Tes papiers ! Et plus vite que ça !

Elle entendit prononcer des noms :

– Edmond, prends la sacoche ! Et toi, Ali, fouille-la !

Craignaient-ils qu'elle soit armée ? Ils l'empoignèrent,

la palpèrent de leurs gros doigts, tâtèrent ses poches, n'y trouvèrent rien, puis se mirent à hurler en épluchant le paquet de courrier qu'ils avaient répandu sur le comptoir :

– César ! C'est lui que tu viens voir ? C'est qui ? Il fait quoi ? Son vrai nom ? Pas la peine de nous mentir, on est au courant ! Celui-là, on le tient !

– Et Dubosc ? Toi aussi, tu vas essayer de nous faire croire que c'est un petit employé sans importance ? Pourquoi pas un voyageur de commerce ?

Un des sbires la prit par le bras et la secoua brutalement :

– Ne mens pas ! Tu as rendez-vous avec Muriel ? Et Charlotte ? Tu la connais ? Hein ? Hein ?

Le nommé Ali – un Algérien, semblait-il – avait fini de détailler le courrier, retourna à nouveau le sac. Il grommela :

– Rien pour Levallois…

Cela suffit à accroître la fureur des deux autres :

– Alors tu vas parler ? Tu t'expliques ? Te fous pas de nous, on en sait plus long que tu crois. Qui t'envoie et qui tu viens voir ? Cartier ? Gaillard ? Maxence ? Il est où Maxence ?

En reconnaissant tous les noms qu'ils lui jetaient à la figure, Ginette sentait le sang se figer dans ses veines. Levallois, le chef régional des FFI… Maxence, le patron des MUR-MLN en Région 2… Qui était « tombé » ? Qui en avait réchappé ? Qui avait parlé ? Elle continuait à faire les yeux ronds, éberluée :

– Mais… mais… de quoi parlez-vous ? Je ne connais pas ces personnes, ce n'est pas moi qui ai écrit ces lettres.

L'un des comparses éclata d'un rire grossier :

– Ça, on s'en doute ! C'est qui, ton chef ? C'est ça

qui nous intéresse ! À qui tu apportes ton courrier ? On veut tout savoir, qui ils sont, ce qu'ils font, leurs vrais noms !

La jeune fille gardait sa mine ahurie :

– Mais je n'en sais rien ! J'ai juste apporté ça pour rendre service. Si j'avais su…

– Qui t'a confié ce paquet ? QUI ?

– Un jeune homme de Lyon.

– Son nom ! Tu nous dis son nom !

– Albert.

– Son nom de famille ! Tu entends ?

– Il ne m'a donné que son prénom. Je le connais à peine, je ne l'ai rencontré qu'une fois. Il m'a dit qu'il viendrait bientôt à Marseille, et comme moi je devais y aller avant lui, il m'a demandé de déposer ce courrier chez des amis à lui…

Elle hésita, comme si elle se souvenait mal de l'adresse :

– Rue… Enfin, ici, 50, rue de La Palud.

– Tu y es ! Il fait quoi, cet « Albert » ? Tu l'as connu comment ? Pourquoi tu as accepté ?

– Mais parce que j'avais envie de le revoir. Il m'a dit qu'on se retrouverait à Marseille, et j'espérais que… enfin je me disais qu'en lui rendant ce petit service, j'aurais plus de chances qu'il soit au rendez-vous.

– Mais à qui tu veux faire croire ça ? Tu nous prends pour qui ?

Ginette sourit d'un air perplexe, comme gênée de n'avoir rien de mieux à leur proposer.

Celui des trois qui était jusque-là resté silencieux fit un signe d'impatience :

– Assez joué, elle se fout de nous ! On l'embarque. Allez hop ! Là où tu vas, je t'assure que tu vas parler.

Il lui tira brutalement les mains derrière le dos et

elle sentit un cercle de fer se refermer sur ses poignets avec un déclic sans appel. Prisonnière ! Le nommé Edmond – prononcé « Edeumond » – lui jeta un imperméable sur les épaules en ricanant :

– On ne veut pas affoler les âmes sensibles. Ni vu ni connu. Mais je te préviens, si tu fais un geste pour essayer de filer, je t'abats comme un chien. Marche ! Ali, tu restes ici. Des fois qu'on aurait encore de la visite…

Le petit groupe ressortit dans la rue, Ginette entre les deux gestapistes. Edmond, chétif, noiraud, teigneux, lui appuya durement deux doigts dans les côtes, pour lui rappeler qu'il était armé.

– Marche ! répéta-t-il.

À droite dans la rue Estelle. À gauche dans la rue Paradis. Une traction noire s'arrêta à leur hauteur. Ginette y fut poussée avec rudesse, les portières claquèrent. Puis le chauffeur fonça dans l'artère résidentielle qui traverse une bonne partie de la ville. Jusqu'au numéro 425 : le siège de la Gestapo.

Bien des années plus tard, j'ai remonté à pied cette très longue rue Paradis. Elle n'a pas dû beaucoup changer depuis l'Occupation. Des immeubles cossus de type haussmannien. Quelques-uns plus modernes, peut-être reconstruits à la suite des destructions de la guerre. Des boutiques en rez-de-chaussée, qui deviennent plus rares au fur et à mesure qu'on s'éloigne du centre-ville. Au 425, qui fait l'angle avec une petite rue d'apparence récente, rien, au premier regard, ne semble subsister du temps passé : un alignement de vilaines façades en béton gris, à un seul étage, qu'on peut supposer dater des années cinquante. Puis cette plaque, peu visible au coin du carrefour, que j'ai lue en tremblant :

« Souvenez-vous ! Derrière les murs de cet immeuble, entre 1942 et 1944, la Gestapo a torturé des centaines de résistants dont beaucoup moururent sous les supplices pour ne pas trahir la France… En ces lieux furent également jetées de nombreuses familles arrachées sauvagement à leurs foyers marseillais pour la seule raison d'être nées juives. Ces victimes de la barbarie nazie furent déportées dans des camps d'extermination et massacrées par leurs bourreaux pour n'avoir renié ni leur honneur ni leur croyance. Ne les oublions jamais ! »

L'immeuble maudit, la grande maison de maître qui abritait le siège de la Gestapo, dont j'avais retrouvé une rare photo d'époque, restait pourtant invisible. Il avait donc disparu ? Par hasard, j'ai levé les yeux, et aperçu, au-dessus des façades, le sommet d'un toit à double pente. En traversant la chaussée pour prendre du recul, j'ai découvert la tête d'un arbre touffu, le dernier étage d'une villa couleur ocre, qui évoque la Toscane… Dans la rue adjacente, j'en ai identifié l'accès : une ruelle barrée par un haut portail que j'ai escaladé pour atteindre une cour privée… Il était là ! Toujours là, cet immeuble, caché, honteux, mais intact, identique à celui de la photo, avec ses balcons de pierre, ses fenêtres ornées, son mur rose. Un joli petit manoir replié derrière ses grilles, au milieu des yuccas, bordé par un jardin en terrasse, le bâtiment principal du QG de la Gestapo. La maison de l'horreur. Surgie du passé. Silencieuse, inchangée. Comme un fantôme.

Ce 17 juillet 1944, Ginette y est entrée, encadrée par ses deux gardes-chiourmes. Elle a gravi les marches de pierre incurvées en demi-lune, et peut-être brièvement senti elle aussi le parfum doux et indécent des fleurs. Elle a laissé son regard fureter pour repérer les lieux, car depuis qu'elle était ressortie menottée de la boutique *À l'Art marocain*, elle n'avait plus qu'une idée en tête : s'échapper. Ali et Edmond ne la lâchaient pas. Avant de passer la porte à double battant protégée par un auvent de verre, elle eut le temps d'apercevoir une terrasse, de grandes baies en arcades, un palmier géant qui parlait d'été et de vacances. Plus haut, des alignements de fenêtres montant jusqu'aux chambres de bonne.

Toujours poussée par ses cerbères, elle se retrouva au deuxième étage.

– Te voilà arrivée, dit Edmond. Section IV : contre-espionnage, résistance, affaires juives ! Exactement ce qu'il te faut. Là, ma petite, tu vas changer de ton. Je te laisse avec M. Mercury.

– Merci Maurel, fit un type planté derrière un guichet. Nom, prénom, adresse, profession, travail dans la Résistance ?

Ginette voyageait avec ses vrais papiers. On ne pouvait établir aucun lien, du moins l'espérait-elle, entre Ginette Guy et « Marie-Claude » du mouvement Libération qui depuis plusieurs mois acheminait le courrier de Lyon, et qui avait pu être dénoncée ou trahie. Inutile en tout cas de finasser sur son nom ou son adresse, Mercury tenait sa carte d'identité entre deux doigts, l'étudiant de près avec un regard myope, à la recherche d'une contrefaçon. Elle balbutia :

– Ginette Guy. J'habite Toulouse, je suis secrétaire.

– Et dans la Résistance, tu fais quoi ?

– Mais… je ne suis pas dans la Résistance, vous vous trompez.

– Ah ouais ? Tu t'obstines ?

Il lui tourna le dos et fit signe à un grand type qui semblait attendre la fin de l'interrogatoire en regardant ailleurs, adossé à une porte.

– Gallina, voilà la nouvelle ! Maurel l'a cueillie rue de La Palud, elle est pour toi.

– Je m'en occupe.

Celui-là n'était pas français, il parlait avec un accent plus râpeux encore que le « Boche » habituel. D'où venait-il ? Ginette n'eut pas le temps de s'interroger. Il se pencha sur elle, lui fit lever le menton d'une poigne brutale, l'examina comme s'il hésitait sur le sort à lui infliger, maintenant ou plus tard, et quand il ouvrit la bouche pour lui signifier son verdict, elle découvrit avec effroi que toutes ses dents de devant, en haut et en bas, étaient recouvertes d'or. Une grimace métallique, hideuse, en guise de sourire. Les autres devaient avoir l'habitude de l'effet produit, car Mercury jugea bon de glisser, l'air malin :

– Y en a qui l'appellent Gueule-en-or, mais j'te préviens, il aime pas trop ça.

Gueule-en-or avait pris sa décision. Il saisit l'avant-bras de Ginette, la tira jusqu'à la porte où il s'appuyait un instant auparavant, frappa. Un ordre retentit :

– *Herein !*

L'homme ouvrit largement, jeta sa proie à l'intérieur et claqua des talons en hurlant :

– *Scharführer SS Delage !*

15

425, rue Paradis

C'était donc lui. Delage. La terreur de Marseille. La légende noire de la Gestapo. Jeune, la trentaine à peine, de taille moyenne, mince et vigoureux. Plus élégant d'allure que l'ignoble Gueule-en-or. Les deux lettres « SS » brodées sur le col noir de l'uniforme. Les cheveux châtain clair, tirant sur le blond, le front légèrement dégarni. Les traits réguliers, le nez droit, la bouche fortement dessinée. Les sourcils perpétuellement froncés, presque horizontaux. Et ces yeux gris, froids, opaques à force d'être durs. Plutôt bel homme, pensa Ginette, qui ne perdit jamais de vue qu'elle avait devant elle un être humain, avec ses intérêts, ses failles, ses peurs peut-être, même s'il n'en laissait rien transparaître. Il avait tout pouvoir. Elle n'en avait aucun.

Ancien petit voyou devenu maître espion, gangster sans foi ni loi régnant désormais sur la pègre marseillaise, acolyte de Klaus Barbie à Lyon, aussi violent que pervers : tel était Ernst Dunker, qui opérait sous le pseudonyme de Delage, un patronyme français sans doute choisi pour brouiller les pistes. Dans sa prime jeunesse, il avait tâté de la prison pour trafic et proxénétisme, puis il avait voyagé, travaillant dans des hôtels à Saint-Raphaël, La Baule, Rome, Londres,

Hoboken aux États-Unis, sur des navires de croisière hollandais et britanniques. Ayant acquis une maîtrise quasi parfaite du français, de l'anglais et de l'italien, il avait été recruté par les services d'espionnage du Reich.

Arrivé à Marseille en février 1943, il avait fait alliance avec le milieu, noyauté la police française de truands qui émargeaient à la Gestapo, et offert sa protection aux maquereaux et aux nervis. Il suffisait à ces derniers de dire « Appelez Delage » pour échapper à une perquisition pour marché noir ou à une arrestation pour trafic de drogue. Au cœur du SD (*Sicherheitsdienst* ou Service de sécurité) de Marseille qui englobait la Gestapo, le sergent-chef SS Delage agissait en véritable patron, ne rendant de comptes qu'à Berlin… quand il en rendait.

Les récits de ses exactions répandaient la terreur dans Marseille. Avec la souplesse d'un serpent, il passait de la menace à la persuasion, de la torture à la corruption. Il maniait la cravache jusqu'à ce qu'elle lui tombe des mains. Il rouait de coups ses victimes le premier jour, les frappait le lendemain sur les blessures de la veille. Le troisième jour il tapait sur les mêmes plaies. Peu résistaient. Il lui arrivait d'assommer un prisonnier à coups de pied, de poing et même de chaise. N'importe quel objet traînant à sa portée, un simple crayon, pouvait se transformer entre ses mains en instrument de torture. Parfois il se lassait brusquement, appelait alors « l'électricien », demandait « le réchaud » ou menaçait de « la baignoire » au « troisième étage ». Il se vantait, pour ce dernier supplice, de ne pas toucher un cheveu de la tête de ses victimes : menottées et enchaînées, elles étaient plongées « le temps qu'il fallait » dans une baignoire où fondaient des pains de glace, toutes fenêtres ouvertes, particulièrement en plein hiver. Le jour suivant, Delage était capable de faire asseoir le rescapé dans un fauteuil, de lui offrir des cigarettes et de lui servir lui-même le café. Il entamait la conversation, comme entre « gens de bonne compagnie », félicitait le captif pour son courage, le faisait penser à la vie, à la famille, à la liberté, pour mieux lui sauter à la gorge et l'étrangler.

Le 17 juillet 1944, au moment où elle fut propulsée brutalement dans le bureau du *Scharführer* Delage, le pire endroit où l'on puisse se trouver à Marseille, Ginette ignorait qu'elle avait été prise dans un gigantesque coup de filet. Au début du mois, la trahison de Maurice Seignon de Possel-Deydier – connu comme « Noël » dans la Résistance, devenu « agent Erick » pour la Gestapo – avait eu des conséquences dramatiques : l'homme avait livré à Delage un organigramme quasi complet des maquis dans la région sud-est. L'obstiné travail de fourmi du SS et de ses sbires – filatures, menaces, enquêtes suite à dénonciations, arrestations, assassinats, tortures, corruption – avait fait le reste : en quelques jours, trente hommes et six femmes furent arrêtés, dont Ginette Guy.

Pour l'instant, celle-ci ne savait rien du sort de ses camarades. Elle craignait que plusieurs d'entre eux ne soient tombés dans la souricière tendue rue de La Palud. Mais quoi qu'il en soit, face à Delage, elle était seule. Aucun secours ne viendrait.

Le SS fit signe à Gueule-en-or de lui enlever les menottes. Et tandis qu'elle se frottait les poignets, debout devant elle, il tournait et retournait la carte d'identité qui lui avait été remise.

– Mademoiselle Guy ? Ginette Guy ? C’est bien cela ?

– Oui, c’est bien moi.

– Née à Lézignan. Domiciliée à Toulouse ?

– Oui.

– Alors qu’est-ce que vous faites ici ?

Tout à coup, il s’était mis à hurler. Elle sursauta, ou plutôt même, elle exagéra son sursaut. Elle avait peur, mais elle voulait qu’il la croie terrorisée. Elle reprit d’une petite voix :

– J’étais à Lyon pour chercher du travail, mais je n’ai rien trouvé. J’ai rencontré un jeune homme à la piscine, il m’a donné rendez-vous ici, à Marseille.

– Ah oui ? Comme ça ? C’était qui ? Il ressemblait à quoi ?

– Un jeune homme blond…

D’instinct, elle inventait un personnage aussi éloigné que possible du physique ténébreux de Jean. Mais Delage continuait à crier :

– Vous vous payez ma tête ? Vous croyez que je ne sais rien ?

Puis tout à coup il se calma, revint s’asseoir derrière le bureau. Ginette remarqua qu’il boitait très légèrement, comme s’il basculait un peu du côté droit. Une jambe plus courte que l’autre ? Blessure de guerre ? Elle vit, ostensiblement posée à l’avant de la table, une liste où elle discerna presque toutes les « boîtes à lettres » marseillaises de son réseau. Delage voulait-il lui signaler que sa situation était désespérée ?

– Racontez-moi ça, reprenait-il, plus calme. Un jeune homme, donc, à la piscine…

Ginette parut se rasséréner, comme soulagée de revenir en terrain connu, vers sa bluette sentimentale. Elle était bien décidée à continuer de jouer, quoi qu’il arrive, son rôle de gamine fleur bleue et un peu gourde, qui ne savait rien, absolument rien de la Résistance. Elle ne devait pas laisser échapper l'ombre d'un indice qui pourrait donner au SS un fil sur lequel tirer, et d'aveu en aveu, constituer une bobine de renseignements. Pas un mot qui puisse mettre un seul de ses camarades en danger.

– Oui, répondit-elle, un beau garçon, avec des épaules larges de nageur, bien entraîné. Vous voyez ?

L'autre restait muet, tapotant la carte d'identité sur son bureau. Elle continua :

– Il m'a dit qu'il s'appelait Albert. On a parlé, on a sympathisé, j'ai eu l'impression… Il avait l'air de s'intéresser à moi. Enfin, je crois. Moi en tout cas, il m'a plu tout de suite.

– Donc ? Après cette intéressante rencontre ?

– Il devait aller à Marseille, moi aussi. Il m'a donné rendez-vous, mais comme je devais arriver avant lui, il m'a demandé si je pouvais d'abord lui rendre un petit service. Prendre une sacoche, comme une petite mallette, et la déposer chez un de ses amis. Je me suis dit que ce n'était pas grand-chose à faire et que, comme ça, j'aurais plus de chance de le revoir.

– Et vous vous êtes retrouvée à l'*Art marocain* ?

Le ton recommençait à monter. Ginette constata à nouveau qu'il parlait français sans une trace d'accent. Ce qui ne le rendait que plus redoutable.

– Oui, c'est l'adresse qu'il m'avait donnée.

– Il vous avait aussi donné un nom ? La personne à qui remettre le paquet ?

– Non, il m'a juste dit de demander le patron.

– Vous connaissiez le contenu du courrier ?

– Non, pas du tout, je n'ai même pas ouvert la sacoche.

Il s'était levé, avait refait le tour du bureau pour se retrouver tout près d'elle. Et tout à coup, il la frappa en plein visage, une gifle à lui dévisser les cervicales. Ginette sentit son cou osciller de droite à gauche, sa joue en feu. Elle le regarda avec stupéfaction, ses yeux noirs étincelant sous le choc et l'indignation. C'était la première fois que quelqu'un portait la main sur elle.

– Toi, tu as des yeux de terroriste ! Et tu sais ce qu'on leur fait aux terroristes ? Tu le sais ? Fusillés ! Si tu n'avoues pas, ce sera vite réglé, tu seras fusillée dans les quarante-huit heures ! Alors ? Tu n'as toujours rien à me dire ? Tu te promènes comme ça entre Lyon et Marseille, tu portes du courrier pour la Résistance, mais tu ne connais personne ? Tu ne sais rien ?

Elle avait repris son souffle :

– Je vous l'ai dit, je ne sais rien de tout ça. J'ai seulement rendez-vous avec un jeune homme.

– Où ? Quand ? Comment ?

– Demain mardi, au petit marché près de la rue Longue-des-Capucins.

– Très bien, tu y seras. Et nous aussi. Je te préviens que tu n'as pas intérêt à te moquer de moi. Personne ne résiste à Delage ! Tu as bien compris à qui tu avais affaire ? Ici c'est la Gestapo ! Gallina !

De nouveau, il hurlait. Gueule-en-or réapparut.

– Celle-là, tu me la boucles au septième étage. Et tu ne la lâches pas. Demain matin, on ira se promener.

L'ascenseur, jusqu'à l'étage des chambres de bonne. Gueule-en-or la menant par le bras comme une criminelle. Une porte où était ménagé un guichet. Des verrous qui grincent. Une pièce sombre, à peine éclairée par un rayon du soleil couchant qui se glisse entre les planches disjointes fixées à la fenêtre.

– Mais qu'est-ce que tu fais là ?

Une très jolie jeune fille brune, les traits délicats, encore maquillée, encore élégante, incongrue en ce lieu sordide, s'était levée d'un bond, stupéfaite, en la voyant entrer. Un visage ami, celui d'un « courrier » comme elle, que Ginette avait croisé dans plusieurs planques… Elles tombèrent dans les bras l'une de l'autre et eurent toutes deux la présence d'esprit de se glisser à l'oreille leur vrai prénom :

– Ginette.

– Janine.

Pas question d'utiliser leurs noms de guerre, connus des membres du réseau. Des gardiens pouvaient les guetter, une moucharde avoir été introduite dans le groupe de prisonnières. S'habituant à la pénombre, Ginette vit qu'elles étaient cinq dans cette chambre-cellule visiblement réservée aux femmes. Elle s'assit près de Janine, sur une espèce de paillasse qui devait servir de matelas.

– Qu'est-ce qui s'est passé ? chuchota Janine, très bas.

– Tout à l'heure, rue de La Palud. Et toi ?

Janine baissa encore la voix, pour que personne ne risque d'entendre :

– Hier, quai Rive-Neuve. Ils avaient eu Rubens la veille, je n'ai pas été prévenue, ils m'attendaient. J'ai l'impression qu'ils ont coffré presque tout le monde. Aujourd'hui j'ai entendu des cris, j'ai croisé Jourdan qui revenait d'un interrogatoire avec un autre, je n'ai pas eu le temps de voir, peut-être Borelly.

– Tu es passée chez Delage ?

– Oui, au début de l'après-midi. Il était fou de rage.

Un de ses types s'est fait descendre ce matin à Aix-en-Provence. Un nommé Tortora, quelque chose comme ça… Antoine, je crois. Delage hurlait au téléphone qu'il voulait cent otages, qu'ils allaient tous y passer… Et toi ?

– Je viens de le voir. J'ai prétendu que j'avais un rendez-vous demain dans Marseille… Ils vont y aller avec moi.

Janine lui pressa la main, murmurant :

– Fais attention…

Ginette hocha la tête. Elle tremblait.

Elle savait bien que personne ne se montrerait au rendez-vous. Elle l'avait inventé pour conforter sa fausse histoire d'amoureuse mais surtout, espérait-elle, pour créer l'occasion de s'enfuir. Elle avait choisi un lieu fréquenté où elle pourrait peut-être se perdre parmi la foule, et filer en courant vers les ruelles où les grosses tractions auraient du mal à la suivre.

Le lendemain, Delage avait mobilisé pas moins de deux voitures pour l'accompagner. Lui-même était de l'expédition et l'avait prévenue :

– N'essaye pas de t'évader car je tire très bien. La semaine dernière encore… À deux cents mètres je ne loupe jamais personne. Je suis boche, moi !

Il sembla à Ginette que le trajet de la rue Paradis au cours Lieutaud, en passant par la large avenue Edmond-Rostand et le boulevard Peyral, durait une éternité. Par la fenêtre de la portière, elle apercevait les passants qui cheminaient le long des trottoirs, les ménagères chargées de leurs cabas, des lycéennes sortant de classe, des enfants qui poussaient du pied un ballon un peu aplati. Elle ne savait rien de leur vie, mais ils étaient libres, ils allaient et venaient à leur guise, ils rentreraient chez eux à la fin de la journée. Un regret brûlant lui labourait la poitrine. La voiture passa à proximité de la rue de La Palud. Oh si seulement elle avait pu revenir en arrière, retourner chez l'oncle Eugène, ne pas sortir lors de ce jour fatal ! Que faisait-elle, encadrée par ce SS et ces miliciens à la gueule patibulaire ? Dans quoi s'était-elle fourvoyée ? Ce n'est pas ma place, se disait-elle, je me suis trompée, tout ça me dépasse, Eugène avait raison, j'ai peur, je ne suis pas courageuse, oh mon Dieu, je ne suis pas courageuse, j'ai tellement peur. Et elle ne savait pas que le courage était précisément là, dans cette lutte terrible avec sa propre peur.

Autour de la petite place, les gestapistes se postèrent aux quatre points cardinaux. Ginette, libre en apparence, se trouvait placée au centre d'une cible que les types prêts à tirer ne quittaient pas des yeux. Elle marchait lentement le long des étals, petite silhouette anonyme parmi les promeneurs et les chalands. Elle examinait les allées du marché, se retournait parfois en direction de Notre-Dame-de-la-Garde, en profitait pour voir si la surveillance ne se relâchait pas. Elle espérait un incident qui détournerait l'attention des cerbères, guettait un mouvement à une terrasse de café toute proche que l'on savait fréquentée par la Gestapo et ses indics. Peut-être, aujourd'hui, l'un d'entre eux ferait-il signe à Delage ou à un de ses acolytes, provoquant un moment de distraction ?

Mais non, rien ne bougeait de ce côté-là. Tenter quand même sa chance ? Se jeter dans la prochaine ruelle et filer à toutes jambes… Ils lui tireraient dessus. Delage avait dit qu'il ne la raterait pas. Ce risque, elle se sentait prête à le courir. C'était aussi une manière d'échapper à l'horreur qui l'attendait rue

Paradis. Mais une autre possibilité l'épouvantait : la lente agonie, sans secours ni morphine, car ils avaient la réputation de ne pas soigner les blessés. Ils pouvaient la laisser là, sur le pavé, à se vider de son sang. Ou la ramener rue Paradis, estropiée et hurlant de douleur, jusqu'à ce qu'elle parle, jusqu'à ce qu'elle meure à petit feu.

Rien ne se produisit. Aucune diversion. Finalement, Maurel se dirigea vers elle et la poussa vers la voiture. Depuis un moment, Delage s'impatientait et frappait ses bottes à petits coups de cravache nerveux.

– On rentre à la maison ! siffla-t-il.

À peine arrivés rue Paradis, il la fit monter directement dans son bureau. Cette vaste pièce lambrissée qui en d'autres temps avait dû abriter un salon de musique ou une bibliothèque.

– Alors ? Il n'est pas venu ?

Ginette ouvrit ses mains vides, désolée.

– Non, reconnut-elle, il n'était pas là. Il s'est peut-être moqué de moi…

Mais déjà Delage hurlait, le poing levé :

– C'est toi qui te moques de moi ! Depuis le début tu ne m'as raconté que des blagues, tu es une menteuse, et maintenant tu vas parler !

– Mais que voulez-vous que je vous dise ? Il vous a peut-être repéré, vous lui aurez fait peur.

– Ah oui ? Je vais te montrer qui devrait avoir peur ici ! Tu me dis pour qui tu travailles ou je te brûle, et je fais déporter toute ta famille !

Elle le regarda sans comprendre. Que voulait-il dire par « je te brûle » ? À quel supplice pensait-il ? Il reprenait :

– La famille Guy à Lézignan… Ils ne seront pas

difficiles à trouver. Là où tu es, tu ne vas pas les prévenir. Je peux les faire coffrer demain, hop, en route pour l'Allemagne. Et toi, une balle dans la tête !

– Mais pourquoi ? Pourquoi faites-vous ça ? Mes parents ne savent même pas que je suis à Marseille. Vous aussi, vous devez avoir des parents, vous ne voudriez pas qu'ils soient traités comme ça.

Bizarrement, il se tut, elle ne s'y attendait pas. Cette brute assoiffée de puissance, ce gangster sans foi ni loi pouvait-il se laisser tenter par une discussion ? Delage se rassit à son bureau et répondit comme s'il reprenait une conversation ordinaire :

– Ma mère et ma sœur ont été tuées dans un bombardement, alors vous savez…

Il secoua la tête, comme pour rejeter loin de lui une pensée importune. Il ajouta :

– Je n'ai rien à perdre.

– On a toujours quelque chose à perdre. Vous avez sûrement d'autres personnes auxquelles vous tenez et qui tiennent à vous. Vous pouvez changer de route.

Il la regarda, avec au fond de ses yeux insensibles, quelque chose qui ressemblait à de l'étonnement.

– Hier, j'ai perdu un de mes hommes les plus proches. Abattu par un de vos terroristes abrutis, un de ceux qui ne comprennent rien à l'intérêt de votre pays. Antoine Tortora, ça vous dit quelque chose ?

Ginette jugea bon de ne pas signaler qu'elle avait entendu ce nom ici même, rue Paradis. Elle secoua la tête. Delage la regarda bien en face :

– C'est la guerre, vous comprenez ça ? Il faut tuer ou mourir. Donc maintenant, assez perdu de temps. Vous allez me raconter bien gentiment votre histoire. Vous travaillez pour qui ?

Tant qu'il usait du vouvoiement, elle savait qu'elle

avait gagné un moment de répit. Elle en revint à sa ligne de défense, l'ignorance :

– Je vous l'ai dit, je ne travaille pour personne. Je ne fais pas partie de la Résistance. J'avais seulement rendez-vous avec un garçon qui m'a posé un lapin.

– Donne-moi son nom et je te laisse tranquille. Son nom ?

– Albert.

– Albert comment ?

– Il ne me l'a pas dit.

Maintenant, il répétait la question, toujours la même. Il frappait à chaque dénégation. Elle persistait.

– Tu veux passer dans le bureau d'à côté ? C'est ça ? Tu fais l'idiote ? Tu parles ou je te pique ? Tu comprends ? Une simple piqûre et ta tête devient grosse comme un ballon, et là, tu racontes tout, crois-moi.

Elle fit semblant de s'évanouir, renversée sur sa chaise.

Il y eut une pause.

– Je te le dis dans ton intérêt. Tu m'avoues ce que tu faisais dans la Résistance et on s'arrange. Maxence ? Tu connais ?

Ginette resta muette, faisant non de la tête. Elle baissait les yeux, pour que l'autre ne perçoive pas son mensonge. Car oui, elle savait qui était Maxence. Aux dernières nouvelles il se trouvait à Aix-en-Provence. Avait-il été arrêté ?

– Je vais te rafraîchir la mémoire. Parce que moi, Maxence, je le connais. Max Juvénal. Avocat. Socialiste. Comme tu vois, j'ai son vrai nom et il ne m'échappera pas. C'est à cause de lui que Tortora s'est fait descendre. Si tu m'aides, si tu me dis où il se cache, tu sors d'ici.

– Je voudrais bien, mais je ne sais pas qui c'est.

Une gifle. Une autre.

– Toute la bande est bouclée, tu n'as pas compris ? Cartier, Dubosc, Gaillard, Jourdan, et même Levallois ! Je les ai eus et ils sont tous ici. Et ils parlent, je te prie de le croire. Je suis au courant de tout. Alors tu me dis qui est ton chef, où se trouve Maxence, et on en reste là.

Ginette, effarée, venait d'apprendre ainsi que même Levallois, le chef régional des FFI, était entre les mains de Delage. Ou bien ce dernier bluffait-il pour la déstabiliser ? Les malheureux tombés entre ses pattes « parlaient-ils » ? Ou tentait-il de le lui faire croire pour briser son mutisme ?

On toqua à la porte, un militaire entra, apportant une liasse de papiers et, bizarrement, une corbeille de fruits : des abricots dorés, les mêmes que ceux de l'unique abricotier du jardin de Lézignan, qui tous les ans croulait sous le poids de sa récolte ! Leur parfum incongru dans ce lieu de douleur et de mort parvint aux narines de Ginette comme une réminiscence poignante d'un monde disparu. Sa vie, sa vie d'avant ! Sa vie de petite fille aimée !

– Ils sont à point, commandant, fit le gars avec un lourd accent marseillais, content de lui.

C'était un Français, en uniforme allemand. Oui, ils allaient jusque-là. D'ailleurs, depuis qu'elle était arrivée rue Paradis, à part Delage et Gueule-en-or, Ginette n'avait pratiquement eu affaire qu'à des Français. Dans cette ruche qu'était le siège de la Gestapo, il y avait peut-être des dizaines d'employés français vendus au Reich, zélés, empressés, ignobles.

La diversion semblait avoir momentanément détourné l'humeur noire de Delage. À moins qu'elle ne l'ait fait passer sans transition à la phase suivante de son interrogatoire… Le SS prit une chaise, s'assit du côté de Ginette qui s'était redressée, lui tendit la corbeille de fruits, se servit après elle, avec une politesse parfaite.

– Reprenons les choses calmement. Je vous assure que nous n'en voulons pas aux jeunes filles naïves. D'accord, vous vous êtes laissé entraîner, vous vouliez bien faire, je peux comprendre. Dites-moi la vérité et je vous donne ma parole qu'il ne vous arrivera rien. Le nom et l'adresse de votre chef, et je vous laisse tranquille. Je vous relâche aussitôt. Ce soir, vous rentrez chez vous. Je le répète : vous avez ma parole.

Des larmes irrépressibles montèrent aux yeux de Ginette. L'autre avait-il perçu la bouffée de regrets qui l'avait assaillie ? Le désir de vivre qui revenait ? L'envie de retrouver l'été, la jeunesse, l'espoir ? Oui, forcément, il le savait, il savait parfaitement ce qu'il faisait. Et l'essentiel était de ne pas se laisser aller, de ne lui accorder aucune confiance. Face à lui, Delage voyait la petite Ginette meurtrie et terrifiée, et pourtant, il y avait en elle une autre fille, invisible, lucide, qui se battait pied à pied.

Ne pas baisser sa garde, ne pas oublier qu'il mentait, il mentait sur tout. Elle avait joué l'enfant, la nigaude énamourée, elle ne devait pas dévier d'un pouce. Garder son air ahuri et désolé. Il fallait gagner du temps, lasser la curiosité et la suspicion de Delage. Arriver à le persuader qu'il ne tirerait rien d'elle parce qu'elle ne savait rien. L'abricot sucré lui avait redonné un peu de force. Elle tenta une autre approche :

– Vous me dites que vous faites tout ça parce que c'est la guerre. Mais l'Allemagne a perdu la guerre. Vous le savez bien. Plus personne n'y croit. C'est une question de semaines. Peut-être moins. Les Américains vont arriver. Vous ne pouvez pas vous battre contre tout le monde. Pourquoi est-ce que vous persistez ? Même maintenant, vous pourriez négocier. Vous pourriez préparer l'avenir.

De tels propos risquaient de réveiller la fureur du SS. Rien ne se produisit. Il alluma une cigarette, lui en proposa une. Du vrai tabac, pas l'infâme bouillie de chanvre et de feuilles séchées qu'on reniflait si souvent.

– Vous êtes vraiment des crétins, fit-il, très détendu. Des idéalistes imbéciles. Vous n'avez rien compris. Il faut vous allier avec nous, au lieu de nous faire la guerre. Vous et vos maquis, vous n'avez aucune chance ! Les Anglais et les Américains nous rejoindront, et ils vous lâcheront en rase campagne. L'ennemi commun, c'est le bolchevisme. Mettez-vous bien ça dans la tête. Ça passera avant tout. Les alliances vont être renversées, et la défaite allemande n'aura pas lieu ! Jamais !

– Vous y croyez vraiment ?

– Évidemment. C'est pourquoi la France doit rester avec le Reich. Sinon, balayée ! Vous voyez, ma femme est française. J'aime la France, et depuis que je suis ici, je travaille à la collaboration. Tout ce que je souhaite, c'est m'entendre avec les Français.

On entendit un fracas soudain dans le couloir. Des braillements en allemand, des protestations indistinctes, des coups dans les murs, un cri qui s'acheva en gémissement. Delage se leva, écrasa son mégot par terre.

– Mes clients suivants arrivent.

La porte s'ouvrit sur Maurel et Gueule-en-or qui encadraient deux hommes au visage tuméfié, la chemise ensanglantée collée au corps. Dubosc ? Bernard ?

Ginette, horrifiée, n'était même pas sûre de les reconnaître. Delage fit signe à Gueule-en-or :

– Ramène-la au septième étage.

Il planta son regard glacé dans les yeux de Ginette :

– Votre petite histoire de rendez-vous galant, je n'y crois pas. On n'a pas fini tous les deux…

Elle le revit en effet à plusieurs reprises. Il n'avait pas renoncé à lui faire avouer ce qu'elle savait, ou ce qu'il pensait qu'elle devait savoir. Il jouait de toutes les armes qu'il maniait avec tant de dextérité : intimidation, persuasion, promesses d'indulgence, hurlements, coups… Elle, elle s'accrochait à son rôle de candide, ne sourcillant pas quand il répétait les noms des membres du réseau déjà tombés, baissant les yeux quand elle sentait que l'éclat persistant de son regard l'exaspérait, feignant de ne pas connaître les autres détenus à qui on la confrontait.

Elle lui mentit, lui joua la comédie, tenta de l'influencer, de le manipuler et même de le « retourner ». Elle essaya de faire appel à sa logique et à son instinct de conservation – la défaite allemande était alors si proche, les cartes pouvaient très bien changer de mains, le bourreau devenir prisonnier –, et même à sa conscience. Elle faisait mine de s'intéresser à son sort, à titre personnel, tout en se présentant elle-même comme totalement étrangère au combat titanesque dont la fin approchait. Mais elle avait affaire à un expert : manipuler et retourner, c'était la grande spécialité du chef SS.

Si ma mère m'a relaté les paroles échangées – je n'en ai oublié aucune – lors de ces séances avec Delage du 17 au 20 juillet 1944, elle ne m'a rien dit de ce qu'elle avait subi dans sa chair, dans son intégrité. Sauf une fois, une unique fois, ces mots lâchés, comme venus d'ailleurs : « C'étaient des sadiques, ils se servaient de tout… Il y avait, enfermées avec moi, une mère et sa fille. Ils battaient la mère devant la fille, puis la fille devant la mère. Pour les faire parler… »

Des phrases gravées en moi avec la force d'un effroi définitif. Des sadiques… Les récits d'interrogatoires subis au même moment par des prisonniers de la rue Paradis et consignés dans plusieurs archives le confirment. Et ils se ressemblent tous, c'est ce qui me permet de les reconstituer ici. Tel celui d'Éliane Eldin, dite « Charlotte », arrêtée elle aussi au magasin *À l'Art marocain*, qui passa entre les mains des mêmes gestapistes quelques jours auparavant.

Qu'était-il exactement arrivé à Ginette ? Je ne lui ai jamais posé la question. Se serait-elle confiée ? Aurait-elle accepté de livrer le secret verrouillé dans ses souvenirs les plus sombres ? Je n'ai rien demandé. Non parce que je n'ai pas osé le faire. Mais parce que, de son vivant, mon cerveau a refusé de seulement concevoir cette question, il a refusé d'envisager cette possibilité. Un rejet si total, si opaque, qu'il ne relevait en rien d'une faille de la raison, mais d'une incapacité absolue, radicale, à entrevoir cet abîme. Je l'aimais trop.

Un an après la mort de Ginette, Lucie, sa meilleure amie et ma marraine, prononcera cette phrase : « Elle a beaucoup souffert. Elle était revenue très ébranlée de son séjour à la Gestapo. Elle avait été molestée. »

Molestée ? Je ressens encore, avec une netteté inaltérable, l'épouvante qui m'a alors tétanisée de la tête aux pieds. Molestée… Quel sens fallait-il donner à ce mot ? Face à Lucie, une fois de plus j'ai gardé le silence, vaguement hoché la tête, comme si je savais.

Douze ans après, j'ai finalement interrogé Robert, le frère de Ginette. « Ils l'avaient battue, ça oui… » a-t-il reconnu en baissant la voix. Il s'est arrêté là. Cette fois encore, je n'ai pas insisté. Je suis restée silencieuse, immobile au bord du même abîme. Voulais-je vraiment savoir ?

Ce livre, c'est l'histoire d'un courage. Je découvre en l'écrivant que c'est aussi l'histoire d'un déni : le mien, l'un de ces voiles que nous jetons entre nous et la réalité, quand nous approchons trop près de l'indicible, pour moins souffrir et continuer à vivre. Et je réalise que, toute ma vie, j'ai porté au fond de moi une petite fille qui pleure et supplie : « Ne faites pas de mal à ma maman ! »

16

La rançon

Eugène Richard, l'oncle de Ginette, n'avait jamais été un lâche. En cet été 1944, à quarante-six ans, il restait au fond de lui le gamin de toujours, rieur et casse-cou, qui aimait se lancer des défis. Celui qui, autrefois, faisait le tour du phare de La Nouvelle au bout de la jetée, en pleine tempête et à la rame, ou plongeait dans l'eau du haut du pont du chemin de fer (un jour, ayant mal calculé son élan, il s'était profondément fendu le scalp) ; ou qui, jeune attaquant de rugby fonceur et intrépide, rentrait à la maison couvert de bleus et de bosses. Cette fois, l'adversaire était d'une autre trempe, Eugène ne l'avait pas choisi et il mesurait le danger.

Le soir du 17 juillet, quand Ginette n'était rentrée ni dîner ni dormir, il avait compris. Ce qu'il redoutait était arrivé. Elle avait été arrêtée… Le lendemain, il avait fait avec Alice le tour des commissariats, et appris que sa nièce était détenue rue Paradis, aux mains de la police allemande. Alors, il était rentré à la maison, avait revêtu son costume sombre, celui des grandes occasions, agrafé à sa veste toutes ses décorations de 14-18 qu'il ne portait jamais. Et il s'était rendu seul au siège de la Gestapo.

Le visage fermé mais sans trembler, il avait sonné

à la porte du 425, adresse sinistre où l'on pouvait entrer mais d'où l'on risquait fort de ne jamais ressortir. Ce lieu dont on disait que, la nuit, les pompes funèbres venaient y embarquer des cadavres, quand ceux-ci n'étaient pas purement et simplement jetés à la mer, du côté de la plage des Catalans, là où le courant avait vite fait de les emporter. En se présentant comme l'oncle de Ginette Guy et en venant plaider sa cause, Eugène pouvait être accusé de complicité, ou gardé en otage. On voyait cela tous les jours.

Dans l'ancienne maison de concierge qui servait de poste de contrôle, il se retrouva face à un jeune militaire en uniforme vert-de-gris, le brassard à croix gammée sur la manche. Le soldat gueula aussitôt, sans laisser à Eugène le temps d'ouvrir la bouche :

– *Papiere ! Schnell ! Was wollen Sie hier ?* Qu'est-ce que vous voulez ?

En dépit de cette brutale entrée en matière, Eugène, tout en présentant ses papiers, s'efforça de garder une attitude polie et digne :

– Je suis M. Eugène Richard, inspecteur central des douanes de Marseille. Je souhaite avoir des renseignements sur ma nièce, Mlle Ginette Guy. On m'a indiqué au commissariat qu'elle se trouvait chez vous. C'est forcément une erreur.

L'autre le regarda d'un air méfiant, lui rendit sa carte d'identité d'un geste sec :

– Demandez à la section VI, renseignements généraux. Numéro 401 dans la cour.

Comme Eugène remerciait d'un signe de tête avant de franchir la porte indiquée, l'autre asséna d'un ton sans appel :

– Personne n'est ici par erreur. *Niemals !* Jamais !

C'est ainsi qu'Eugène se retrouva au rez-de-chaussée du grand bâtiment qui abritait non seulement la section des renseignements généraux, mais aussi la section IV, celle de Delage. Il ignorait qu'au même instant, Ginette était enfermée dans une mansarde sous les toits, dévorée d'angoisse à l'idée de son prochain interrogatoire. Il entendait des hurlements en allemand, et dans le lointain, des cris indistincts, peut-être des plaintes, suivies de silences plus inquiétants encore. Il veilla à ne montrer aucune émotion. À l'entrée, derrière un long bureau, étaient assis côte à côte deux préposés, des Français en civil. Petits et gras, le ventre débordant sur le pantalon, la veste largement ouverte sur les pistolets glissés dans des harnais : on aurait dit des sosies. À l'évidence, des miliciens ou des truands du PPF. Sans cesser de se balancer négligemment sur les pieds arrière de sa chaise, l'un d'eux demanda à Eugène, avec l'accent traînant des Corses :

– Alors vous cherchez quelqu'un ? Elle s'appelle comment, la petite ?

– Guy. Ginette Guy. Ça ne peut être qu'une erreur. Elle est très jeune, presque une enfant, elle n'a rien à se reprocher.

Les deux hommes se regardèrent, un sourire narquois aux lèvres comme si Eugène leur avait raconté une bonne blague. À ce moment-là, un troisième personnage approcha, claudiquant et traînant la patte, le pantalon relevé d'un côté, un épais bandage autour de la cheville.

– Déjà de retour, Charlot ? fit l'homme à l'accent corse.

– Oh, ils ne m'ont pas eu, les salopards, un peu égratigné, c'est tout, mais je suis toujours là. Pour Antoine Tortora, vous avez su ?

Les deux autres hochèrent la tête, l'air grave. L'affaire était visiblement d'importance.

– Je n'ai jamais vu le patron aussi furieux. Y en a qui vont payer, je vous le dis. Il veut quoi, le monsieur ?

Il venait de remarquer la présence d'Eugène.

– Il cherche sa nièce. Une certaine… Ginette Guy, t'es au courant ?

Charlot venait à son tour de s'asseoir au bureau. Il tendit à Eugène une main molle que celui-ci fut bien obligé de serrer :

– Charles Olivieri, dit Charlot, dit Popolino, pour vous servir – il semblait ravi d'étaler cette liste de sobriquets. Oui, oui, elle est bien là, la petite Guy. Pour le moment on l'interroge, l'enquête suit son cours, et si elle a rien fait de grave, tout ira bien. La prison à Marseille, ou alors en Allemagne, faut voir. Sinon, ah sinon, si c'est plus grave…

Il se tourna vers ses deux collègues, goguenard, et porta deux doigts à sa tempe en mimant une décharge :

– Pan pan ! *Kaputt !*

Le feu au visage, Eugène tenta de parlementer :

– Ce n'est pas possible. Vous vous trompez. C'est une gamine, elle est incapable de… Enfin, il y a certainement moyen d'expliquer ce qui s'est passé. Je peux être garant… Il doit bien y avoir quelque chose à faire.

– Par exemple ?

Eugène sentit une petite ouverture :

– Je ne sais pas. Dites-moi. Je peux sûrement…

De l'autre côté de la table, il y eut un échange de regards, comme si les comparses se mettaient d'accord. Charlot adressa à Eugène un clin d'œil appuyé qui vira à la grimace, en frottant son pouce contre son index. De l'argent. Bien sûr. Racket et chantage, c'était la base de leur métier. Eugène hocha la tête, l'air d'approuver.

La mine dégoûtée, le Corse haussa les épaules :

– Faut voir... Attendez demain, puis allez voir Simon. *Ne parleremu a Simon.*

« *Ne parleremu a Simon.* » Une phrase corse, célèbre dans tout Marseille, presque un dicton. Une affaire embarrassante, un coup tordu à arranger, un indésirable à écarter, un pot-de-vin à exiger, un poste lucratif à obtenir ? *Ne parleremu a Simon.* On en parlera à Simon. Simon Sabiani, le chef du PPF. L'homme des dockers et des patrons de la drogue, la canaille fasciste qu'Eugène avait décrite à Ginette, à peine deux jours auparavant.

De retour à la maison, Eugène tint conseil avec Alice. Celle-ci avait peut-être de douteuses fréquentations, mais aucune sympathie pour l'occupant. Demander l'aide de Sabiani ? L'idée révoltait Eugène. Alice lui fit entendre qu'il fallait en passer par là, il n'y avait aucun autre moyen d'intervenir auprès de la Gestapo.

– Va au siège du PPF. Ce n'est pas pire que d'aller rue Paradis... Essaye de voir Thomas Ricci, celui qu'ils appellent le grand Thomas. Quoique... j'ai entendu dire qu'il était parti en Allemagne, engagé dans la Wehrmacht. Alors demande peut-être Mariani, André Mariani.

Eugène repartit donc en direction de la Canebière, jusqu'au numéro 31 de la rue Pavillon. Un étroit bâtiment de quatre étages, coincé entre d'autres immeubles de la même époque, sali, noirci, la façade marquée par les traces d'une explosion récente, une attaque de la Résistance. Plusieurs fenêtres avaient été bouchées à la va-vite par des planches de bois. Des miliciens en chemise noire paradaient sur le trottoir, le béret sur la tête et la mitraillette en bandoulière. Ils étaient chargés de la sécurité du PPF et en profitaient pour terroriser les passants du haut en bas de la Canebière toute proche. Deux de ces malfrats barraient l'entrée, et pointèrent leur arme vers la poitrine d'Eugène. Il expliqua calmement venir voir M. Sabiani, pour affaire. Il était envoyé par M. Olivieri… On le laissa entrer.

Dans le vestibule, Eugène aperçut les lambeaux d'une affiche datant du 6 juin, le jour du débarquement : « L'État juif cherche à envahir l'Europe avec l'aide de ses mercenaires : Staline, Churchill, Roosevelt. » Autour de lui, le va-et-vient ne cessait pas, les portes des bureaux s'ouvraient et se fermaient sur des hommes en uniforme ou en civil, certains se saluaient bruyamment, d'autres s'isolaient pour discuter en catimini, quelques femmes à l'élégance tapageuse montaient et descendaient l'escalier. Des individus louches attendaient en bâillant, l'air désœuvré…

Eugène, pour sa part, savait très bien ce qu'il venait faire : il s'agissait pour lui de négocier une rançon. La seule chance de sauver la vie de Ginette. Il avait depuis longtemps compris que le PPF, la Milice, la mafia et la Gestapo étaient reliés par un réseau impossible à démêler, les crapules de la rue Paradis avaient pignon sur la Canebière comme dans les hôtels tenus par le milieu. Entre autres activités, les hommes de Sabiani faisaient la chasse aux réfractaires du STO, ne renonçant pas, même en cet été 1944, à recruter pour les usines allemandes. Eux ne risquaient rien : une adhésion au PPF valait exemption du travail obligatoire. Lâches et planqués ! pensait Eugène. Il savait aussi que, contre argent, les mêmes laissaient parfois filer leur proie. Ça dépendait de qui payait le mieux : la Gestapo pour un nouvel ouvrier expédié en Allemagne, ou la famille du jeune homme pour sa liberté. Eugène avait entendu dire que le prix pour une fuite discrète pouvait être de 5 000, 10 000, 15 000 francs… Il était prêt à payer.

L'homme qui le reçut arborait l'accoutrement typique des caïds marseillais : veste croisée aux rayures voyantes, pochette blanche plus ou moins bien pliée, cheveux gominés, mégot coincé au coin des lèvres. Eugène demanda à voir Sabiani, il lui fut répondu que c'était tout à fait impossible, Simon était beaucoup trop occupé. Mais l'homme en costume de maquereau voulut justifier de sa compétence, et montra la fameuse carte jaune, frappée de l'aigle à croix gammée et du tampon de la Gestapo, le laissez-passer permanent qui lui donnait explicitement « le droit d'arrêter toute personne n'ayant pas répondu à l'invitation des services administratifs allemands et français concernant l'obligation de main-d'œuvre ». Avec cette précision : « Tous les services administratifs allemands et français sont priés de l'assister et de le protéger en cas de besoin. »

Le permis des assassins, se dit Eugène. Mais il n'avait pas le choix. Il exposa de son mieux la situation de Ginette, insista sur sa jeunesse et son innocence…

L'autre l'écoutait patiemment, comme s'il cherchait à évaluer l'avantage qu'il pourrait tirer de la transaction. Au bout d'un moment, il se leva :

– Je vais voir. Attendez-moi ici.

Le temps passa. Une pendule battait son rythme lent, exaspérant. Enfin l'homme revint, reprit sa place et lâcha simplement :

– Cinquante mille.

Eugène dut le regarder avec des yeux ronds, car il précisa :

– Cinquante mille francs. Pour qu'elle ne soit pas fusillée.

C'était une somme considérable. L'équivalent d'au moins six mois de salaire pour un inspecteur des douanes. Eugène bredouilla :

– Mais… mais… c'est énorme… Enfin… vous ne pouvez pas la faire libérer ?

Il faillit dire « à ce prix-là ! », mais se retint. Il ajouta juste :

– Elle n'a rien fait.

L'autre leva les yeux au ciel, déjà lassé de la discussion :

– Vous rêvez, monsieur. J'ai pris mes renseignements. Mlle Guy est entre les mains de la Gestapo pour faits de résistance. Autant dire de terrorisme. Le mieux qui puisse lui arriver, c'est la prison ou la déportation. Autrement… Enfin, comme on dit, tant qu'il y a de la vie… Faites confiance à Simon.

Il se leva et conclut :

– Cinquante mille. À prendre ou à laisser.

– Vous les aurez, répondit Eugène froidement. Je m'y engage.

L'autre marchait déjà vers la porte. Il se retourna :

– Ne traînez pas. De nos jours, une balle dans la tête, c'est vite arrivé.

Eugène le suivit vers la sortie. Il n'y avait plus rien à ajouter. Il pensait à ses économies, à celles d'Alice, au banquier qui était son interlocuteur habituel, à un ou deux amis sûrs. D'une manière ou d'une autre, il rassemblerait cette somme et dès demain la remettrait à la bande de Sabiani.

Dans le corridor, il vit venir face à lui un homme

un peu voûté, escorté par deux miliciens mitraillettes en avant, visiblement chargés d'assurer sa protection. Chemise noire et culotte de cheval, c'était lui, Sabiani en personne. Un visage maigre, creusé, le cheveu rare et le regard fixe. Le fameux Simon, la gueule cassée, le héros revenu de la Grande Guerre avec un œil en moins et la mâchoire brisée, couvert d'honneurs et de médailles… Comment ce patriote zélé, ce soldat valeureux surnommé autrefois « le Bayard corse », avait-il pu devenir le chef de gang trempant dans tous les crimes de la Gestapo ? Eugène eut envie de cracher par terre, mais il passa le plus discrètement possible, en regardant ailleurs.

Le soir du 20 juillet, après trois jours d'interrogatoire rue Paradis, Ginette fut emmenée à la prison des Baumettes. Elle fit le déplacement en car, avec un groupe de prisonniers parmi lesquels Janine, sa complice du réseau, ainsi qu'un autre « courrier » de Lyon nommé Prado, et une jeune fille qu'elle connaissait sous le nom de Brigitte. Ginette ignorait tout du sort que lui réservait la Gestapo, il lui semblait même probable que la décision n'ait pas encore été prise. Pour l'instant, elle était vivante.

Lors du dernier interrogatoire, Delage avait fini par lui concéder que, s'il ne la faisait pas fusiller, il l'enverrait travailler en Allemagne, dans un camp ou une usine. Spontanément, Ginette s'était exclamée, avec l'accent pur de l'innocence :

– Oh, s'il vous plaît, je préfère aller dans un camp ! Au moins je ne serai pas toute seule, dans ce pays dont je ne parle pas la langue.

Il lui avait alors semblé qu'une ombre noire obscurcissait d'un coup le regard glacé du SS. Ginette avait compris qu'elle avait touché à quelque chose d'effroyable dont elle ignorait tout. Que se passait-il, là-bas, à l'Est, dans le monde des déportés ?

Prisonnière aux Baumettes… Ginette n'avait jamais imaginé se retrouver un jour derrière les barreaux. À quelques kilomètres au sud de Marseille, la prison était un bâtiment neuf, inauguré cinq ans auparavant, et devenu depuis l'annexe de la Gestapo, déjà marqué par la crasse, la terreur et la détresse que faisaient régner les nouveaux maîtres de la cité. Ginette et ses compagnons d'infortune avaient franchi un, puis deux, puis trois murs d'enceinte. D'énormes portes de fer, renforcées de barreaux, avaient été ouvertes devant eux, aussitôt refermées dès qu'ils pénétraient dans le passage suivant. La manœuvre fut répétée à maintes reprises. Jamais deux portes n'étaient ouvertes en même temps, chaque intervalle de corridor se transformait en cage.

Le bâtiment principal – celui, en tout cas, où Ginette serait désormais logée – présentait l'aspect d'une hideuse cathédrale : un quadrilatère de plusieurs étages ouverts sur une nef centrale, immense espace vide autour duquel couraient des alignements sans fin de cellules. Toutes donnaient sur des cursives fermées de balustrades, reliées d'un côté à l'autre de l'espace béant par des filets et des grillages. Tandis qu'elle avançait le long des portes percées de judas, Ginette fut saisie par l'impression d'être placée au centre d'une énorme caisse de résonance, une chambre d'écho où le moindre pas, le plus discret chuchotement, et, sans interruption, le grincement des gonds mal huilés, le cliquetis des clés, le claquement sans appel des verrous, tout ce sinistre fracas de l'enfermement, rebondissaient d'un mur à l'autre, à l'infini. Le bruit était assourdissant. Elle fut poussée dans une cellule. Derrière elle, le verrou tourna trois fois.

Si le sang lui battait dans la gorge dès que le pas lourd d'un gardien ralentissait à proximité – chaque jour, des prisonniers étaient arrachés à l'abri relatif des Baumettes pour retourner rue Paradis –, le reste du temps Ginette reprenait courage. Au moins, elle n'était plus seule face à l'ennemi. Elle et Janine avaient retrouvé Éliane Eldin, une autre de leurs camarades. Jusqu'alors, Ginette ne la connaissait que sous le prénom de Charlotte. À quelques jours près, elles avaient le même âge, nées en juin de la même année. Dans leur cellule, elles firent mieux connaissance et resserrèrent les liens noués dans la clandestinité. Ginette aimait Éliane, son beau regard pensif, son intelligence et son courage. La jeune fille s'était engagée dans la Résistance à seize ans, en collant des affiches, des « papillons », ces petits messages qui encourageaient à la rébellion, puis elle avait distribué des tracts et des journaux. En mai 44, elle opérait comme agent de liaison des MUR, à l'intérieur de Marseille, ainsi qu'entre Marseille et Aix-en-Provence.

À petites phrases prudentes, Ginette, Janine et Éliane partagèrent les terribles moments vécus face à Delage, les humiliations et les souffrances qui – elles n'osaient pas le formuler ainsi, mais le ressentaient confusément – étaient autant de marques de leur force d'âme et de leur soif de justice.

Quelques jours après son incarcération, Ginette reçut un colis qu'Eugène avait réussi à lui faire parvenir : une robe, un gilet de laine, un peu de linge de rechange, et trois boîtes de conserve. Sardines, petits pois, haricots verts. Une merveille ! Son oncle avait certainement eu bien du mal à se les procurer. Ginette montra le trésor à ses camarades, aussi affamées qu'elle, car ce n'était pas la soupe claire qu'on leur apportait matin et soir, avec de rares légumes flottant tristement à la surface, qui pouvait leur remplir le ventre. Ginette les convainquit pourtant de mettre de côté les précieuses conserves.

– Les Baumettes, ça sert surtout de transit, expliqua-t-elle. Les gens ne restent pas bien longtemps… À un moment, on va être transférées, soit vers une autre prison, soit pour être envoyées en déportation.

– Soit pour être fusillées… fit Éliane à mi-voix.

– Je sais… Mais dans tous les cas, il va y avoir un transport. Et c'est là qu'on peut saisir une occasion. On sent bien qu'ils sont tous très nerveux, le débarquement approche.

– La pagaille, c'est notre meilleure chance, ajouta Janine.

– C'est ça, reprit Ginette. Il faudra être sur le qui-vive, tout le temps. Si on arrive à s'échapper, on devra se cacher, et on risque bien de ne rien trouver à manger pendant quelques jours. On doit pouvoir se débrouiller, ce serait trop bête de se faire reprendre pour ça…

Avec l'accord général, Ginette rangea donc les boîtes métalliques dans la sacoche qu'elle avait récupérée en quittant la rue Paradis et qui lui servait maintenant d'oreiller. L'objectif de l'évasion ne la quittait jamais. Chaque jour, elle faisait une séance de gymnastique pour se tenir prête à s'enfuir à toute vitesse au moment opportun. Elle sautait à la corde sans corde, courait sur place en levant haut les genoux, s'accroupissait sur ses mollets pour rebondir à pieds joints, se penchait en avant le dos bien droit en faisant des grands mouvements de bras d'un côté à l'autre pour entretenir son souffle et sa souplesse. Sentir ses muscles prêts à l'emploi lui procurait un vrai réconfort. Elle ne voulait pas mourir ici. Elle ne voulait pas finir la tête éclatée devant un peloton d'exécution. Elle voulait respirer à nouveau l'air de la liberté. Elle tenterait tout pour retrouver sa vie, sa vraie vie à elle, ne pas laisser ces salauds décider de son sort et plonger du même coup sa famille dans le désespoir. Elle refusait cette idée. Ils ne l'auraient pas.

Matin et soir, elle priait. Pour ses parents, son petit frère, sa grand-mère. Et pour Jean, dont elle ne savait rien depuis si longtemps. Que lui était-il arrivé ? Demeurait-il enfermé dans la section française de la prison Saint-Michel ? Tous les deux en prison, chacun de leur côté… Comme tout cela était absurde ! L'aimait-elle encore ? Pouvait-il y avoir un véritable amour si on ne se faisait pas confiance ? Elle, qui manquait tant d'assurance face au beau garçon insolent qui l'avait éblouie, se demandait parfois s'il était tout à fait digne d'elle. Mais elle écartait vite cette interrogation pour revenir à l'essentiel : la prison, ses amies, l'évasion.

Si Ginette n'avait rien confié à ses compagnes de son amour blessé, Janine, elle, parlait parfois de son fiancé, Renaud, un Parisien qui évoluait dans un milieu d'artistes. Il était plus âgé qu'elle, et cela la rassurait :

– Avec lui, je me sens en sécurité. Si je m'en tire, dès que la guerre sera finie, on se mariera.

Éliane souriait sans rien dire. Gardait-elle, elle aussi, un secret d'amour ? Ou remettait-elle le sentiment à plus tard ? Éliane était une indomptable. À chaque fois qu'un gardien passait à portée de voix, elle ne manquait jamais de lui lancer : « Faites attention à vous ! La Libération, c'est pour bientôt, et vous allez payer l'addition ! » En général, le gars haussait les épaules, méprisant.

Aux Baumettes, les prisonnières n'étaient quasiment encadrées que par des Français, la même racaille – Milice, PPF – que celle qui sévissait rue Paradis. Mais il y avait aussi celui que Ginette appelait « le vieux de la Wehrmacht », un militaire aux tempes grises et au visage triste, barré de rides profondes. Lorsqu'il ouvrait la porte de leur cellule, le geôlier enveloppait le groupe de jeunes filles d'un regard navré. Se demandait-il pourquoi il se retrouvait là, à garder des gamines ? Lui rappelaient-elles ses propres enfants ? Il tentait parfois d'entamer la conversation, secouait la tête d'un air mélancolique et répétait : « *Ach*, la guerre, *nicht gut, nicht gut !* » Comme un grand-père compréhensif, il s'efforçait de rendre de petits services, apportant quelquefois un morceau de savon, un rouleau de coton, car les malheureuses étaient privées de tout produit d'hygiène. Ginette regardait avec reconnaissance ce soldat usé qui n'aimait pas la guerre et qui aspirait au repos, emporté comme les autres par la folie du monde, mais encore capable d'humanité. Certains jours, il était remplacé par un jeune garçon, en uniforme lui aussi, aux joues rondes et aux yeux presque transparents. Parmi les rares soldats allemands que Ginette apercevait lors des promenades ou des distributions de nourriture, il n'y avait que des vieux fatigués et des adolescents dont la voix n'avait pas fini de muer. Le Reich s'épuisait.

Le garçon aux yeux clairs avait un bon sourire,

timide et enfantin. Un jour où il était en faction, il profita d'un moment où il se trouva seul avec Ginette et Éliane, pour leur tendre deux tomates dissimulées sous sa veste.

– Vous, faim ? demanda-t-il tout bas.

– Oh oui, firent-elles en chœur. Merci !

– Moi, j'habite avec famille française, reprit le soldat en guise d'explication. Jardin. Il y a jardin, tomates.

Il se donnait un mal fou pour s'exprimer en français, cherchant le mot juste dans son vocabulaire restreint. Ginette faillit le tutoyer, mais elle se ravisa et demanda poliment :

– Comment vous appelez-vous ?

– Willy.

– Moi, c'est Ginette. Et mon amie, Éliane. Vous avez quel âge ?

– Dix-huit ans… Attention !

Un bruit de pas résonnait sur la cursive. Willy chuchota :

– Demain…

Il referma la porte de la cellule, bruyamment, comme il se devait. Les jours suivants, dès qu'il se trouvait de garde, il apportait une nouvelle offrande de tomates, accueillie par le sourire radieux des affamées. Elles savaient que, si jamais il était découvert, le pauvre gosse risquait gros. Ginette fut renforcée dans sa conviction qu'il y avait de braves gens et des salauds partout, bien au-delà des frontières. À chaque humain de faire ses choix, et d'en prendre la responsabilité. Elle n'oublierait pas les tomates juteuses de Willy.

Et puis un jour, presque deux semaines après son arrivée aux Baumettes, Ginette vit surgir à la porte de la cellule un personnage qu'elle n'avait déjà que trop vu rue Paradis : Charles Olivieri, dit Charlot, dit Popolino. Il était accompagné d'un type en civil qu'elle avait également aperçu parmi les sbires de Delage, mais dont elle ignorait le nom.

– Allez, mesdemoiselles, prenez vos affaires, on vous emmène voir du pays ! fit Charlot d'un ton allègre, comme s'il annonçait une bonne nouvelle.

Mais toutes trois avaient compris : elles retournaient à la Gestapo.

17

L'évasion

Un cahot plus brutal que les autres lui heurta la tête contre la fenêtre du train. Éliane la rattrapa par l'épaule, la ramenant vers elle. Ginette venait de s'éveiller. Elle scruta la nuit qui enveloppait la campagne, sans rien pouvoir distinguer. Pas de pancarte, pas la moindre maison.

– On est où ? chuchota-t-elle.

– Aucune idée, répondit Éliane, elle aussi à voix basse. C'est déjà la troisième fois qu'on s'arrête depuis Avignon.

Dans le compartiment, tout était silencieux. S'habituant à la pénombre, Ginette vit que Janine dormait sur la banquette en face. En guise d'oreiller, elle s'était blottie contre un lainage roulé en boule. Près d'elle, Raymond Capiot, le jeune agent de liaison belge qui était lui aussi emmené. Il gardait les bras croisés et les yeux ouverts, comme s'il ne voulait pas relâcher un instant sa vigilance. Qu'espérait-il ? De chaque côté de la porte, les deux miliciens, bien carrés contre leur dossier, ne se laissaient pas non plus aller au sommeil. Si l'un commençait à dodeliner de la tête, l'autre se redressait, la main appuyée sur le revolver qu'il portait à la ceinture, pour montrer qu'il veillait au grain. Ginette, Éliane, Janine et Raymond étaient en route pour l'Allemagne. Déportés.

En revenant à la Gestapo le 31 juillet, les prisonnières étaient aussitôt passées, l'une après l'autre, dans le bureau de Delage. À l'affût du moindre détail qui lui aurait échappé, de la plus petite contradiction avec leurs réponses précédentes, le *Scharführer* avait repris les mêmes questions : qui allait remplacer Levallois, où se cachait Maxence, que savaient-elles des plans des maquis en cas de débarquement…

Delage interrogea à nouveau Ginette sur les cachettes et les lieux de rendez-vous mentionnés, en termes codés, dans les messages trouvés sur elle au moment de son arrestation. Il n'avait plus l'air de s'intéresser à leurs destinataires. S'efforçant de cacher la peur qui la saisissait à la simple vue du gestapiste en uniforme de SS, Ginette avait répété tout ignorer et repris sans erreur son histoire de jeune homme rencontré à la piscine. Delage finit par refermer le dossier posé sur son bureau et lui signifia qu'elle serait déportée à Erfurt où elle travaillerait comme cuisinière. Ginette ne comprit pas bien si elle était envoyée dans un hôtel, une usine ou un pensionnat, mais ne posa pas de questions, et elle se garda bien de préciser qu'elle ne savait guère cuisiner. Elle eut beau fouiller dans sa mémoire d'écolière, elle ne put situer cette funeste ville allemande où on la déportait. Si du moins, il disait vrai…

Dans la cellule du septième étage de la Gestapo – la même où elle avait vécu tant d'heures d'angoisse deux semaines plus tôt – elle avait retrouvé Janine et Éliane. Elles aussi devaient partir en Allemagne. « Immédiatement », avait précisé Delage.

– Il m'a dit que j'avais de la veine car j'aurais dû être fusillée, confia Éliane. À cause du courrier pour Levallois qu'on avait trouvé sur moi. Il n'a plus reparlé de tous ceux qui étaient avec nous. César, Dubosc, Jourdan… Je crains le pire. Il avait l'air de vouloir passer à autre chose, comme si je faisais partie d'une affaire classée.

Ginette ne se doutait évidemment pas de l'existence d'une rançon payée par l'oncle Eugène. Celui-ci lui dirait plus tard que l'argent avait été « empoché par la bande de Sabiani ». Le Corse lui-même s'était-il servi ? Delage avait-il reçu sa part ? La bande à Simon était-elle intervenue auprès de la Gestapo pour que Ginette ne soit pas fusillée ? Nul ne le sut. Mais Éliane avait raison, pour Delage, le dossier était clos. D'ailleurs, en bon fonctionnaire consciencieux, le SS avait déjà commencé à rédiger pour Berlin le compte rendu de l'opération, comme il en avait l'habitude afin de mettre en valeur chaque fournée d'arrestations. Fier de ses œuvres, il leur donnait toujours un titre romanesque : le « rapport Flora » en 1943 (deux cent quarante et un résistants arrêtés grâce à la coopération entre Delage et Klaus Barbie, dont Jean Moulin, délégué du général de Gaulle, et plusieurs chefs de la Résistance), le « rapport Catilina » au début de l'été 1944 (qui dressait un état des maquis passés à l'action à partir du débarquement du 6 juin). Cette fois, ce serait le « rapport Antoine », en hommage à Antoine Tortora, abattu par la Résistance et surnommé « le boxeur », l'un des pires tortionnaires de la rue Paradis.

Ce rapport a été retrouvé à la Libération dans les archives de la Gestapo que les hommes de Delage n'avaient pas eu le temps de détruire : quelques pages dactylographiées qui établissent la liste de trente-six personnes arrêtées en juillet 1944 à Marseille : des dirigeants des FFI et de l'Armée secrète, du service de noyautage des administrations publiques (NAP), de l'équipe du sabotage-fer, de la mission interalliée, des MUR-MLN, du réseau Brutus, et des agents de liaison. Ginette y figure comme « la femme Guy ». Elle porte le numéro 27.

Ginette ignorait également que le sort des hommes de la liste était scellé depuis le 18 juillet. Après avoir été atrocement torturés, ils avaient été conduits en pleine campagne, à une cinquantaine de kilomètres à l'est de Marseille, dans un vallon isolé, situé sur la commune de Signes. Là, ils avaient été massacrés à coups de balles et de crosses, jetés dans une fosse commune et aussitôt recouverts de chaux vive, même ceux qui respiraient encore. Charles Boyer, dit « César », qui tenait le petit magasin *À l'Art marocain* rue de La Palud, tout comme Robert Rossi, dit « Levallois », chef régional des FFI, en faisaient partie. Quelques jours plus tard, neuf autres résistants subirent le même sort, au même endroit. Aujourd'hui, dans le « vallon des martyrs » devenu un lieu de commémoration sur lequel veille une croix de Lorraine, le charnier a été dallé de pierres tombales en nombre égal à celui des sacrifiés. Quant à l'agent « Erik », l'ancien membre des réseaux qui les avait tous trahis (curieusement mentionné à la fin de la liste funeste des interpellés sous le numéro 36), Delage s'en occupa personnellement : lassé de ses extravagantes demandes d'argent, il lui tendit un traquenard dans une ruelle marseillaise, deux de ses acolytes lui tirèrent dessus, lui-même l'acheva d'une balle dans la tête.

Des six femmes de la liste, deux furent gardées en prison, une malheureuse livrée à la section juive. Trois furent déportées vers l'Allemagne : Éliane, Janine et Ginette.

Le 1er août 44, celles-ci avaient d'abord été conduites à l'Office de placement allemand de Saint-Barnabé à Marseille, comme si elles rejoignaient les rangs du travail obligatoire, puis interrogées par le chef de l'organisme, un nommé Ettinger, avant d'être enfermées pendant trois jours et trois nuits dans une nouvelle chambre-cellule, jusqu'au départ. Avec Raymond, qui serait déporté avec elles, elles avaient imaginé tous les scénarios de fuite possibles. Ils savaient qu'ils devaient être embarqués sous bonne garde dans un train de voyageurs, destination Paris, puis l'Allemagne. Ils savaient aussi que les Alliés bombardaient les voies, que le débarquement du Midi pouvait se produire à tout instant et bouleverser les plans de leurs geôliers. Ce fut Ginette qui prit les choses en main :

– On ne va pas être confiés à des héros. Si on est bombardés, nos gardiens chercheront avant tout à sauver leur peau. Alors, si on a une chance, ce sera à ce moment-là.

– Oui, appuya Éliane, et il faudra se décider vite. On n'aura pas beaucoup de temps pour évaluer la situation.

– On ne peut pas s'enfuir à quatre, reprit Ginette. On se ferait repérer tout de suite. Il faut qu'on puisse se perdre facilement dans la foule. Je vous propose de former dès maintenant deux équipes. Comme ça, on saura qui part avec qui, et on n'aura qu'un signe à faire pour filer au bon moment.

Raymond hocha la tête, demandant simplement :

– On choisit comment ?

– J'aimerais rester avec Ginette, dit Janine. On se connaît bien.

– On fait comme ça ? interrogea Ginette. Raymond et Éliane, Janine et moi ?

– Très bien, conclut Éliane. On reste aux aguets, mais attention, pas de risque idiot, ils n'hésiteront pas à nous tirer dessus.

Ils étaient finalement partis le soir du 4 août de la gare Saint-Charles. Ginette avait repensé à son arrivée sur le même quai, quand elle s'était rendue chez l'oncle Eugène. Son dernier jour de liberté. Il lui semblait qu'une éternité s'était écoulée depuis. Ils étaient maintenant quatre prisonniers, encadrés dans un train vers l'Allemagne par deux miliciens, un Égyptien et un Italien. À Marseille, visiblement, la crapule était internationale.

En entrant dans le compartiment qui leur était destiné, l'Italien avait ouvert son cartable pour montrer une brassée de menottes :

– Je fais partie de la Gestapo, avait-il dit, je suis chargé de vous amener à Paris, et croyez-moi, vous y serez. Au premier geste suspect, je vous mets les menottes jusqu'à l'arrivée. C'est clair ? Et si vous essayez de vous évader, je tire. Compris ?

Les prisonniers avaient émis un « oui » à peine audible.

– Le trajet va être long, avait repris le milicien, y a des alertes, des sabotages. Si vous vous tenez tranquilles, tout se passera bien. Je vous demande de me donner votre parole d'honneur que vous ne chercherez pas à vous évader.

Tous s'étaient engagés, Ginette comme les autres. Silencieusement, elle avait pensé : « Parole d'honneur donnée à des vauriens, aussitôt retirée. »

L'arrêt qui avait brutalement réveillé Ginette dans un grand crissement de freins, quelque part au nord d'Avignon, se prolongeait. C'était déjà leur deuxième nuit dans le train. À peine cent kilomètres parcourus… Des passagers descendaient sur la voie. Le milicien italien sortit du compartiment. Au bout d'un long moment, il ne revenait toujours pas et Ginette vint s'asseoir près de l'Égyptien :

– Vous connaissez Paris ? demanda-t-elle pour engager la conversation, ébauchant un sourire.

– Non, j'y suis jamais allé, ce sera la première fois. Mais ça va pas durer longtemps. Dès qu'on vous aura remis aux responsables du transport pour l'Allemagne, on redescend à Marseille.

Il gardait un fort accent oriental, et elle s'enhardit à demander :

– Et avant Marseille ? Vous veniez d'où ?

– D'Alexandrie. Je suis arrivé en France avec mes parents.

– Qu'est-ce que vous voulez faire après la guerre ? Retourner en Égypte ? Ou rester à Marseille ?

– Après la guerre, j'sais pas, j'suis pas fixé. Je pense pas retourner en Égypte, là-bas ce sont les Anglais qui commandent. Alors pour le moment, je fais ça, plus tard on verra.

– Mais vous savez bien que la guerre est perdue pour les Allemands, fit Ginette, reprenant les efforts qu'elle avait tentés pour circonvenir Delage. Vous n'êtes pas obligé de rester avec eux.

– Et pour qui je vais turbiner ? Qui va me payer ?

– Vous pouvez encore changer de camp.

– C'est ça, ouais, maugréa le milicien, ironique. Tout le monde me connaît dans Marseille.

– La Résistance va régler ses comptes, il n'y en a pas pour longtemps, et à ce moment-là il n'y aura plus personne pour vous protéger. Vous comprenez ?

Silence. Ginette avança encore un pion :

– Laissez-nous filer. L'autre n'est pas là, il vous suffit de regarder ailleurs. C'est tout. Si vous faites ça, je témoignerai pour vous à la Libération. Je dirai que vous avez aidé des résistants, que vous nous avez sauvé la vie. Je vous le promets.

Mais il haussa les épaules :

– On verra bien, laissez tomber. Moi, j'vous lâche pas.

Il fit signe à Ginette de reprendre sa place près de la fenêtre, alluma une cigarette. L'Italien revint, jeta un coup d'œil circulaire.

– Pas de problème, fit l'Égyptien, c'est calme.

Le train s'ébranla.

À maintes reprises, le convoi ralentissait. Puis s'arrêtait complètement. Il devait laisser passer des trains militaires prioritaires, remplis de soldats de la Wehrmacht qui remontaient vers le nord. Les haltes n'en finissaient pas. Manquait-il de quoi alimenter la chaudière de la locomotive ? Fallait-il réparer les voies ? Déjà deux nuits dans le train… Et à nouveau, l'aube pointait. Les prisonniers tâchaient de comprendre ce qui se passait à l'extérieur, guettaient les conversations qui leur parvenaient du couloir où des voyageurs impatients s'interpellaient, descendaient se dégourdir les jambes ou chercher de l'eau.

Tout à coup retentirent des obus de DCA dans le lointain, des vrombissements venus du ciel, puis des tirs serrés. Les deux convoyeurs se précipitèrent à la fenêtre, baissèrent la vitre et se penchèrent au-dehors :

– Vite ! fit l'Italien, on descend ! Ce sont les Anglais, ils mitraillent le train derrière nous ! Sortez tout de suite ! Plus vite !

Avec son complice, ils poussèrent les prisonniers dans la cohue, non sans leur rappeler :

– Faites gaffe ! Pas de blague, on vous a prévenus !

Tous sautèrent du wagon et coururent en troupeau vers une petite butte derrière laquelle ils pourraient peut-être se mettre à couvert. Janine traînait en arrière. L'Égyptien s'en aperçut. Il siffla :

– Toi là-bas, je t'ai vue ! Arrive ici, tout de suite !

L'autre sortit son arme :

– Vous quatre, on retourne dans le wagon, illico ! Plus vite que ça !

D'une main il les tenait en joue et de l'autre leur flanquait de grandes bourrades dans les épaules. Il les précipita dans le compartiment, claqua la porte et la ferma à clé avant de déguerpir. Terrifiés, Ginette, Janine, Éliane et Raymond entendirent le vrombissement des avions qui faisaient demi-tour et fonçaient à nouveau vers les trains à l'arrêt. Ils se jetèrent par terre, tentant vainement de s'aplatir sous les banquettes. Le crépitement de la mitraille reprit au-dessus de leurs têtes, les explosions retentissaient de tous les côtés.

Et puis, le silence revint. Dans le compartiment, chacun peinait à reprendre son souffle. Cette crapule de milicien les avait laissés là, bouclés et impuissants. Ils auraient pu être déchiquetés.

– Ordure… grommela Raymond, entre ses dents.

En se redressant, Ginette aperçut, de l'autre côté de la voie, un panneau avec une flèche qui indiquait « Sens ». Ils n'étaient plus très loin de Paris.

Ils y parvinrent enfin le 8 août, vers quatre heures du matin, titubant de fatigue. Toujours menés par leurs gardes-chiourmes, ils traversèrent la ville entassés à l'arrière d'une traction noire. Ginette regardait les façades élégantes défiler dans l'ombre, au bord de rues désertes. Sans le vouloir, elle ressassait l'ironie amère qui voulait que sa première – peut-être son unique ? – visite à Paris se fît ainsi, dans une voiture de la Gestapo, à la veille d'être déportée. Elle qui avait tant rêvé de découvrir la capitale au bras de Jean ! Janine perçut-elle sa peine, plus lourde encore que sa peur du lendemain ? Elle pressa le bras de Ginette et lui glissa :

– Quand je pense que Renaud est tout près d'ici et que je ne peux rien faire pour le prévenir…

Le petit groupe fut déposé à la caserne de la Pépinière, au coin de l'église Saint-Augustin, et présenté immédiatement au commandant allemand pour un énième interrogatoire. Celui-ci fut bref : nom, prénom, date et lieu de naissance, adresse en France, destination en Allemagne.

– Vous partez ce soir, leur signifia le commandant.

Quand ils se retrouvèrent entre eux, à nouveau enfermés, Ginette encouragea ses compagnons d'infortune à dormir, ou au moins à se reposer. Il fallait reprendre des forces et se préparer à la lutte. Pour sa part, sa résolution était prise : quoi qu'il puisse en coûter, quels que soient les risques, elle ne franchirait pas la frontière. Elle savait qu'une fois en Allemagne, ne comprenant pas un mot à part quelques sinistres aboiements devenus familiers – *Papiere ! Schnell ! Ausweiss ! Terrorist ! Kaputt !* –, ignorant tout de la géographie locale, ne connaissant pas âme qui vive, et prise dans la tourmente des bombardements alliés qui, elle le savait, frappaient chaque jour les villes ennemies, elle n'aurait aucune chance.

Elle n'avait pas le choix : elle vivrait ou mourrait en France.

Ils partirent en effet le soir même vers l'exil redouté, peut-être définitif. Le train n'allait pas plus vite que les jours précédents. Au matin, il n'avait couvert que quelques dizaines de kilomètres. Les miliciens n'étaient plus du voyage : les prisonniers avaient été placés sous la garde d'un militaire allemand, dans un wagon rempli de volontaires – ou prétendus tels – destinés au STO. L'officier avait rappelé à Ginette et ses camarades qu'ils étaient condamnés pour crime de terrorisme, et tout particulièrement surveillés.

Au nord-est de Paris, le train s'arrêta à l'aiguillage de la Ferté-Milon, où plusieurs voies se croisaient. Deux autres convois stationnaient également, l'un occupé par des blessés allemands dans un état grave, l'autre chargé de citernes. Des sirènes d'alerte aérienne se mirent à hurler.

– Des avions anglais, tonna l'Allemand, tout le monde descend ! Restez groupés le long de la voie, *schnell* !

Un autre cri retentit presque aussitôt :

– Attention, y a du pétrole dans les citernes ! Ça va sauter ! Ça va sauter !

Il y eut un mouvement de panique, les passagers se bousculèrent, jouant des coudes pour se ruer dehors. Dans la cohue, Ginette réussit à ne pas être séparée de Janine.

En traversant les rails où attendait le convoi sanitaire, elle vit que le garde allemand regardait en l'air pour guetter l'arrivée des avions. C'était le moment. Elle pressa la main de Janine, et imperceptiblement, tout en ayant l'air de trotter avec la troupe des voyageurs, les deux jeunes filles s'écartèrent vers le remblai de pierres et d'herbes folles qui marquait la limite des voies. Sans hésiter, d'un geste prompt, elles l'enjambèrent et se laissèrent glisser en bas du talus. Elles se retrouvèrent au bord d'un champ de blé jauni par l'été, qui n'avait pas encore été moissonné. Les plants leur montaient presque à la taille. Ginette jeta un coup d'œil par-dessus son épaule : personne ne semblait avoir remarqué leur manœuvre.

– On y va ! souffla-t-elle à Janine.

Elles se mirent à courir de toutes leurs forces, de toute leur rage de vivre, s'attendant à chaque seconde à recevoir une rafale de mitraillette en plein dos. Le vent leur sifflait aux oreilles, elles fonçaient droit devant elles à travers les sillons sans réaliser qu'elles s'écorchaient les mollets dans les épis lourds de grains. Elles avaient l'impression de voler, et en même temps de ne pas avancer. Quand l'une ralentissait, à bout de souffle, l'autre l'empoignait par la main pour relancer sa course. Elles traversèrent un champ, puis un autre, et elles couraient encore. Transpirantes, la respiration coupée, elles finirent par s'apercevoir que des feuilles sèches crissaient sous leurs pieds, et qu'autour d'elles il faisait plus frais. Levant la tête, elles aperçurent les rayons du soleil filtrant entre des branches touffues, au sommet de troncs immenses. Elles étaient entrées dans une forêt. Elles s'arrêtèrent quelques secondes, courbées en deux, les mains à la taille pour contenir de terribles points de côté. Du regard, elles fouillèrent les champs qu'elles venaient de traverser. Pas un mouvement, juste l'ondoiement du blé mûr. Aucun poursuivant ne s'était lancé sur leurs traces. Elles ne discernaient plus rien des voies de chemin de fer.

– Il n'y a plus de train, s'écria Janine, ils sont repartis !

– Et il n'y a pas eu de bombardement !

Alors seulement elles se jetèrent par terre, riant, pleurant, sans remarquer que leurs robes étaient trempées, leurs joues en feu, leurs bras et leurs jambes zébrées de traînées rouges.

Elles avaient réussi. Elles étaient libres. Libres !

Quand elle me raconterait ce voyage interrompu vers la déportation et cette évasion *in extremis*, ma mère me dirait toujours que le moment où Janine et elle avaient eu le plus peur n'avait pas été celui de la décision à prendre – partir maintenant ? attendre encore ? – ni celui de la course folle à travers les champs quand une balle pouvait les faucher à tout instant, mais bien la nuit suivante, passée dans les bois ! Même en ayant grandi dans une petite ville, Ginette n'avait rien d'une vraie campagnarde, elle n'avait jamais campé, jamais dormi à la belle étoile. Et Janine, jeune Parisienne, n'en menait pas large à l'idée de s'allonger sur un tapis de fougères et de se frotter à des orties. Mais elles avaient toutes deux résolu de ne pas sortir de la forêt avant le lendemain matin, car elles n'avaient aucune idée de ce qui les attendait au-dehors. Et si elles avaient été signalées ? Et si un soldat, ou pire, un SS, avait été chargé de les rechercher ? Cela semblait peu probable, les Alliés avançaient et, à l'évidence, les Allemands tentaient de se regrouper à l'est, mais sait-on jamais ? Ils avaient une telle folie de l'ordre et de la discipline… L'officier qui surveillait le convoi avait dû faire ses comptes, et réalisé qu'il lui manquait du monde. Quant à Éliane et Raymond, où étaient-ils ? Avaient-ils trouvé l'occasion de s'échapper ?

Les fugitives sortirent les boîtes de conserve que Ginette gardait dans sa sacoche depuis les Baumettes, et s'aperçurent qu'elles ne savaient absolument pas comment les ouvrir, elles n'avaient pas pu emporter le moindre ustensile. Elles essayèrent avec quelques pierres coupantes, des bouts de bois pointus, elles tapèrent les couvercles contre un morceau de rocher, rien n'y faisait. À force de s'acharner, elles finirent par pratiquer une petite ouverture et extraire laborieusement des miettes de sardines, leur premier repas de femmes libres !

Quand elles s'allongèrent enfin au pied d'un arbre, épuisées d'émotions, elles comprirent vite qu'il leur serait pourtant impossible de fermer l'œil. Toute la vie nocturne de la forêt s'animait autour d'elles. Le monde visible s'était assoupi, mille créatures mystérieuses prenaient le relais, des chouettes hululaient, des oiseaux inconnus se répondaient d'un arbre à l'autre, des grenouilles – ou étaient-ce des crapauds ? – coassaient tout près. Partout, ça grattait, piétinait, grognait, glapissait. Ginette poussa un cri de terreur en sentant un souffle chaud et une masse de poils la frôler. Un sanglier ? Un renard ? À plusieurs reprises, Janine sauta sur ses pieds, alertée par un frottement dans l'herbe, tout proche. Les yeux ouverts et l'oreille aux aguets, elles imaginaient quelque monstre inconnu rôdant dans le sous-bois. L'aube les trouva enfin assoupies, serrées l'une contre l'autre. Elles se réveillèrent sous les premières caresses du soleil. Tout était paisible autour d'elles, il ne restait rien des terreurs nocturnes.

Les deux évadées lissèrent leurs cheveux de leur mieux, tapotèrent leurs robes pour en faire tomber feuilles et brindilles, et s'efforcèrent de s'orienter. Elles avaient décidé de marcher constamment vers l'ouest – surtout rien qui puisse les rapprocher de l'Allemagne ! – jusqu'à ce qu'elles trouvent une route et, espéraient-elles, une voiture, un car, ou même une charrette, n'importe quel engin doté de roues qui pourrait les rapprocher de Paris. Elles eurent de la chance : moitié à pied, moitié en camion, elles réussirent à gagner la capitale avant le soir, sans avoir subi le moindre contrôle.

Janine retrouva le chemin de Montparnasse où habitait la famille de son fiancé, Renaud Martini. Ginette n'aurait jamais imaginé qu'en plein Paris se niche un lieu aussi paisible que cette cour plantée de lilas en fleur, sur laquelle ouvraient une vingtaine d'ateliers de peintres et de sculpteurs. M. Martini était un critique d'art renommé, et son épouse Berthe œuvrait avec talent comme « artiste-animalière », spécialisée dans le dessin et la sculpture de taureaux et de chevaux fougueux. Les activités de leur fils Renaud semblaient plus floues, mais Janine avait assuré à Ginette qu'il était, lui aussi, engagé dans la Résistance. À leur arrivée, ce fut lui qui ouvrit la porte de l'atelier, stupéfait.

Il pouvait avoir entre trente et quarante ans, perdait déjà ses cheveux et portait des lunettes, ce qui pour Ginette signifiait l'âge mûr. Il se révéla aussitôt un homme d'autorité et de décision. Il avait appris l'arrestation de Janine et s'était démené auprès de ses contacts, disait-il, pour la faire libérer. En vain. Il était bouleversé de voir sa fiancée surgir ainsi saine et sauve, mais néanmoins inquiet : « Vous ne pouvez pas rester ici, expliqua-t-il, vous êtes recherchées. Les SS et la Gestapo n'ont pas renoncé à traquer les Juifs et les résistants, bien au contraire, ils sont forcenés ! Quant à moi, je suis surveillé, les affaires sont très compliquées en ce moment… » Qui le surveillait ? En quoi consistaient ses affaires ? Renaud n'éclaircit pas ce point mais prit très vite les choses en main : « Je vais vous trouver une planque sûre, on vous y accompagnera dès demain. »

Et c'est ainsi que les deux amies se retrouvèrent à l'ouest de Paris, dans une banlieue lointaine qui ressemblait encore à la campagne. Celui qui acceptait de les cacher, sans contrepartie et sans poser de question, était un sculpteur suédois nommé Gunnar Nilsson, ami intime des Martini.

Un Suédois… Son pays était l'un des rares en Europe à avoir préservé sa neutralité. Certes, les troupes allemandes traversaient le territoire pour rejoindre la Norvège occupée, et la Suède devait fournir au Reich du minerai de fer destiné à l'industrie de guerre, mais discrètement, plus d'un foyer suédois avait choisi de protéger des persécutés. Gunnar Nilsson était de ceux-là. Il vivait en France depuis le temps de ses études, il avait épousé une Française, pour l'instant réfugiée dans le Sud-Ouest avec leurs enfants. Gunnar les croyait à l'abri, mais il apprendrait plus tard que, comme Mme Bergon et ses protégés du couvent de Massip, ils avaient de très peu échappé au pire : la division *Das Reich* s'était arrêtée dans leur petit village, avec le projet d'assassiner tous les habitants. Pressés par le temps, attendus sur le front de Normandie, les SS étaient repartis sans mettre le massacre à exécution…

Gunnar était resté seul en région parisienne, comptant sur son passeport suédois qui, espérait-il, lui garantissait les privilèges de ressortissant d'un pays neutre. Ni la Wehrmacht ni la police allemande n'avaient – officiellement – le droit d'entrer chez lui. Il habitait une petite maison tranquille à la lisière de la forêt du Chesnay, près de Versailles. Au début de la guerre, l'habitation avait été réquisitionnée et pillée par l'occupant, mais Gunnar avait réussi à faire valoir ses droits et à la récupérer. Il avait repris son travail, se rendant chaque jour dans son atelier de la cité-jardin de Montparnasse, où il retrouvait les Martini. Puis, les transports devenant difficiles, il s'était fait aménager un second atelier au Chesnay. À plusieurs reprises, à sa manière discrète, comme si tout cela était tout à fait naturel, il avait caché des Juifs ou des résistants poursuivis. Il était arrivé que les Allemands veuillent fouiller sa maison, il leur avait barré le passage, arguant sans faiblir de son statut de neutralité. Son calme et sa détermination s'étaient imposés. Lui savait parfaitement qu'il risquait sa vie.

Après le chaos, la terreur de la prison, de la Milice et de la Gestapo, Ginette avait le sentiment d'avoir changé d'univers. Il semblait impossible que le monde de Delage et celui de Gunnar Nilsson coexistent sur la même planète. Le sculpteur, très grand, très mince, vêtu de sa blouse blanche d'artiste, était l'élégance et la distinction mêmes. Toujours courtois, il parlait avec douceur, une imperceptible inflexion étrangère s'attardant encore sur certaines voyelles.

C'était l'été, il faisait beau. Pour Ginette et Janine, il installa une tente dans le jardin. Aux voisins curieux, il expliqua qu'il recevait des cousines de son épouse, rapatriées de Normandie. Il recommanda aux deux jeunes filles la plus grande prudence, et d'en dire le moins possible. Des unités blindées allemandes, cherchant à échapper à la surveillance de l'aviation alliée, s'étaient installées dans le bois jouxtant l'habitation. Les soldats venaient chercher l'eau dans le puits de

Gunnar, et ils auraient bien aimé lier conversation avec les campeuses improvisées. Le cuisinier du détachement voulut même offrir au sculpteur un quartier de porc, probablement volé dans quelque ferme. « *Krieg kaputt ! Für die Kinder !* Pour les enfants ! » insistait le gros Allemand, son morceau de viande sous le bras. Il était hors de question pour Gunnar Nilsson d'accepter quoi que ce soit des mains de l'ennemi. Au temps de ses débuts à Paris, il avait déjà connu la faim, au point de fréquenter les soupes populaires. Mais rien ne pouvait l'amener à dévier de ses principes.

Artiste passionné, il passait l'essentiel de son temps dans l'atelier attenant à la maison. Ginette aimait contempler les esquisses en plâtre amoncelées sur des étagères, les masques de nouveau-nés endormis, tout pétris d'innocence, les figurines de fillettes graciles, aux lignes si simples et si délicates.

– Ce sont mes enfants, autrefois ils posaient pour moi, avait expliqué Nilsson, avec son lent sourire.

Il travaillait le marbre, la pierre et la glaise, mais ces temps-ci, les matériaux manquaient. Alors il s'était aussi mis à creuser des bas-reliefs sur des panneaux de bois. Perfectionniste, opiniâtre, il était à la tâche du matin au soir, traçant et corrigeant inlassablement ses croquis devant son chevalet, à la recherche du trait pur, fidèle, qui ressusciterait le modèle absent dans toute sa grâce naturelle. Ginette imaginait qu'il devait vivre aussi harmonieusement parmi ses œuvres qu'il avait dû le faire parmi ses enfants de chair. Un jour il lui dit :

– Vous savez, Ginette, vos mains sont admirables. Si vous voulez bien, j'aimerais les sculpter.

Elle rougit jusqu'à la racine des cheveux et acquiesça avec émerveillement, regardant soudain ses mains – si longues, si fines – comme si elle les découvrait. Elle avait l'impression de se tenir à l'orée d'un royaume merveilleux. Il y avait si longtemps que la beauté, la poésie avaient disparu de sa vie ! Si longtemps qu'elle ne s'était pas sentie à l'abri ! Bien sûr, celui-ci était précaire, la guerre n'était pas finie, les Allemands se défendaient pied à pied face à l'avancée des Alliés. Souvent, Ginette et Janine sursautaient en entendant leurs encombrants voisins s'ébrouer autour du puits et se lancer de grands seaux d'eau en riant sans retenue. Il faisait très chaud, en ce mois d'août 1944. Elles n'oubliaient pas que, si leur identité était découverte, elles risquaient d'être fusillées sur place et d'entraîner la perte du généreux Nilsson, que son passeport suédois ne suffirait pas à protéger.

À partir du 19 août, dans la maison du Chesnay, discrètement mais obstinément, le petit poste de radio resta branché du matin au soir, jusqu'à la dernière étincelle d'électricité avant les coupures nocturnes. Auparavant Gunnar réussissait souvent à capter les nouvelles suédoises, mais il s'aperçut soudain que les ondes honnies de Radio Paris avaient changé de mains : une équipe de la Résistance, la Radiodiffusion de la nation française, s'en était emparée, et heure par heure, relatait les affrontements au cœur de Paris. La préfecture, l'Hôtel de Ville, plusieurs mairies d'arrondissement avaient été libérés. Le 20 août, Ginette et Janine entendirent Albert Camus lire le premier éditorial du journal *Combat*, tout juste sorti de la clandestinité :

« Il y a eu le temps de l'épreuve, et nous en voyons la fin. Il nous est facile de donner son temps à la joie, elle prend dans nos cœurs la place que pendant cinq années y a tenu l'espérance. »

Comme ces phrases résonnaient profondément, comme les deux jeunes filles étaient saisies, elles aussi, par la folle envie de croire au bonheur, à la possibilité du bonheur ! Chaque jour un peu plus, la joie se dilatait, gonflait, envahissait tout l'espace. Le 21 août, les premiers correspondants de guerre français commencèrent à se relayer à la radio pour raconter les barricades, les tireurs allemands embusqués sur les toits et les succès des Forces Françaises de l'Intérieur. Gunnar Nilsson, d'habitude tout absorbé par son travail, décida de se rendre dans la capitale à bicyclette, accompagné d'un ami.

À son retour, il décrivit à ses pensionnaires un Paris pris de folie ! Il avait aidé un groupe de dames paniquées à traverser la rue de Rivoli au moment propice, entre deux échanges de tirs. Tout près, quelques assoiffés prenaient encore l'apéritif à une terrasse. Des jeunes filles escaladaient les blindés pour embrasser les valeureux combattants, les gênant dans leur avancée…

Tout le monde attendait les Américains, mais ce furent d'abord les blindés de la division Leclerc, la 2e DB, que l'on annonça aux portes de la capitale. Au Chesnay, on entendait tonner le canon à toute heure, sans savoir qui tirait sur qui. Les soldats cantonnés dans le bois voisin avaient disparu, avaient-ils rejoint le front ? Des Allemands se terraient en ville, faisaient sauter leurs dépôts de munitions et tiraient sur les passants à coups de mitrailleuses. Il ne fallait surtout pas sortir ! Le 24 août, des blindés allemands et des pièces antichars prirent position sur les belles avenues de Versailles, l'hôtel de ville fut criblé de balles. À la nuit tombée, la fusillade ne cédait pas.

Ginette et Janine, au comble de l'excitation, peur et espérance mêlées, ne fermèrent pas l'œil une seconde.

Quand elles réussirent à brancher la radio le lendemain matin, elles entendirent les cloches qui sonnaient à toute volée, et puis *La Marseillaise*, résonnant de tous ses cuivres : Paris était libéré ! À Versailles, les Allemands avaient fui pendant la nuit. Libres ! Elles aussi, elles étaient libres, mais cette fois pour de vrai, pour de bon !

Trois jours plus tard, alors que Janine rejoignait son fiancé à Montparnasse, Ginette parcourut à pied les cinq kilomètres qui séparaient la maison du Chesnay de l'avenue de Paris à Versailles. Elle voulait accueillir les Américains, attendus d'une heure à l'autre. Perdue dans la cohue, elle fit partie de ces foules en liesse massées sur les trottoirs, de ces jeunes femmes endimanchées agitant des drapeaux, tendant les mains, applaudissant, riant et pleurant de bonheur. Enfin, ils étaient là ! Enfin, enfin, après tant d'épreuves et d'espoirs déçus ! Le cri « Vive l'Amérique ! » volait de bouche en bouche.

Si peu loquace sur les souffrances qu'elle avait endurées, ma mère le fut en revanche pour me décrire ces libérateurs venus du bout du monde. Si jeunes, si souriants dans leur uniforme simple, pratique, coupé dans un drap fin qui parlait d'un « ailleurs » où régnaient l'abondance et l'esprit d'invention. Le col ouvert, ils défilaient avec décontraction, balançant les bras, en rangs un peu irréguliers, à peine au pas. Ah ! leur démarche souple, élastique, comme s'ils étaient montés sur ressorts, avec leurs bottines lacées à semelles de caoutchouc… Une marche silencieuse, amicale, rassurante, après les années de bottes ferrées martelant sinistrement les pavés…

De ce jour, Ginette resta convaincue que si tout allait mal, si le monde redevenait fou, il fallait se tourner vers l'Amérique. Et toujours, elle me le répétera, ancrant durablement en moi un tropisme pour ce pays qui imprégnera une partie de ma vie. Aurait-elle parlé, comme jadis Abraham Lincoln, du « dernier espoir de l'homme » ? Certes elle ne crut jamais qu'il y eût là-bas, de l'autre côté de l'Atlantique, une démocratie sans faille. Mais peut-être au moins un peuple gardant l'idéal de liberté chevillé au corps, et s'il le fallait, prêt à tous les sacrifices pour le préserver. Le penserait-elle encore aujourd'hui ?

18

L'étrange équipée

Tandis que Ginette passait des geôles de la Gestapo aux trains de la déportation et au refuge de Gunnar Nilsson, le temps restait suspendu, immobile comme un ciel d'orage, au-dessus de la petite maison de Lézignan. Ils étaient quatre à attendre : ses parents Louis et Éveline, son petit frère Robert, sa grand-mère Anna. Ils se regardaient en silence, figés dans la crainte et la peine. « Marie-Claude », la voyageuse clandestine, ne se manifestait plus. La boîte à lettres restait désespérément vide.

Jusqu'au jour où était arrivée une missive de l'oncle Eugène, informant que Ginette avait été arrêtée par la police allemande. Dès lors, l'angoisse se fit écrasante. Savoir la petite aux mains des tortionnaires, la hantise d'une annonce fatale, dévorait leurs journées. Les nuits n'apportaient plus le sommeil. Louis, autrefois réservé, ne parlait plus du tout. Chaque après-midi, Éveline, qui n'avait pourtant jamais été très pieuse, prenait Robert par la main et se rendait à l'église Saint-Félix. Elle franchissait la porte voûtée creusée dans les austères murailles, plongeait les doigts dans l'eau bénite, se signait. Puis elle encourageait Robert à l'imiter, lui qui tout récemment encore avait refusé de faire sa communion solennelle et que personne n'avait contrarié. Dans la pénombre fraîche qui conservait l'odeur d'encens et de cierges éteints depuis longtemps – la cire, comme tout le reste, manquait – Éveline s'agenouillait et priait. Qu'espérait-elle ? Elle s'adressait à la seule puissance qui, lui semblait-il, pouvait encore intervenir pour sauver la vie de sa fille.

Une nouvelle lettre d'Eugène apporta un peu de soulagement : Ginette allait être déportée à Erfurt. Elle était vivante, tout espoir n'était pas perdu… Dès lors, Éveline se mit en quête de provisions, rassembla des vêtements chauds en pensant à l'hiver allemand et prépara un colis qu'elle enverrait à Erfurt dès qu'elle aurait une adresse plus précise, qu'Eugène se faisait fort d'obtenir auprès de la Croix-Rouge.

À la mi-août, alors que le débarquement en Provence venait tout juste d'avoir lieu, que la Wehrmacht amorçait sa retraite et que la guerre civile menaçait jusqu'au plus petit village français, Éveline prit une décision stupéfiante : elle allait se rendre à Toulouse pour, annonça-t-elle, « récupérer les affaires de sa fille ». Les trains circulaient de moins en moins, les trajets étaient sans cesse interrompus, les bombardements se succédaient… Un voyage à Toulouse, à quelque cent cinquante kilomètres en passant par Carcassonne et Castelnaudary, devenait une équipée hasardeuse, potentiellement fatale. Éveline pensait-elle que Ginette, si elle revenait un jour à Lézignan, serait heureuse d'y retrouver ses robes, ses lettres, ses photos ? Voulait-elle sauver les ultimes souvenirs de sa fille si jamais… ? Le propriétaire de l'appartement l'avait-il avertie qu'il fallait libérer la place ? Le message passa peut-être par les Oberman. Les deux familles ne se connaissaient pas, mais certainement des adresses avaient-elles été échangées, car le contact fut établi.

En dépit de l'opposition de Louis, Éveline resta en tout cas inébranlable. Le 17 août, elle s'embarqua avec Robert pour l'imprudent périple, car dans cette période de terrible incertitude, elle n'envisageait pas de se séparer de son fils. De plus, handicapée par sa surdité, incapable de comprendre les annonces dans les gares, elle ne pouvait voyager seule. Robert n'avait que douze ans, mais il avait grandi vite et tôt comme tant d'enfants exposés aux malheurs du temps. Dès l'instant où ils montèrent dans le train sur le quai de Lézignan, il prit la direction des opérations. Il observait, savait se taire, et se sentait capable de protéger sa mère et de la ramener à bon port.

Même si le trajet s'effectua avec une lenteur inhabituelle, les deux voyageurs parvinrent sans encombre à Carcassonne, puis à Toulouse. Esther Oberman les attendait à la sortie de la gare. Elle les reconnut – Ginette avait dû autrefois lui montrer des photos – et leur fit un signe discret pour signifier qu'elle ne pouvait pas parler. Son accent yiddish, si marqué et si caractéristique, continuait à peser sur elle comme une malédiction. Un homme scrutait un à un les visages des passagers, vêtu de l'inévitable imperméable de cuir noir et coiffé d'un chapeau mou, alors que la température dépassait les trente degrés. Mais il ne s'intéressa pas à eux.

Muets et inquiets, Esther, Éveline et Robert prirent un tramway bringuebalant pour traverser toute la ville jusqu'à une lointaine banlieue perdue dans la campagne. De là, il fallait encore marcher un bon moment pour arriver à une petite villa nichée au bord d'un champ. C'était le dernier refuge de la famille Oberman. Après la condamnation de Jean, sachant que la police avait désormais leur adresse, ils avaient une fois de plus déménagé, loin de la ville et de ses dénonciateurs.

Robert fit la connaissance de Marcel, le jeune frère de Jean, qui avait récemment quitté la ferme proche de Capdenac où il avait été mis à l'abri. Sa sœur Hélène, elle, restait encore au couvent sous la protection de Mme Bergon, mais privée des visites de Ginette. Le père, Joseph Oberman, était là également, et ressemblait bien à la description que Ginette en avait faite : un homme de taille moyenne, au visage fermé, qui parlait un français correct, mais se révélait moins fin et astucieux que son épouse. Unies par leur tristesse de mères, Esther et Éveline partagèrent le peu de nouvelles qu'elles avaient de leurs enfants absents : Jean à la prison Saint-Michel, Ginette elle aussi en prison ou déjà en route vers la déportation. En ce moment même, étaient-ils encore vivants ? En bonne santé ? Souffraient-ils ? Les reverraient-elles un jour ? Nul ne savait. Éveline et Robert couchèrent cette nuit-là sur le matelas installé pour eux dans la chambre où dormait Marcel. Comme Robert me le dirait plus tard avec cet humour qui lui ressemblait tant : « Nous sommes bien les seuls à avoir été cachés par des Juifs, en pleine guerre ! »

Le lendemain, 18 août, Éveline et Robert, accompagnés de Joseph et Esther, reprirent le tramway pour regagner le centre de Toulouse et se rendre à l'appartement de Ginette. Pendant le long trajet, Esther gardait prudemment le silence, mais Joseph interrogeait Robert, de façon plus ou moins oblique, sur Lézignan, sur le métier de son père, cherchant, peut-être, à s'informer sur la « situation » des futurs beaux-parents de Jean. Il ignorait, bien sûr, que depuis le procès de Jean le mariage n'était plus à l'ordre du jour.

Sous la direction d'Esther, le petit groupe s'achemina vers l'impasse où Ginette s'était installée plus de deux ans auparavant. Cependant, au carrefour avec le boulevard de Strasbourg, les Oberman s'arrêtèrent et prirent congé : ils n'allaient pas plus loin, craignant que l'immeuble soit surveillé. Suivant leurs indications, Éveline et Robert pénétrèrent sous le porche et grimpèrent les trois étages. La porte palière était entrouverte, et le petit logement, qui avait été le royaume de Ginette, tout éclaboussé de soleil. Mais d'autres visiteurs étaient déjà passés : le matelas était jeté par terre, le sommier retourné, les tiroirs béants. Des livres, des vêtements froissés et des débris de vaisselle jonchaient le sol. Des mégots débordaient du cendrier, d'autres étaient écrasés sur le carrelage… La police allemande ou la Milice avaient fouillé les lieux de fond en comble, et quelques voisins indélicats s'étaient sans doute servis.

Voilà donc tout ce qui restait de sa fille ! Atterrée, Éveline se mit à ramasser quelques objets rescapés au milieu de cette déroute, mais Robert, de plus en plus inquiet, la convainquit de ne pas s'attarder. Le désordre, la saleté et la malveillance évidente qui flottait dans l'air lui donnaient à penser que l'appartement risquait de devenir un piège. Qui sait quels personnages redoutables débarqueraient d'un instant à l'autre ? Vite, vite, il entraîna sa mère vers la sortie, conscient tout à coup de l'absurdité de leur voyage. Il leur fallait retourner chez eux sans attendre une minute de plus.

Ils trouvèrent la gare Matabiau en effervescence. Toute la ville semblait la proie d'une tension fiévreuse, celle qui précède les grands événements. Les batteries antiaériennes tonnaient, laissant dans le ciel des flocons noirs bientôt avalés par le vent. Sur un quai, un train réservé à l'armée allemande se remplissait à la hâte de passagères qu'on appelait les « souris grises » – secrétaires, dactylos, assistantes dévolues à la Wehrmacht – et aussi des administratifs, des ingénieurs qui, il y a peu, renforçaient le mur de la Méditerranée. « Maman, s'écria Robert plus bruyamment que la prudence ne l'aurait voulu, les Allemands ! Ça y est, ils s'en vont ! »

Les haut-parleurs crachèrent une longue phrase incompréhensible commençant par l'effrayant : *Achtung ! Achtung !* La traduction arriva enfin : le train pour Carcassonne n'irait pas plus loin que Castelnaudary. Pourquoi ? Une voie coupée ? Une locomotive réservée aux occupants ? Une attaque du maquis ? Robert guida quand même sa mère vers le train annoncé. Ils verraient bien sur place, et au moins, ils feraient une partie du chemin…

Arrivés à Castelnaudary, l'explication s'imposa d'elle-même : la gare où ils étaient passés la veille n'était plus qu'un monceau de ruines. À quelques heures près, ils auraient pu être engloutis dans l'explosion. Avant de quitter la ville, les Allemands avaient bourré les toilettes d'explosifs et tout fait sauter. Des cheminots s'activaient pour dégager les voies, mais quand y aurait-il un autre train vers Carcassonne ? Les rumeurs les plus contradictoires couraient : on se battait dans les rues, non, la ville était déjà libérée, des collabos avaient fini au poteau… Assis sur leur petite valise, Éveline et Robert attendirent longtemps un train qui ne venait pas. Puis l'enfant prit la décision de gagner le centre pour trouver de quoi manger et un endroit où dormir.

Encore quatre-vingt-dix kilomètres jusqu'à Lézignan… Le lendemain, il n'y avait pas d'autre choix que la route. Ne sachant plus à quel saint se vouer, les deux voyageurs montèrent dans un véhicule de… la Wehrmacht, où s'entassaient pêle-mêle soldats aux uniformes poussiéreux et civils à bout de ressources. « Aviation, mauvais, mauvais, maquis, mauvais… » fit soudain l'un des militaires. Voulait-il dire que les camions marqués de la croix gammée étaient susceptibles d'être attaqués ? Robert lança brusquement : « On descend ! » Ramassant leurs paquets, plusieurs le suivirent. Ils partirent à pied, sous un ciel d'août blanc de chaleur.

Ils marchaient déjà depuis un bon moment quand ils entendirent – même Éveline, tant le bruit était assourdissant – des avions qui fonçaient sur eux et mitraillaient tout le long de la route. Éveline saisit son fils, le poussa dans le fossé et le couvrit de son corps. Les balles ricochaient de tous les côtés. Robert, le nez dans l'herbe, paralysé de peur, entendait sa mère au-dessus de lui qui marmottait frénétiquement des prières. Ils attendirent longtemps après que le silence était revenu. Une cigale toute proche reprit son chant, ivre de soleil. Cahin-caha, ils repartirent. Robert n'oublierait jamais le choc de terreur qu'il ressentit ce jour-là, ni le dévouement de sa mère.

En approchant de Carcassonne, ils apprirent que le convoi de camions dont ils étaient descendus le matin même avait été attaqué par des maquisards. Les soldats allemands auraient subi un simulacre d'exécution avant d'être faits prisonniers. Les civils restés dans les véhicules ? On ne savait pas. Un type barbu, torse nu et vêtu d'un simple short, leur demanda tout à coup :

– Mais où allez-vous comme ça, mes pauvres gens ?

– À Carcassonne, et puis à Lézignan.

– Non, non, ne traversez pas Carcassonne ! Hier, les Mongols ont tué vingt-six personnes !

Les Mongols… C'était ainsi que l'on appelait les troupes formées d'anciens prisonniers soviétiques, raflés par les Allemands sur le front de l'Est et qui avaient eu le choix entre le peloton d'exécution et l'engagement dans la Wehrmacht. Ceux-là n'avaient plus rien à perdre, ils demeuraient les derniers sur place alors que l'armée allemande refluait vers le nord, et on les disait redoutables. Robert et Éveline contournèrent donc le centre de Carcassonne et traversèrent l'Aude sur un bac pour éviter les ponts. À nouveau, ils couchèrent là où ils purent, chez l'habitant. On leur offrit du maïs cuit, qu'on réservait d'habitude aux animaux, c'était tout ce qu'il restait.

Le lendemain, 20 août, ils durent quand même se rapprocher des faubourgs de Carcassonne pour rejoindre la route de Lézignan. Sur une place, des passants et des curieux s'étaient regroupés autour d'un curé en soutane, maigrelet, surexcité, qui criait de toutes ses forces :

– Oui, oui, c'est vrai, ils ont tué vingt-six personnes ! Mais demain, avec la Résistance, ce sera bien pire ! Vous allez voir, il y en aura trois cents qui vont y passer ! Trois cents !

Celui-là était clairement pour les Allemands. Certains essayaient de le calmer :

– Taisez-vous, monsieur le curé ! Mais taisez-vous donc !

Et l'autre, plus exalté que jamais :

– Je m'en fous, je m'en fous, je m'en fous !

Robert, les yeux écarquillés, vit arriver une traction, d'où descendirent des hommes portant le brassard tricolore : c'était la Résistance. Craignant des règlements de comptes, les deux voyageurs filèrent à toutes jambes. Ils ne connurent jamais le sort du curé collabo.

À Capendu, des hommes – vrais maquisards ou résistants de la vingt-cinquième heure ? – cherchaient des femmes de miliciens, à qui ils voulaient certainement faire un mauvais parti. Ils interrogèrent Éveline :

– Vous êtes de la Milice ?

– Oui ! répondit la malheureuse, qui n'avait pas compris.

Robert se précipita :

– Non, non, ma mère est sourde, elle n'entend rien !

Les autres réalisèrent la méprise et s'excusèrent.

Ce furent des marcheurs hagards et gris de poussière, l'estomac creux et les mains vides, qui finirent par arriver à Lézignan. Ils avaient failli mourir à plusieurs reprises, et de l'appartement de Ginette ils ne rapportaient rien. Un périple extravagant et pathétique. Quand Louis vit réapparaître les deux fantômes, il s'élança vers eux en agitant les bras comme un dément, ne pouvant que répéter : « Ahh ! Ahh ! » Depuis près d'une semaine, le pauvre homme, après avoir déjà perdu sa fille, craignait d'avoir perdu aussi sa femme et son fils, au moment même où se produisait ce qu'il attendait depuis si longtemps : la veille, Lézignan avait été libéré.

Les Guy ignoraient qu'à Toulouse également les événements s'étaient précipités. Robert avait vu juste : les Allemands étaient partis. La plupart des troupes stationnées en Haute-Garonne battaient en retraite. Et les familles des prisonniers encore enfermés à Saint-Michel s'étaient aussitôt rassemblées devant la forteresse. Les pères, les mères, les sœurs et les compagnes des détenus secouaient portes et cadenas. Les gardes français, les seuls qui restaient, hésitaient sur la conduite à tenir. Dans les bâtiments de la section allemande, des clés circulèrent, on ouvrit les cellules, on s'aventura dans les corridors, et on poussa finalement le grand portail de fer. Abasourdis, clignant des yeux, les captifs amaigris, craintifs et pourtant euphoriques, se retrouvèrent dehors, sur le trottoir. Parmi eux, André Malraux.

Jean Oberman ? Enfermé par les Français dans la section des droits communs, il ne fut pas libéré ce jour-là. Il dut purger sa peine jusqu'au 3 octobre 1944. Mais il était vivant ! Même dans l'absence et l'éloignement, l'amour de Ginette avait continué à le protéger… Car le 4 juillet précédent, les Allemands avaient regroupé les résistants et cent cinquante Juifs détenus à la section allemande de la prison. Ils les avaient entassés, avec les prisonniers des camps de Noé et du Vernet d'Ariège, dans l'un des tout derniers convois de déportation qui s'était ébranlé de la gare Toulouse-Raynal, d'où partaient les wagons de marchandises.

Ce train maudit mettrait deux mois à atteindre sa terrible destination : Dachau. Bloqué à Bordeaux, reparti pour Angoulême, revenu à Bordeaux, détourné vers Nîmes pour remonter la vallée du Rhône, mitraillé, bombardé, disloqué, le train ne cessa plus de disparaître, de se recomposer, de se perdre pour émerger à nouveau, dans un cauchemar terrifiant qui lui vaudrait le nom de « train fantôme ». Quand les voies étaient détruites, les ponts effondrés, les wagons hors d'usage, les déportés, du moins ceux qui survivaient, étaient contraints à marcher pendant des kilomètres, par une chaleur torride, chargés des bagages et des colis contenant les derniers pillages de leurs geôliers.

Puis ils étaient poussés dans d'autres wagons à bestiaux rassemblés à la hâte, dans un chaos invraisemblable, mais avec une obstination irréductible. Les Allemands ouvraient le feu sur ceux qui tentaient de s'enfuir, les blessés s'entassaient par-dessus les morts et les mourants, et le voyage de l'horreur reprenait. Quelques dizaines de prisonniers parvinrent à s'évader en arrachant des lattes du plancher et en se glissant entre les rails. Cinq cent trente-six déportés arrivèrent finalement à Dachau le 28 août. Seule une poignée en reviendrait.

Grâce à Ginette, Jean n'avait pas été jeté dans ce train de la mort. En se battant pour qu'il reste enfermé sous la garde de la police française et non avec les autres Juifs à la section allemande, elle lui avait sauvé la vie.

19

Le retour

Au fond de la boîte verte des souvenirs, j'ai encore trouvé une enveloppe contenant une feuille pliée en quatre, très fine, relique d'un temps où la pâte à papier était rare et chère. Était-ce ce qu'on appelait du « papier pelure » ? La feuille entière est barrée en diagonale par les trois couleurs : bleu, blanc, rouge. Une affirmation déterminée, vigoureuse, de la République retrouvée. Le formulaire, rempli à la machine et intitulé « Ordre de Mission », est émis par le « Gouvernement provisoire de la République française, Ministère des PGDR, Corps militaire de Rapatriement, 41, avenue Foch, 4e étage ». Il s'agit en fait d'une aide au retour :

« Le Ministre des Prisonniers de Guerre, Déportés et Réfugiés ordonne à GUY Ginette, rue George-Sand, Lézignan, Aude, née le 17.6.24, de se rendre en mission à Lézignan. Objet de la mission : rejoint son domicile après convocation au Ministère des PGDR. Moyen de transport : chemin de fer. Date de départ : 12.6.45. Les frais de mission seront imputés sur le budget du Ministère des Prisonniers de Guerre Déportés et Réfugiés, corps de Rapatriement. Les Autorités françaises et alliées, civiles et militaires sont priées de faciliter à GUY Ginette l'accomplissement de sa mission. »

Comment Guy Ginette vécut-elle le retour à la vie civile et à la liberté ? Elle revenait de loin, d'un monde où chaque moment de chaque journée avait été pris par le combat, le danger, la lutte pour survivre. Elle avait eu des missions à accomplir, des responsabilités à assumer, des camarades à protéger, des décisions vitales et urgentes à prendre… Elle redevenait une simple fille de vingt ans, avide de vivre et pourtant marquée à jamais.

Avec la fin des combats, Ginette connut certainement, comme ses compagnons, le relâchement des nerfs, une convalescence dont on ne disait pas le nom, et ce sentiment d'étrangeté, doux amer, en reprenant contact avec un monde « normal » qui pour elle ne le serait plus jamais tout à fait. Elle passa la fin de l'été et une partie de l'automne dans l'asile sûr offert par Gunnar Nilsson, puis rejoignit à Paris Janine et Renaud Martini, qui s'étaient mariés peu après la Libération. Dès qu'elle le put, elle envoya à Lézignan une longue lettre écrite sur du papier de fortune – même l'enveloppe était rédigée au crayon – où elle racontait l'essentiel de son odyssée.

Il fallut plusieurs semaines pour que le courrier parvienne à ses destinataires. Son frère Robert se souviendrait toute sa vie du jour où la lettre était arrivée : il faisait « marin gras », racontait-il, à la manière des gens de l'Aude, lorsque le vent de la mer avance dans les terres, apportant l'humidité et une chaleur lourde. Qui peut dire le bonheur et les larmes d'une famille qui pendant plusieurs mois a vécu suspendue à une sentence : morte, ou vivante ? Elle était vivante !

En attendant de retrouver les siens, Ginette ne se lassait pas d'arpenter les rues de la capitale. Elle s'était procuré un dictionnaire bilingue, français-anglais, tout petit. Couverture noire, tranche rose, il tenait dans la main. Avec ardeur, Ginette apprenait des listes de mots d'anglais – *welcome*, *hello*, *thank you*... Mais parfois, elle sursautait en croisant des militaires ou même des civils qui s'apostrophaient avec des « *yeah, yeah* » si faciles à confondre avec le « *ja, ja* » germanique, honni. Et si c'était la « cinquième colonne » ? Paris était libéré, mais les collabos se cachaient, on craignait encore les espions, les traîtres. Et Ginette ignorait alors que les Américains ne prononçaient pas « *yes* » comme il était écrit dans son dictionnaire.

Un jour où elle se promenait avec Janine du côté de la place Victor-Hugo, elles se figèrent d'un coup, ensemble, tétanisées : elles venaient d'apercevoir en même temps un homme en complet bleu marine, mince, élégant... Delage ! Ce n'était pas un fantôme sorti de leurs cauchemars, mais une personne vivante, réelle ! Elles se regardèrent, aussi stupéfaites par cette apparition que par l'intensité de la terreur qui les avait saisies. L'individu avait déjà disparu dans la bouche de métro. Était-ce vraiment lui ? Encore en France ? Était-ce possible ? On savait juste que, depuis sa fuite de Marseille, il était recherché... Le soir, elles en parlèrent à Renaud Martini, qui avec plusieurs camarades voulut se lancer à la recherche de l'ancien SS, bien décidé à l'abattre. Mais la traque resta vaine.

Fidèle à elle-même, Ginette se porta volontaire pour soigner les rescapés revenant des camps. Elle découvrait peu à peu l'horreur dissimulée derrière les mots « déportation, destination inconnue, camps de concentration ». Oh l'innocente qui avait déclaré à Delage : « Moi, je préfère aller dans un camp ! »

Quand elle se rendit à sa première journée de

préparation pour devenir garde-malade, elle réalisa que le programme auquel elle s'était inscrite – et pour lequel elle avait été approchée par un ancien camarade de son réseau Libération – était organisé par le Parti communiste. Avide d'élargir ses rangs et d'asseoir l'influence gagnée comme « parti des fusillés », le PC cherchait à recruter d'anciens résistants. Au lieu de rendez-vous, dans la cour d'un immeuble parisien, Ginette écouta d'abord un discours prononcé par un responsable, dont il ressortait que la Résistance avait été essentiellement le fait des ouvriers, et surtout des ouvriers communistes. Ginette pensait à Julien, Marie, Mauricette, Éliane, Janine, ceux qui étaient devenus ses amis, à d'autres qui l'avaient déçue mais dont elle n'avait pratiquement jamais su les préférences politiques, pour autant qu'ils en aient eu. Dans la Résistance, elle avait croisé des pauvres et des bourgeois, des diplômés et des paysans, des communistes et des croyants… Ils avaient en commun une révolte et un idéal, bien plus déterminants que leurs origines sociales ou politiques.

Alors, après le discours, quand un petit chef communiste entreprit d'apprendre aux futures infirmières à se mettre en rang et à marcher au pas, Ginette remercia poliment et partit sans se retourner. Elle voulait se rendre utile, certainement pas se laisser enrégimenter. Elle ne perdrait pas sa liberté de penser et d'agir, si chèrement gagnée.

Par étapes, elle réussit enfin à redescendre vers le Midi. À Lyon, elle revit des camarades du temps de la clandestinité, et à Marseille, elle retrouva l'oncle Eugène. Il lui raconta l'histoire de sa visite à la Gestapo, de la rançon, de Sabiani… Lui-même, au moment de la Libération, avait fait le coup de poing dans les rues de la ville aux côtés des FFI. Je dois à la vérité de dire que par la suite, dans les rares disputes qui purent opposer Ginette à Eugène, celui-ci, le cœur sur la main mais le sang toujours vif, lui lança quelquefois : « Tu t'en souviens, du 425 de la rue Paradis, tu t'en souviens ? » Jamais elle ne lui en voulut, infiniment reconnaissante qu'il se soit ainsi jeté dans la gueule du loup pour la sauver.

À Marseille, Ginette passa également beaucoup de temps avec Éliane. Elle aussi en avait réchappé. Avec Raymond, elle s'était évadée du train de la déportation peu après Ginette et Janine, lors d'une autre alerte aérienne. L'idée émise par Ginette de se scinder en deux équipes leur avait réussi à tous. Éliane s'était réfugiée à la campagne, au nord de la capitale, où elle avait une adresse prévue en cas d'évasion chez un fermier établi à Bouqueval. À l'arrivée des Américains, elle avait accompagné les soldats en éclaireur, à bord d'une jeep, pour les aider à reconnaître les emplacements où se cachaient des éléments de l'armée allemande. Éliane était officiellement membre des FFI. Indomptable elle était. Indomptable elle demeurait.

Pendant de longues soirées, les deux amies évoquèrent leurs terreurs et leurs victoires, mais elles discutaient aussi de la France d'après, des métamorphoses politiques, de l'influence des réseaux sortis de la clandestinité, de la recomposition des partis… Elles avaient le sentiment que, bien souvent, les idéalistes se faisaient piétiner par les ambitieux. De partout surgissaient des résistants que l'on n'avait jamais croisés auparavant, et ceux-là se montraient d'autant plus féroces dans les excès de l'épuration. En ce qui concernait leurs geôliers de la rue Paradis, la plupart avaient été rattrapés par leurs crimes. Maurel, Charlot et Gueule-en-or, arrêtés et jugés, étaient condamnés à mort.

– Tu te souviens de l'Égyptien qui nous escortait dans le train ? demanda Éliane. Lui n'a pas eu de procès, il a été liquidé dans les premiers jours de la Libération. Quant à l'autre, l'Italien, je ne sais pas ce qu'il est devenu.

Ginette raconta qu'elle pensait avoir aperçu Delage à Paris, au début du mois de mai. Éliane resta pensive.

– Ce n'est pas impossible, dit-elle enfin. Après la Libération, on a cru qu'il se cachait dans Marseille. J'ai une amie – elle aussi avait été torturée rue Paradis – qui gardait toujours un revolver dans son sac. Elle m'avait affirmé : « Si je tombe sur lui, je le descends. » Je t'assure qu'elle n'aurait pas hésité. Mais en fait, il avait fui depuis longtemps. Je ne sais pas si tu l'as su, mais ici, tous les journaux l'ont annoncé : il a été arrêté à Paris le 7 mai.

Le *Scharführer SS*, la terreur de Marseille, n'était plus que « Dunker Ernst, dit Delage, matricule 3222 », désormais incarcéré à la prison des Baumettes, là où il avait envoyé Ginette, Éliane, Janine et tant d'autres résistants.

Finalement, un jour d'automne, la voyageuse intrépide, l'aventurière disparue depuis un an et demi, poussa le portail de la maison de Lézignan. Elle était revenue. C'était ce que répétaient inlassablement sa mère et sa grand-mère devant cette apparition : La petite est revenue ! La petite est revenue !

Louis, lui non plus, ne pouvait détacher son regard de sa fille. Ses yeux immenses et noirs, si semblables aux siens… Quelque chose en eux avait changé.

Quelque chose s'était éteint. Il la contemplait avec une affection sans borne et une tristesse infinie. Il le savait, lui qui avait vécu l'horreur des tranchées : elle portait désormais un fardeau invisible dont elle ne pourrait plus jamais se décharger. Ginette était vivante. Mais l'insouciante qui courait sur la plage de La Nouvelle, la légère qui voulait planer comme les mouettes et les cormorans, cette petite-là s'était envolée pour toujours.

L'hiver succéda à l'automne, et bientôt ce fut le printemps, le premier printemps de la paix. La vie quotidienne peinait à reprendre son cours, les pénuries restaient sévères, des rancunes tenaces s'attardaient. À la Libération, la petite ville des Corbières avait connu sa part de drames, de jugements hâtifs et de règlements de comptes. La gare avait été bombardée – les Alliés visaient alors les wagons de cheddite abandonnés par les Allemands, mais ils avaient raté l'objectif. Des combattants venus des maquis avaient quelque temps coursé les dernières colonnes de « Mongols » égarées dans le Minervois, qui terrorisaient les habitants. Dans le collège au bout de la rue des Guy, que les Allemands avaient transformé en dépôt, des Lézignanais s'étaient disputé des conserves de pâté, des pots de confiture, des outils, tout ce qui pouvait servir chez soi ou au marché noir qui continuait à sévir. Même les meubles de la directrice, entreposés là, avaient été embarqués avant que la police française n'intervienne. Des armes aussi avaient été récupérées et certains s'amusaient encore à tirer dans les haies – ceux-là n'avaient pas été des héros de la Résistance. Honte suprême, même à Lézignan, quelques femmes avaient été tondues.

Le matin, quand Ginette ouvrait les yeux et apercevait les branches flexibles de l'acacia derrière le rideau de tulle rose, elle mettait un moment à réaliser qu'elle était revenue dans la maison de ses parents, dans sa chambre de jeune fille. Elle avait vingt et un ans, toute une vie à reconstruire. Elle ne savait même pas par où commencer.

À Louis et Éveline, à sa grand-mère Anna, elle avait donné une version très atténuée de ce qu'elle avait vécu. Delage, tristement célèbre ? Oui, elle l'avait croisé… Elle s'arrêtait là. Son père n'était pas dupe. Ginette, elle, mesurait ce que ses parents avaient souffert, l'inquiétude terrible qui les avait dévorés, et elle se le reprochait, comme s'il s'agissait de frasques de gamine. Plus tard, il lui arriverait de dire : « Oh, je leur en ai fait voir ! », et elle n'en était pas fière. Ce fut Robert, à mesure qu'il atteignait l'adolescence, qui devint son confident. Même si elle gardait beaucoup de choses pour elle…

Comme la lettre de Jean, qu'elle avait reçue quelques mois après la fin de la guerre. Il était vivant, libre lui aussi. Il espérait la retrouver, il l'aimait toujours.

Ginette réfléchit longtemps avant de lui répondre. Elle fit quelques brouillons, s'efforçant d'exprimer au mieux ce qu'elle ressentait. De l'amour qu'elle éprouvait pour lui, elle ne doutait pas un instant. Voir son prénom tracé au bas de la page suffisait à la bouleverser. Il était l'amour de sa vie mais était-il son avenir ? Se marier, comme ils l'avaient décidé à Toulouse, fonder une famille ? Il semblait à Ginette que pendant la guerre ils s'étaient aimés comme les enfants qu'ils étaient encore. Mais l'épreuve l'avait profondément changée, elle n'était plus la même. Et Jean non plus, certainement… En tout cas, elle ne pouvait pas simplement revenir en arrière, à leur vie « d'avant ». Elle avait besoin de sécurité, de sincérité, de fidélité.

Elle voulait, absolument, pouvoir faire confiance à l'homme qu'elle aimait. Partager des projets, mais aussi une vision de la vie, des valeurs à transmettre peut-être un jour à leurs enfants.

Tout cela, elle l'écrivit à Jean, le plus tendrement qu'elle pût, mais aussi clairement, fermement, sans la moindre concession. Pour cet amour qu'elle avait porté si haut, elle refusait la médiocrité.

Cette lettre resta sans réponse.

20

La plus résistante de toutes

Pendant ce temps, à Marseille, le parcours meurtrier de Delage, l'ancien chef de la Gestapo, approchait de sa fin. Par Éliane, Ginette avait appris qu'il était prisonnier aux Baumettes. Mais elle ignorait tout de sa cavale qui, auparavant, avait duré presque un an. L'ancien SS était bien déterminé à échapper à la justice de la République. Déjà, en été 1944, au moment où il signait l'ordre de déportation de Ginette et de ses compagnes, il préparait sa fuite. Le débarquement en Provence et la progression rapide des Alliés avaient précipité son départ. Il avait fait brûler hâtivement la plupart de ses dossiers. Dans le désordre de la rue Paradis abandonnée par la Gestapo, les FFI devaient néanmoins retrouver les fameux rapports *Flora*, *Catilina* et *Antoine* où Delage relatait les grandes opérations de répression qu'il avait menées à Marseille.

Habillé en civil, il avait réussi à gagner l'Allemagne avec sa compagne française, Blanche Nicolaï. À Berlin, il s'était vu chargé de différentes missions d'espionnage. Puis, lorsque le Reich s'était effondré en avril 1945, il avait filé en Suisse, accompagné d'un petit groupe d'anciens collaborateurs, tels Edmond Maurel et Charles Olivieri, que Ginette avait eu le malheur de côtoyer rue Paradis.

Delage était alors en possession de faux papiers au nom de Pierre Goldstein, ouvrier français prétendument réquisitionné par le Service du travail obligatoire. Se croyait-il mieux protégé en se faisant passer pour juif, lui qui avait contribué à l'extermination de millions d'hommes, de femmes et d'enfants déportés vers les chambres à gaz ? Les autorités consulaires françaises ne relevèrent pas cette anomalie pourtant criante : le STO n'acceptait pas de Juifs. Sans sourciller, elles délivrèrent au faux Pierre Goldstein un authentique certificat de travailleur rapatrié d'Allemagne, qui lui permit de revenir légalement en France. Mais, trahi par un proche, Delage fut arrêté à Paris un mois plus tard, puis transféré à Marseille, sur le lieu de ses crimes.

Le savoir dans une cellule des Baumettes, c'était pour Ginette un étrange retournement de l'histoire, et un réel soulagement. Il ne pourrait plus nuire. Je ne crois pas qu'elle souhaitait sa mort. La vengeance n'était pas pour elle une forme de consolation. Sa peur et sa répulsion étaient d'une tout autre nature.

Elle ne sut pas – je crois qu'elle n'en aurait pas été surprise – qu'au cours de la longue enquête préalable à son procès, l'ancien SS n'exprima aucun remords. Comme tous les grands assassins, il ne ressentait pas la moindre culpabilité, au point qu'il n'envisageait pas la peine de mort ni même un long séjour en prison. « Je ne suis pas inculpé comme criminel de guerre, mais de choses qui tomberont à l'eau pendant l'instruction, écrivit-il à sa compagne en avril 1946. Je serai peut-être même acquitté. Ils ne sont pas montés contre moi. Je ne suis pas inculpé d'espionnage. Je ne risque certainement pas plus que ce que j'ai déjà fait d'emprisonnement. »

Croyait-il vraiment à son impunité ? Le bourreau avait en tout cas la conscience tranquille. Il se prenait même pour un grand sentimental. Les lettres qu'il adressait alors à sa « chérie bien-aimée » dégoulinaient de mièvrerie : « Jour et nuit, mes pensées sont avec toi et je me demande mille fois par jour si tu penses à moi, si tu m'es fidèle ou si tu m'as oublié, si tu ne veux plus rien savoir de moi, si tu m'aimes encore, si tu seras à moi pour toute la vie. Je ne trouve pas une minute de tranquillité avec ces idées qui me tracassent continuellement… Je n'ai jamais tant souffert que le jour où on t'a mise au dépôt avec les filles de joie… Mon amour, mon cœur t'appartient et pour toujours… » Et il concluait en signant en majuscules de son diminutif puéril : « Je t'aime pour toute la vie, et je te prie de ne pas oublier ton petit RICON. »

Son procès s'ouvrit le 22 janvier 1947. Il dura trois jours. « Dunker-Delage » était accusé d'« association de malfaiteurs, assassinats, complicité d'assassinats, séquestration de personnes, actes de barbarie, meurtres, pillages ». Dans la salle d'audience exiguë où s'entassaient magistrats, témoins principaux et journalistes, il apparut très amaigri, le crâne dégarni. Mais il n'avait rien perdu de sa combativité.

En dépit de dépositions accablantes, il chercha obstinément à convaincre qu'il n'était qu'un officier subalterne obéissant aux ordres : « Tout le monde à ce moment-là parlait de moi, affirma-t-il. C'est naturel, j'étais celui qui s'exprimait le mieux dans votre langue. Mais je n'étais que la bonne à tout faire de la maison ! Tout ce qu'on me reproche est inexact. »

Au troisième jour, après le réquisitoire et la plaidoirie de l'avocat commis d'office, l'accusé fut invité à prendre une dernière fois la parole : « Monsieur le président, c'est d'office que j'ai été versé dans la Gestapo. Avant je faisais partie de la Wehrmacht. Mes camarades et moi avons vainement protesté mais nous avons été obligés de rester dans la Gestapo. J'ai obéi à mes chefs et seulement obéi. » Il ajouta : « Je me suis battu pour mon pays, comme soldat, puis au SD [la Gestapo]… Je regrette d'avoir été brutal. Je regrette ce que j'ai fait. Je demande votre indulgence… Nous n'avons pas tous le bonheur d'être français, et malheureusement, je suis allemand. »

Après un peu plus d'une heure de délibération, le président donna lecture du verdict : « Le tribunal condamne le sergent-chef de l'armée allemande, prisonnier de guerre, Dunker Ernst, dit Delage, à la peine de mort. »

Le condamné fit appel, se pourvut en cassation. Toutes ses tentatives furent rejetées. Alors, il sollicita le chef de l'État : en mai 1948, il fit envoyer au président Vincent Auriol un dossier de recours en grâce. Il y joignit une lettre manuscrite au crayon, dont l'original est conservé aux Archives nationales. On ne trouve dans ce dossier ni reproduction ni photocopie. Ce sont donc les huit feuillets où s'était attardée la main du bourreau, couverts recto verso d'une écriture serrée, régulière, pâlie par le temps, que j'ai lus et touchés, à la fois troublée et écœurée.

Prêt à tout pour sauver sa peau, Delage commençait par une étrange et cynique formule : « Je ne suis pas un ange, mais ce n'était pas le temps des bonbons. » À nouveau, il niait toute responsabilité : « J'ai toujours agi sur ordre. » Il n'hésitait même pas à affirmer sa bonne foi, voire sa naïveté : « J'ai toujours été fier de mes succès contre les espions et les saboteurs, jusqu'au jour où j'ai appris ce qui s'était passé dans les camps de concentration. Mais c'était trop tard, un choc et une honte pour moi ! Quelle hypocrisie du nazisme ! Les chefs nous disaient : personne n'y est maltraité. Et moi, bon enfant, j'y ai cru, je n'ai jamais douté de la parole d'un officier. »

Dans sa missive au président, il mettait en cause ceux qui avaient pactisé avec Hitler : « Je reproche à la France son indolence à partir de 1933. Elle eût épargné un désastre à mon pays par une intervention efficace quand il était temps… Ce fada d'Hitler s'en est vanté dans tous ses discours. » L'ancien SS ajoutait : « On a voulu me présenter comme le grand chef de la Gestapo à Marseille. Cette représentation était peut-être nécessaire pour satisfaire la curiosité du public. J'ai le regret de dire qu'elle déforme toutefois grandement la vérité. »

La réponse de Vincent Auriol se ferait attendre. Enfin, le 6 juin 1950, le prisonnier des Baumettes sera réveillé à l'aube : « Dunker, votre recours en grâce est rejeté, l'heure est arrivée. »

Après s'être entretenu avec son avocat, le condamné demandera à faire une ultime déclaration. Surprise : il récusera soudain totalement la ligne de défense adoptée jusque-là, et se présentera sous un tout autre visage : « En réalité, c'est moi, le lieutenant [il avait été rétrogradé au rang de sergent-chef] Dunker Ernst, qui dirigeais le contre-espionnage en relation directe avec le RSHA [*Reichssicherheitshauptamt*, Office central de sécurité du Reich], et ceci à l'insu de presque tous les membres du service. J'étais en relation directe par radio Marseille-Berlin à l'insu de tout le monde. Tout ce qui s'est passé au SD de Marseille, depuis le

1er mars 1943 jusqu'à notre fuite, a été commandé par moi. J'ai été très sévère et j'ai toujours fait exécuter les ordres de Berlin... Je répète encore une fois que tous les Allemands du SD de Marseille ont dû obéir à des ordres dont j'avais l'entière responsabilité. »

Au moment suprême, il réclamera donc la gloire de ses crimes... Face au peloton d'exécution, il aura un bref malaise, se ressaisira pour refuser le bandeau sur les yeux et clamera : « Vive l'Allemagne ! À mort la France ! » Certains crurent entendre : « J'emmerde la France ! »

Pendant cette période, revenue dans sa famille, Ginette ne parlait jamais de Delage. Ce qu'elle ne sut pas, c'est que l'ancien SS, lui, avait parlé d'elle...

Au cours de l'instruction, la DST (Direction de la surveillance du territoire) l'avait interrogé sur chaque personne dont il avait consigné l'arrestation ou l'exécution dans ses rapports successifs. Les enquêteurs demandèrent donc des explications sur le sort de « Mlle Guy », la résistante numéro 27 du rapport Antoine, à propos de laquelle il était écrit :

« La femme GUY fut livrée le 31.7.44 pour aller travailler en Allemagne parce qu'elle... »

La phrase s'arrêtait là. Qu'est-ce que cela signifiait ? Delage répondit : « Elle a été arrêtée le 17 juillet 1944 au magasin *Art marocain*, rue de La Palud. Elle était en possession d'un volumineux courrier. Elle a été interrogée par moi sans pouvoir donner la moindre indication utile. J'ai réussi à la faire libérer en racontant à Helwing [supérieur immédiat de Delage] qu'elle avait rendu service pour des arrestations. Dans un brouillon du rapport final, à son sujet, il y avait la phrase “fut livrée…”. Je n’avais pas encore trouvé l’excuse à mettre dans le rapport. En réalité, elle a été la plus résistante de toutes les femmes de ce dossier, car elle n’a rien indiqué du tout. »

« La plus résistante de toutes… »

Que dirai-je du tremblement que suscita au plus profond de moi la lecture de ce compte rendu d’interrogatoire, consigné aux archives des Bouches-du-Rhône ? Quelles visions de cauchemar se cachaient derrière cette ultime révélation ? Jusqu’où était allée l’infamie du chef de la Gestapo, expert à briser les plus coriaces adversaires, pour qu’il rende involontairement un tel hommage à la petite Ginette Guy de vingt ans ? Elle n’avait rien dit, rien cédé. Il ne l’avait pas vaincue.

La plus résistante de toutes… Ce que ma mère a vécu dans les locaux ignobles de la rue Paradis, cette question qu’elle n’a jamais abordée et que je ne lui ai jamais posée, restera son secret, pour toujours enfoui. Elle l’a voulu ainsi. Autant pour me protéger que par incapacité à en parler.

En dépit de mes efforts au fil de ces pages pour admettre mon déni et tenter de m’en dépouiller, je ne peux pas aller là où elle est allée, je ne peux pas m’en approcher davantage. Seuls pourraient le faire ceux qui ont traversé l’épreuve, et leurs secrets sont indicibles. Pour les autres, savoir ce qui s’est passé n’empêche pas de réaliser qu’on ne saura jamais. Et finalement, à quoi bon ? Je n’ai jamais eu besoin du jugement d’un tortionnaire gestapiste pour apprécier qui était ma mère. Pas besoin de connaître les détails pour comprendre que la petite Ginette a payé terriblement cher le prix de son engagement. Prétendre aller plus loin serait la trahir. Je ne veux pas trahir la petite Ginette, je ne veux pas trahir ma mère. Je dois respecter son silence, m'éloigner de ce gouffre, et renoncer à pénétrer le mur de ronces et d'épines qui dissimule la face cachée de l'âme humaine et le mystère de sa noirceur.

21

Le passant

Dans la salle de cinéma, les lumières s'éteignirent. Après les actualités, le court-métrage et les annonces publicitaires, on attendait le « grand film ». Ginette était accompagnée d'un jeune homme élégant, et elle-même n'avait rien perdu de sa coquetterie, soignant sa mise en toutes circonstances. Ce jour d'automne 1948, elle portait un tailleur vert amande, un chemisier rose, des chaussures de cuir souple qui lui avaient coûté une petite fortune – les restrictions n'avaient pas disparu – mais qui contrastaient si agréablement avec les galoches à semelles de bois du temps de l'Occupation. Elle repensait à la gamine qu'elle avait été ici même, à Toulouse, quelques années auparavant. Comme sa vie avait changé. Tant d'illusions perdues, tant de déceptions, tant de nouvelles perspectives aussi. Elle habitait encore Lézignan, mais à nouveau, elle voyageait beaucoup, pour le compte de la société qui l'employait et lui avait confié davantage de responsabilités. Narbonne, Perpignan, Montpellier, Carcassonne, et maintenant, Toulouse. Cette pause de quelques jours dans la ville rose de sa jeunesse ravivait tous ses souvenirs.

Une silhouette sombre vint s'interposer quelques secondes entre elle et l'écran, lui masquant le générique du film. Un spectateur en retard, qui se glissait dans le rang précédent, fit lever trois personnes, et s'assit dans un fauteuil presque devant elle. Cette allure dégagée, la ligne des épaules, le long cou, la forme ovale de la tête… Ce fut son cœur s'emballant soudain dans sa poitrine qui l'avertit avant même que son cerveau ne comprenne. C'était lui, c'était Jean ! Jean, qu'elle n'avait pas revu depuis 1944, depuis le jour si douloureux, si dramatique de son procès. Jean que maintenant elle aurait pu toucher juste en allongeant la main.

Elle ne vit rien du film.

À la sortie, elle s'arrangea pour se trouver sur son chemin. Elle n'hésita pas, ne réfléchit pas. C'était comme si le destin – ou Dieu ? – avait frappé à sa porte. Elle *devait* revoir Jean. Deux exclamations fusèrent :

– Ginette !

– Jean !

Ignorant le monde autour d'eux tout comme le jeune homme qui accompagnait Ginette et qui ne le lui pardonnerait pas, ils prirent rendez-vous pour le lendemain.

De nouveau la place Wilson, l'angle du boulevard Carnot. De nouveau le café des Américains. Et de nouveau, Jean qui l'attendait à une table de la terrasse. Comme autrefois, le choc de sa beauté. Son profil régulier, ses cheveux lustrés auxquels s'accrochait un rayon de soleil. Contempler Jean, c'était, au-delà de l'amour, un goût profond, une satisfaction esthétique. C'était un bonheur, comme de regarder une œuvre d'art.

L'apercevant, il lui fit signe, se leva, hésita à lui tendre la main, l'embrassa sur la joue, la serra un instant contre lui.

– Tu prends quoi ?

– Une grenadine.

Lui sirotait une liqueur de couleur verte qu'elle ne reconnut pas.

– Alors finalement, tu habites Toulouse ? lui demanda-t-il.

– Non, je suis seulement de passage, en déplacement. Je travaille pour une compagnie d'assurances. Et toi ?

Il rit. Son air joyeux, son sourire de lumière…

– Pareil, de passage ! Je rentre à Paris demain.

Évidemment, il habitait la capitale. Dans sa vie, Toulouse ne pouvait être qu'une halte. Elle l'interrogea, voulant savoir, ne parvenant pas à se convaincre que cela ne la concernait plus :

– Tu y es reparti à la fin de la guerre ?

– Quelques mois après… C'était encore très compliqué de se déplacer. Tu as su que j'étais sorti de prison en octobre 1944 ?

– Mais oui, tu me l'as écrit !

Il marqua une hésitation, lui jeta un regard en dessous, mi-figue mi-raisin :

– En somme, toi et ma mère, vous vous étiez mises d'accord pour me faire enfermer ?

Un peu interloquée, puis retrouvant spontanément leur connivence perdue, Ginette tapota d'un doigt léger le bras du jeune homme :

– Je crois que tu t'étais bien débrouillé tout seul pour te faire enfermer, non ? Mais c'est vrai, avec l'avocat, on a tout fait pour que tu restes à la section française. Sinon…

Elle n'acheva pas, elle n'avait plus envie de plaisanter. Même Jean redevint sérieux. Il fit ce que Ginette, en secret, appelait autrefois « sa bouche tendre », une moue très douce, comme hésitante, qui la bouleversait plus encore que son sourire.

– Je sais, dit-il, ma mère m'a tout raconté. Ça m'a vraiment sauvé la vie. Sinon, j'étais foutu, bon pour la déportation. Mais ça a été quand même un très mauvais moment à passer.

– La prison ?

Brusquement, le dégoût creusa les traits de Jean :

– Oui. C'était ignoble. Dégueulasse. Tu ne peux pas imaginer. Entassés, les uns contre les autres, couverts de poux, rien à bouffer. On faisait la chasse aux rats. Pour les manger.

De nouveau, cette expression de répulsion. Rien de toute cette horreur ne pouvait réellement surprendre Ginette, mais l'entendre dans la voix de Jean lui broyait le cœur. Lui, sentant son désarroi, posa un instant sa main sur la sienne, comme autrefois :

– Bon, tout ça, c'est du passé. Et je suis bien vivant !

Ginette fit un effort pour revenir elle aussi vers le temps présent :

– Ta mère, tes parents, comment vont-ils ?

– Ça va. Bien sûr, il y a des choses qui ne changent jamais, mon père croit décider, mais en réalité c'est ma mère qui mène la barque. Heureusement !

– Eux aussi, ils sont revenus à Paris ?

– Oui, en 1946. Entre-temps, j'avais récupéré notre appartement du boulevard Ornano.

Elle n'avait pas oublié l'adresse où pourtant elle n'irait jamais. Jean croisa les mains derrière la nuque, allongea les jambes, comme s'il ménageait ses effets pour raconter une bonne histoire.

– Quand j'ai débarqué à Paris, je suis allé voir la concierge et je lui ai demandé les clés. Et la voilà qui me fait tout un baratin : « Oh, monsieur Jean, on ne pensait pas vous revoir, alors vous comprenez, etc. » Bref, je l'ai plantée là, je suis monté, j'ai sonné, et je suis tombé sur un connard qui me balance qu'il est chez lui et qu'il ne bougera pas.

– Non ? C'est incroyable ! Et en plus, te dire « on ne pensait pas vous revoir »…

– N'est-ce pas ? Au moins sur ce point-là, c'était sincère !

Il partit d'un éclat de rire et reprit :

– Je suis allé voir les flics qui m'ont servi l'habituel : « On va voir, faut qu'on enquête. » Tu parles, ce sont les mêmes que sous Vichy… Le lendemain, j'ai guetté le type en bas de l'immeuble, je l'ai suivi dans l'escalier, et quand il a ouvert la porte de l'appartement, je l'ai poussé à l'intérieur. Je lui ai dit : « Tu embarques tes cliques et tes claques, pas demain, maintenant. Si je te retrouve ici, ce n'est pas dans la rue que je réglerai ton compte, je ne suis pas con, mais on t'attendra à trois ou quatre, et tu passeras par la fenêtre. » On ne l'a jamais revu !

– Bravo !

C'était au tour de Ginette de rire. Puis elle demanda :

– Vous vous êtes tous réinstallés boulevard Ornano ?

– Oui, au début. Mes parents ont repris la boutique de Saint-Ouen, Hélène travaille avec eux. Elle est restée cachée au couvent, à Capdenac, jusqu'à la Libération, et elle a même passé son brevet…

La « petite Hélène ». Courageuse, fiable. Et maintenant, adulte…

– Et Marcel ?

– Il se débrouille. Il fait les marchés, il est dans les surplus américains.

L'étincelle moqueuse était revenue scintiller dans

les yeux de Jean. Il n'avait jamais pris son frère au sérieux. Il poursuivit :

– Enfin moi, tu sais bien, les marchés, Saint-Ouen... Je loue un appartement pas très loin de chez mes parents, rue de Trétaigne, mais je vais bientôt m'installer du côté des Champs-Élysées. Je me suis lancé dans les affaires !

– Ah oui ? Quel genre d'affaires ?

Ginette se souvenait des projets qu'ils avaient nourris ensemble : « On prendrait une boutique... »

– Un peu d'immobilier, de l'import-export... Mais surtout je suis en train de démarrer une marque de chaussures de luxe, j'ai plein d'idées ! Et pour ça, il n'y a que Paris. D'ailleurs toi aussi, tu ferais bien d'y penser. Lézignan, Toulouse, ça ne te suffira pas.

Ginette sentit comme une accélération dans le sang qui battait à ses poignets. Que voulait-il dire ? Que cherchait-il à savoir ?

– Peut-être... murmura-t-elle, dubitative.

Ne pas se laisser aller à l'espoir qui, d'un coup, l'envahissait. Ne pas s'autoriser à penser que s'il lui tendait la main, elle quitterait tout, ici, maintenant. Même en le connaissant. Même en sachant qu'il ne serait jamais ni sûr ni fidèle.

Sans remarquer son trouble, Jean poursuivait :

– Tu es fiancée ? Tu vas te marier ? Le type que j'ai vu avec toi au cinéma ?

Elle hésitait. Avaler lui faisait mal. Respirer était un effort.

– Je ne sais pas. C'est un peu tôt...

Elle déglutit péniblement. Se força à sourire.

– Et toi ?

– Ni fiancé, ni marié, tu me connais ! Mais bientôt peut-être. Je crois que j'ai changé, malgré tout. J'aimerais avoir des enfants, une famille. Tourner la page de la guerre. Passer vraiment à autre chose. Je fréquente une fille depuis quelques mois.

Ginette resta silencieuse. Jean lui proposa une cigarette, elle accepta. Elle tira une bouffée, réprima une grimace qui lui venait spontanément. Jean ne parut pas s'en apercevoir. Elle demanda, avec une indifférence feinte :

– Une Parisienne alors ?

– Oui, elle est mannequin, elle fait des photos, et elle défile pour une maison de couture.

Ginette sentit la vieille morsure lui enserrer le cœur. Mannequin ? Le terme évoquait un monde où elle croyait ne pas avoir sa place. Elle revit la fille blonde du procès. Ce n'était donc pas celle-là, mais une nouvelle, certainement aussi belle, aussi élégante. Évidemment. Jean s'était levé. Il se pencha :

– Tu m'excuses ? Je devais l'appeler, j'en ai pour une minute.

Il s'éloigna, se dirigea vers le comptoir, sa silhouette se perdit dans le reflet des vitres. Ginette écrasa sa cigarette dans le cendrier.

Mais déjà, il revenait, reprenait sa place. Il tira une autre cigarette du paquet, l'alluma, et tout en secouant l'allumette pour éteindre la petite flamme, il expliqua, désinvolte :

– Elle n'était pas là. Elle n'a pas de veine.

Ginette leva les yeux vers lui. Il ne plaisantait pas. Il ne riait pas. La jeune fille avait manqué l'appel qu'il voulait bien lui passer. Elle avait raté sa chance, elle n'avait « pas de veine ». Cette phrase-là, elle aussi, lui fit l'effet d'un acide. Oh Jean ! Toujours aussi sûr de l'effet qu'il produisait, si tranquillement arrogant. Elle ne fit pas de commentaire.

Les fiancés de naguère poursuivirent la conversation, évoquèrent leurs connaissances, ceux qui étaient revenus, ceux qu'on n'avait pas revus. Alexandre était resté à Toulouse et avait repris son travail de décorateur. De leur ami Simon, personne n'avait plus jamais rien su. Prise par le procès de Jean, son engagement dans la Résistance, Ginette n'avait pas envoyé le colis qui aurait pu l'aider. Elle en garderait le remords toute sa vie.

Et puis, doucement, les propos se tarirent. Ils se levèrent ensemble, échangèrent un baiser rapide sur les deux joues, un souhait de bonne chance.

Jean partit le premier, Ginette se rassit un moment. Elle regardait de tous ses yeux le grand jeune homme élancé qui s'apprêtait à traverser le boulevard. Elle engrangeait des souvenirs pour un futur où il ne reviendrait pas. Elle le fixait comme si sa rétine pouvait à jamais imprimer sa trace. Ce n'était pas le passé qui avait un goût de cendres. C'était toute sa vie présente.

Jean, de l'autre côté de la chaussée, s'était retourné. Il lui adressa un grand signe, le bras levé au-dessus de la tête. Elle répondit et lui sourit bravement, les yeux pleins de larmes. Déjà, il avait disparu. Ginette eut un mouvement brusque du menton, resserra le foulard qu'elle portait au cou et reprit son sac. À son tour, elle quitta le café des Américains.

Épilogue

Un dimanche de juin 2021. Un ciel très pur, un soleil très doux, baignant un jardin immense et silencieux : le cimetière juif de Bagneux. Je me tiens face à une stèle de granit noir où scintille l'étoile de David. Et je fixe des yeux cette inscription en lettres dorées : Famille Oberman.

La quête de tant d'années à la poursuite de mes fantômes vient de trouver sa conclusion, aussi paisible qu'inattendue. J'avais suivi les traces de la petite Ginette par-delà le temps, appris tout ce que je pouvais et voulais savoir… Mais j'avais tenté en vain de retrouver les descendants de Jean, épluché des listes interminables de noms dans différents pays, et finalement, à regret, renoncé.

Et puis, soudain, au détour d'un réseau social, au terme de la rédaction de ce livre, un lien improbable s'est soudain noué. Et voilà que je les retrouvais, ces Oberman d'autrefois aux cœurs tourmentés, maintenant réunis dans le sommeil éternel, à l'exception de Marcel qui repose dans une tombe voisine. Joseph, le père, est décédé en 1983, et Esther, la mère, inscrite sous la forme francisée de son nom, Berthe, en 1994… Hélène, partie trop tôt après des années de maladie, repose là elle aussi, auprès de sa belle-mère Eugénie

Gane, qui faisait partie de la famille… Et enfin Jean ! Le premier né, l'enfant de Varsovie, mort le dernier, en 2012, à presque quatre-vingt-dix ans.

Ce sera mon unique face-à-face avec lui, le lumineux jeune homme entré dans la légende familiale, le grand amour de ma mère, celui qu'elle n'oublia jamais et dont elle me parla souvent.

Mon guide, Manuel Oberman, le fils de Marcel, celui qui a répondu à mes messages et m'a conduite jusqu'à ce lieu, récite le kaddish. J'incline la tête tandis qu'il psalmodie la prière ancestrale. Nous déposons chacun un petit caillou sur la tombe.

Les Oberman d'aujourd'hui – Manuel qui habite en Israël, René Gane le mari d'Hélène, et Odile, la fille unique de Jean, aussi solaire que son père –, tous m'ont accueillie comme si j'étais un membre de la famille, surpris de découvrir cette histoire qui est en grande partie la leur. Et ils m'ont chacun raconté « leur » Jean.

Comme il ressemblait au garçon rebelle et fantasque que j'avais imaginé à travers les récits de ma mère, celui qui, à dix-sept ans, avait traversé la France à bicyclette pour échapper à l'envahisseur nazi ! La vie ne l'avait pas changé, au fil du temps, il était juste devenu encore plus indomptable, plus téméraire, plus rétif à l'autorité. Il était de ces jeunes gens qui, en abordant l'âge adulte, se découvrent tout-puissants : où qu'ils aillent, personne, et en particulier aucune femme, ne leur résiste. Tout cède devant eux. De ce pouvoir, ils usent et ils abusent. Pour décrire Jean, tous ses proches mettaient l'accent sur sa beauté, son charisme, sa séduction : cette aura d'exception fut le moteur central de sa vie, de ses succès, mais aussi finalement d'une forme d'autodestruction.

Doué pour tout, il lisait beaucoup, peignait avec talent, apprenait la musique, excellait à tous les sports, tennis, ping-pong, golf, vélo. Débordant d'idées, il ouvrit un atelier de chaussures de luxe, avec un tel succès qu'il le transforma en usine. Il se lança aussi dans l'électronique naissante et dans l'immobilier, même si le caractère trop stable de « la pierre » le rebutait, comme un refus de toute attache. Lui-même préférait louer : un grand appartement rue Marbeuf, puis un autre avenue Bugeaud, dans les beaux quartiers parisiens qu'il affectionnait. Il trouvait toujours des projets inédits, des investisseurs prêts à le soutenir, de nouveaux clients, mais, progressivement, il s'en désintéressait… Il confondait ses finances personnelles avec celles de l'entreprise, se servait dans la caisse pour jouer au poker, quittait le bureau pour suivre une nouvelle conquête. Il perdait de l'argent, parfois beaucoup, et finissait par décevoir ceux qui lui avaient fait confiance, cédant sans doute à une peur chronique de la réussite.

Le soir, il retrouvait ses copains au Val-d'Isère, un restaurant de la rue de Berri décoré de rondins et de photos de skieurs, comme un chalet savoyard. Ils étaient cinq ou six, toujours les mêmes, tous juifs, tous rescapés des prisons ou des camps nazis. Certains étaient réapparus un jour de 1945 à l'hôtel Lutetia, où on regroupait les survivants, squelettes respirant à peine, et ils s'étaient découverts seuls au monde : toute leur famille avait été exterminée. « Tu sais comment j'ai survécu dans les camps ? confia l'un d'eux à René, le futur beau-frère de Jean. Je mettais les corps dans les fours. Voilà ce que j'ai fait. Quand je me regarde dans le miroir le matin, je vois un spectre. » Rien d'étonnant si, entre eux, Jean et ses amis ne parlaient jamais du passé. Seul comptait l'instant présent. Ils savaient qu'ils pouvaient mourir à tout moment. Ils n'avaient plus peur de rien.

Des habitués du restaurant les surnommaient « les chiens », à cause de leur façon de mordre la vie à pleines dents, de prendre tous les risques, de vivre intensément, sans projet, sans morale. Parfois, ils payaient un très jeune homme au visage d'ange et au sourire de loup, frais démobilisé d'Indochine, qui leur ramenait des jeunes filles pour la soirée. Pas des prostituées, non – jamais Jean n'acheta la compagnie d'une femme –, mais des filles de cette génération fracassée par la guerre, à la poursuite d'amusements et de plaisirs éphémères. « *No future* », bien avant que le terme ne soit à la mode.

Dans les années 1950, Jean était devenu un play-boy connu de toute la jet-set parisienne. Chanteuses, mannequins, actrices, stars de télévision, riches héritières, jolies filles en quête d'une brève aventure ou d'un mariage romantique, se succédaient à son bras. Plus d'une rêva de le « changer », beaucoup renoncèrent, il renvoya les autres.

Toujours très élégant, à près de soixante-dix ans, sa réputation de séducteur demeurait intacte. On le vit apparaître dans une émission de télévision de Mireille Dumas consacrée aux dons Juans. Sans complexe, il y affirmait : « Moi, je ne veux pas être un compagnon. Je veux être un *lover*, un amant. » Il se rendait fréquemment aux États-Unis, et à Los Angeles fréquentait le gratin des stars – Steve McQueen, Frank Sinatra. Au retour, il se présentait parfois comme « Jean Oberman, de la Metro-Goldwyn-Mayer », juste pour rire, ou pour tester la crédulité de ses interlocuteurs. Il détestait payer ses impôts, imaginait sans cesse quelque nouvelle entourloupe, se voyait en gentleman cambrioleur, flambeur, charmant, un mauvais garçon à la Belmondo, avec qui il jouait d'ailleurs au tennis, l'été à Saint-Tropez.

« Voilà, c'était Jean ! » m'ont répété ses proches en résumant leurs souvenirs. Jean qui savait briller, inventer, séduire à en mourir. Mais qui ne savait pas construire.

Jusqu'au bout, âgé, malade, il n'abdiqua jamais. Il avait développé un cancer de la plèvre lié à l'amiante, et recevait une pension relativement importante. Il disait, sarcastique : « Le cancer tue, moi je vis du cancer ! » Et dans ses derniers mois : « Noël au scanner, Pâques au cimetière. »

C'était Jean.

Ma mère Ginette suivit, elle, un chemin aux antipodes du flamboyant play-boy du Val-d'Isère. Après la guerre, elle trouva d'abord du travail, dans une compagnie d'assurances. Sérieuse et vive à la fois, elle était appréciée. Un jour, Robert lui demanda pourquoi elle ne rejoignait pas un parti politique. Elle répondit sur un ton définitif, presque durement : « Jamais ! Là-bas, j'en ai trop vu qui préparaient l'après ! » Elle ne chercha pas à prendre de l'influence ou acquérir du pouvoir. Comme tant de femmes qui risquèrent leur vie dans la Résistance, elle fit son devoir, puis s'effaça. Elle ne réclama jamais les médailles ni la pension auxquelles elle aurait pu avoir droit.

J'étais déjà adulte quand je lui ai demandé si elle regrettait parfois son premier amour, qui avait tant compté pour elle. Elle avait secoué la tête, sans illusion : « Non, car il n'était pas honnête. » Elle se maria – mal – et mena une existence en apparence discrète, dévouée à sa famille et à ses enfants. C'est peu de dire qu'elle ne fut pas heureuse en ménage… Elle était pourtant pleine d'humour et de fantaisie, mais la tristesse n'était jamais loin. En me remémorant certains épisodes de sa vie, je comprends maintenant à quel point elle n'était pas revenue tout à fait de son séjour au 425 de la rue Paradis.

N'en parlant jamais, elle resta hantée par l'horreur de la torture. Son frère Robert la trouva un soir en larmes, secouée de sanglots convulsifs, au retour d'une séance de cinéma où elle avait vu le film de Roberto Rossellini, *Rome ville ouverte*. La scène centrale montre un prisonnier torturé par les nazis qui résiste jusqu'à la mort. « C'était beaucoup trop proche de ce qu'elle avait vécu, me dit Robert. Pour elle, c'était insupportable. » Un autre jour, évoquant un moment paroxystique de la guerre froide où on avait vraiment craint que le conflit n'éclate, elle me fit, bien des années après, cette confidence : « Je n'aurais pas pu revivre ça. Si ça avait recommencé, j'aurais ouvert le gaz, avec mes enfants dans les bras. Je ne vous aurais pas laissé subir ça. »

Pendant la guerre d'Algérie, elle s'était procuré le livre interdit du journaliste Henri Alleg, *La Question*, qui relatait de manière presque clinique les sévices subis aux mains de l'armée française. Des militants faisaient circuler l'ouvrage sous le manteau. Ginette en faisait partie. Lors d'une discussion où elle refusait de taire sa révolte, elle fut victime d'une agression d'un proche, et le choc la plongea dans une grave dépression. Par la suite, il lui arriva parfois de traverser des épisodes sombres, dont elle s'excusait auprès de nous, ses enfants : « C'est vraiment embêtant d'être comme ça, trop sensible… » Mais toujours, elle se relevait.

Pendant de nombreuses années, elle fut membre d'une église américaine, fréquentée par des Français et des Américains. Elle y renouait avec une certaine idée des États-Unis, tels qu'elle les avait découverts à la Libération. C'était aussi pour elle une voie de recherche spirituelle et intellectuelle, un lieu où se constituer une précieuse famille d'amis. Longtemps après, j'ai réalisé avec émotion combien elle avait marqué ceux qui l'avaient alors côtoyée et qui parlaient d'elle comme d'un modèle de courage et de tolérance.

Ginette s'inquiétait aussi beaucoup de la sécurité de l'État d'Israël. En 1967, les menaces proférées par les pays arabes avant la guerre des Six-Jours l'avaient plongée dans une terrible angoisse. La disparition d'Israël – car il était bien question de cela – lui aurait ôté toute envie de vivre. Elle se passionnait pour l'histoire du pays, s'était mise à apprendre l'hébreu, et avec une sensibilité aiguë, décelait dans toute marque d'antisémitisme le possible retour des démons du passé.

Elle étudiait, enseignait, lisait énormément. Elle se passionnait pour la politique, l'histoire, les arts, la santé, les langues étrangères, la mode ou le cinéma, le bouddhisme tibétain ou la kabbale. Dans sa bibliothèque comme dans son monde intérieur, Elie Wiesel, le survivant des camps, l'auteur de *La Nuit*, occupait une place toute particulière. Elle se reconnaissait dans sa profondeur et son humanité, dans sa révolte contre l'injustice, mais aussi dans la douleur qui ne le quitta jamais. « On n'a pas le choix du désespoir », disait-il. Il donnait une voix aux idéaux de Ginette, mais aussi à sa peine.

Je me souviens d'avoir eu avec elle de passionnantes discussions autour du Livre de Job, qu'Elie Wiesel explorait dans un dialogue télévisé avec le rabbin Josy Eisenberg. Dans la Bible, Job est un homme riche et très pieux qui mène une vie heureuse et respecte en tout point la règle divine. Satan, qui jalouse ce serviteur fidèle et ne croit pas à la vertu désintéressée, demande à Dieu la permission de mettre Job à l'épreuve. Dieu accepte. Dès lors, les calamités s'abattent sur le pauvre Job : il perd tous ses biens, ses enfants meurent, il se retrouve à la rue, malade, couvert d'ulcères, au dernier degré de la misère physique et morale. Jamais il ne se révolte, jamais il ne maudit Dieu. Satan finit par se lasser, et Dieu comble à nouveau Job de ses bienfaits.

Pour Elie Wiesel, ce marché passé entre Dieu et Satan était inacceptable, les souffrances de Job iniques, et tout discours lénifiant sur le bien-fondé des souffrances ou l'expiation nécessaire des fautes, intolérable. « Je n'accepte pas de réponse à Auschwitz, disait Elie. Quelle qu'elle soit, je ne l'accepte pas ! » Ginette se reconnaissait dans cette tradition juive qui veut que l'on discute avec Dieu, et même qu'on lui intente un procès. Comme Elie, elle croyait « en Dieu, contre Dieu. En l'homme, contre l'homme ». Elle aurait été bouleversée si elle avait su que j'aurais un jour le privilège de rencontrer Elie Wiesel et de nouer avec lui des liens amicaux. À chaque conversation que nous avons eue, elle était près de moi.

Pourquoi, pendant la guerre, Ginette avait-elle fait le bon choix ? me demandais-je au début de ce livre. Parce que, pour elle, il n'y en avait pas d'autre. Parce que cela allait de soi. Confrontée aux rafles de Juifs à Toulouse, la révolte avait jailli en elle avant même qu'elle ait eu le temps de l'identifier comme telle. Accepter que soient exclus de la communauté humaine des hommes, des femmes, des enfants semblables à tous les autres ? Se soumettre passivement au règne de la violence brute et de la cruauté ? Elle ne voulait pas de ce monde-là. Tout son être de jeune fille disait « non ». Ce n'était pas une opinion politique, mais une question morale. Plus encore : un instinct, une évidence.

Ginette ne s'est jamais crue héroïque. Ni même courageuse. Elle ne pensait pas avoir fait quoi que ce soit de remarquable. A posteriori, elle mettait même plutôt l'accent sur son inconscience et son ignorance du danger. Son tempérament me faisait penser à Louis, son père, mon grand-père. Lui aussi, pendant la Première Guerre mondiale, avait fait son devoir. Lui aussi, il avait été meurtri au plus profond de son être. Lui aussi, une fois rentré dans ses foyers, s'était effacé, il avait refusé toute espèce de récompense. Je conserve précieusement la notice nécrologique que le *Midi libre* lui avait consacré lors de son décès en janvier 1965 : « Louis Guy laisse le souvenir d'un homme d'une extrême modestie, d'une scrupuleuse objectivité, et d'une droiture sans concession. »

Ginette était bien la fille de son père. Il l'avait formée par l'exemple plus que par des leçons. Par ses silences et ses révoltes, il lui avait transmis la conscience claire du juste et de l'injuste, de l'humain et de l'inhumain. Il lui avait montré qu'on ne pouvait déléguer à personne, puissant ou misérable, la responsabilité de ses actes. Mais je reste aussi convaincue que, tout autant que d'une éducation, les choix de Ginette provenaient d'une qualité d'âme, une nature singulière, avec lesquelles elle vint au monde et qui n'étaient qu'à elle.

Je la revois encore, dans les années 1980, arborant

sur le col de son manteau l'insigne de Solidarnosc… Elle n'avait pas changé.

Elle faisait partie de ceux pour qui le bonheur, la sécurité, la paix ne s'achètent pas à n'importe quel prix, et surtout pas en se résignant au sacrifice d'innocents. De ceux pour qui la liberté et la justice sont des biens si précieux qu'il est normal de les défendre au péril de sa vie. Elle restera mon exemple et mon inspiration. Ma mère tant aimée, dont l'âme ardente, droite et blessée, demeure, aujourd'hui comme hier, tressée à la mienne, à ma joie et à ma douleur.

Remerciements

Ce livre, à l'évidence, est dédié à ma mère.

Je le dédie aussi à ma sœur Françoise et aux petites-filles de Ginette – Laura, Anna, Caroline et Isabelle – qu'elle a tant aimées.

Anna et Caroline furent les premières à rédiger une biographie de Ginette : chacune, dans son école américaine, rendit un jour en guise de devoir un récit des aventures de leur « Mamy », héroïne de l'*Underground Movement* (la Résistance) dans la France occupée. J'ai retrouvé dans leurs textes plus d'un détail précieux que j'avais oublié.

Je dédie également ce livre à ma cousine Véronique et à François et Nicolas, les petits-enfants de Robert ; à Célia et Antonin, mes autres enfants, et leurs tout-petits de France, Israël et Thaïlande, que Ginette n'a pas connus mais qu'elle aurait aimés.

Je ne saurais exprimer la profondeur de ma gratitude à tous ceux qui m'ont accompagnée et soutenue sur le long chemin que j'ai parcouru – chemin à la fois historique et émotionnel – pour enfin écrire ce livre que je portais en moi depuis tant d'années.

Je remercie bien sûr Dominique Simonnet, mon compagnon de vie, de cœur, d'écriture, de tout, qui a investi tant de lui-même dans cet ouvrage – partageant mes voyages et mes entretiens, relisant chaque page du manuscrit, toujours à la recherche d'une solution à une contradiction, un manque de clarté, une répétition – qu'il a eu le sentiment de vraiment connaître celle qu'il n'appelle plus que « la petite Ginette », même s'il n'a pas eu la chance de la rencontrer dans ce qu'il est convenu d'appeler « la vraie vie ».

Je remercie Manuel Carcassonne, le directeur des éditions Stock, qui s'est attaché à ce projet dès le premier instant où je lui en ai parlé, et dont chaque remarque, chaque proposition, s'est révélée pertinente, juste, en plein accord avec ce que je tentais d'accomplir. Nos conversations ont été pour moi de vrais moments de bonheur intellectuel et amical. Je remercie également Émilie Pointereau, des éditions Stock, qui a attentivement veillé sur ce livre depuis sa première version jusqu'à sa parution en librairie.

Au fil de mes recherches – échelonnées, à un rythme plus ou moins intense, sur une décennie – j'ai fait des rencontres inespérées, et inoubliables. Je pourrais en attribuer le mérite au hasard, mais j'aime à penser que Ginette a veillé sur moi depuis la bonne étoile où elle se tient désormais, comme elle avait veillé sur moi durant sa vie. Car au cours de ma longue quête, toutes les portes se sont ouvertes. Partout j'ai été accueillie avec chaleur, chacun me livrant précieux souvenirs et dossiers nourris. J'ai fait appel à des historiens, des experts, des témoins : chaque entrevue en a amené une autre, enrichissant l'écheveau de mes connaissances et me permettant de renouer, un à un, tous les fils de l'aventure de Ginette.

Je ne saurais dire combien m'a bouleversée ma rencontre tardive et inespérée avec la famille de Jean Oberman : sa fille Odile, son neveu Manuel, son beau-frère René Gane. La confiance qu'ils m'ont aussitôt accordée, comme si j'étais vraiment de la famille – et au fond, n'était-ce pas un peu le cas ? – leur chaleur et leur générosité furent un cadeau sans prix. Désormais, nous nous sentons liés par une émouvante amitié, dont les racines plongent dans un lointain passé, quand aucun de nous n'existait encore.

J'ai eu également le bonheur de retrouver la famille du sculpteur suédois Gunnar Nilsson. Sa petite-fille Léa, artiste elle aussi, me présenta à son propre père, le fils de Gunnar, Henri Nilsson. Ce fut le début d'une longue correspondance, au cours de laquelle Henri Nilsson retranscrivit pour moi ses souvenirs d'enfance, et me raconta le destin de ses parents pendant la guerre. Grâce à lui, j'ai découvert l'artiste passionné et perfectionniste, l'homme courageux et intègre que fut Gunnar Nilsson. Si longtemps après, ma reconnaissance est infinie pour cet homme qui, sans hésiter, a sauvé la vie de ma mère et de sa compagne d'évasion. Tout comme l'est ma reconnaissance envers Henri Nilsson, dont l'humanité profonde, l'élégance morale et la générosité resteront toujours dans mon cœur. Les pages consacrées dans ce livre à Gunnar Nilsson sont trop brèves, car je devais rester attachée au destin de Ginette, mais cela ne dit rien de la dette contractée auprès de Henri et Léa Nilsson.

Je me suis ainsi efforcée de connaître, par-delà le temps, les protagonistes de l'aventure de Ginette. Je voulais aussi visiter les lieux, dont beaucoup avaient peu changé. Avec Dominique, je me suis rendue au couvent Notre-Dame-de-Massip, dans l'Aveyron, où furent abrités Hélène Oberman et 82 Juifs, pour la plupart des enfants. Grâce au courage des religieuses Denise Bergon et Marguerite Roques, tous furent sauvés. J'avais pris rendez-vous avec Patrick Fauvel, directeur de ce qui est maintenant un institut laïque, thérapeutique et pédagogique. Notre-Dame-de-Massip reste fidèle à sa vocation : accueillir des enfants en danger. Que

Patrick soit ici remercié pour son accueil, sa patience, et son attachement si vif aux valeurs humanistes. Il nous consacra l'essentiel de sa journée et tint à nous faire visiter lui-même le parc, les bâtiments, et enfin la trappe, la fameuse trappe où durent se cacher pendant plusieurs jours trois protégées de Denise Bergon.

Je remercie également Bernard d'Ivernois, médecin psychiatre de l'institut, et Anne Calvet, qui me confia les souvenirs notés par sa mère, autrefois infirmière de Denise Bergon.

Cette visite à Notre-Dame-de-Massip me conduisit naturellement aux enfants cachés. À Toulouse, j'ai retrouvé Annie Beck (qui apparaît dans mon récit comme « la petite Annie ») et Albert Seifer, le garçonnet qui secouait si vigoureusement l'encensoir. L'un et l'autre s'étaient installés à Toulouse après la guerre. Nous allâmes chercher Annie en voiture, et nous rendîmes ensemble chez Albert et son épouse Renée, qui nous accueillirent pour un déjeuner en famille – car ceux qui, se remémorant les années passées près de Denise Bergon, parlaient toujours d'eux-mêmes comme « les enfants » – formaient en effet une famille. Albert était alors malade et fragile, mais il employait ses dernières forces à transmettre au plus près l'expérience des années noires, dont il retenait aussi que grâce à Denise Bergon « nous vivions entourés d'amour ». Annie, pétillante, pleine d'énergie, revint à plusieurs reprises sur la terreur pure éprouvée dans « la trappe », où elle craint si fort de mourir étouffée. À la fin des années 1970, les liens entre « les enfants » de Massip s'étaient renoués, et des réunions annuelles furent organisées. Hélène Oberman, qui toute sa vie resta très proche de Denise Bergon, faisait partie des membres les plus actifs du petit groupe. Annie, Albert et Hélène déposèrent des témoignages à Yad Vashem, et œuvrèrent pour qu'en 1980, Denise Bergon, accompagnée de sa fidèle amie Marguerite Roques, se rende en Israël, reconnue « Juste parmi les nations ».

Pour m'aider à mieux comprendre les années de guerre à Toulouse, Christian Thorel, directeur depuis quelque quarante-cinq ans de la mythique et irremplaçable librairie « Ombres Blanches », se révéla un guide essentiel. Il prit le temps d'écouter mon récit, repéra les sujets qui manquaient de précision, et réunit pour moi une liste nourrie de contacts. Je rencontrai ainsi Guillaume Agullo, grand historien, dont Christian Thorel m'avait assuré : « Il sait tout sur cette période et cette région. » J'étais alors de passage à Toulouse, et Guillaume, dès mon premier appel, bouleversa son emploi du temps pour me donner rendez-vous au café des Américains. Même si l'établissement, repris par une chaîne, a perdu de sa splendeur, c'était une bonne manière de remonter le temps. Pendant plusieurs heures, je pus soumettre à Guillaume toutes mes interrogations et, outre ses réponses précises et circonstanciées, il m'apporta maints éléments que je ne soupçonnais pas. Que Christian Thorel et Guillaume Agullo trouvent ici l'expression de toute ma gratitude.

Dans la cour-jardin d'Ombres Blanches – où l'on peut lire, boire un verre, échanger en toute tranquillité – j'ai ensuite rencontré nombre des experts et témoins recommandés par Christian Thorel et je tiens à remercier chacun d'entre eux.

Le professeur Henri Sztulman, psychiatre et psychanalyste, né un mois après la déclaration de guerre, fut un enfant caché, brutalement séparé des siens. Au cours d'une longue conversation, il me confia ce que furent ses émotions et ses interrogations de tout petit garçon. Privilège émouvant, il me donna à lire un récit de ses souvenirs, destiné uniquement à sa famille.

Toujours dans le cadre privilégié d'Ombres Blanches, le docteur Jean-Jacques Mazelier me parla de son père, Roger Mazelier, également médecin, engagé contre le franquisme puis, avec son épouse Élise, contre le nazisme et la collaboration dans le Sud-Ouest. Jean-Jacques Mazelier participa au livre collectif *Roger Mazelier, ses combats pour la liberté*, qui a beaucoup enrichi ma connaissance de la période de l'Occupation à Toulouse.

Maurice Lugassy, professeur de lettres et coordinateur régional du Mémorial de la Shoah à Toulouse, prit lui aussi le temps de me rejoindre à Ombres Blanches, et d'enrichir mes recherches sur les drames d'autrefois vécus dans cette région.

Pour les échanges de mails et les longues conversations téléphoniques, je remercie Jacques Fijalkow, professeur émérite de psycholinguistique, également un ancien enfant caché ; Hubert Strouk, professeur d'histoire-géographie et coordinateur Grand-Sud du Mémorial de la Shoah ; Franck Touboul, président du CRIF Midi-Pyrénées ; et Monique-Lise Cohen, grande connaisseuse de l'histoire de la communauté juive de Toulouse.

La deuxième partie de mes recherches me conduisit naturellement à Marseille. Je remercie tout particulièrement l'historien Robert Mencherini, auteur d'une somme irremplaçable, *Midi Rouge*, sur le destin de la cité phocéenne pendant la guerre. Il me mit sur la piste du tristement fameux « Rapport Antoine » rédigé par le SS Dunker Delage. J'y trouvai pour la première fois mention de « la femme Guy », arrêtée le 17 juillet 1944. Ce fut également Robert Mencherini qui me transmit les réponses de Delage la concernant, lors des interrogatoires précédant le procès du SS. J'y ai découvert la phrase qui me stupéfia et changea profondément ma compréhension des événements passés : « Elle fut la plus résistante de toutes. »

Je remercie Henry-Pascal Eldin, le neveu d'Éliane Eldin, compagne de résistance de Ginette. Lorsque je l'ai contacté, M. Eldin était justement occupé à classer des cartons d'archives familiales. Il a eu à cœur d'accélérer ce travail pour retrouver tout ce qui pouvait m'intéresser, et m'a ainsi envoyé les cartes FFI et MUR d'Éliane, et le récit qu'elle avait écrit à la main, puis tapé à la machine, concernant ses années dans la Résistance, sa détention rue Paradis, et son évasion. Les photos m'ont permis de découvrir le beau visage grave d'Éliane. Tous ces documents sont pour moi sans prix, et m'ont aidée à mieux appréhender ce qui s'était vraiment joué pour ces jeunes filles embarquées dans une terrible aventure.

D'anciennes et précieuses amitiés ont aussi trouvé leur place, inattendue, sur le chemin de mes découvertes.

Je remercie Christophe Stolze, qui m'offrit le livre consacré à sa mère Simone Coqué-Stolze : *Georges, Simone et Salomon, Histoire d'un réseau de résistance.* Simone faisait partie du réseau Garel, qui œuvrait avec l'archevêque Saliège. À partir de l'automne 1942 et jusqu'à la Libération, elle convoya des enfants vers des abris sûrs, sillonna la région en train et à vélo pour apporter argent, vêtements, cartes d'alimentation, dans maints lieux de refuge, dont le couvent Notre-Dame-de-Massip. Simone, à plus de quatre-vingt-dix ans, reçut le titre de « Juste parmi les nations ».

Merci à Pierre Flavian, qui m'orienta vers la lecture du livre-témoignage de son père Conrad, *Ils furent des hommes*. Haut responsable dans l'Armée secrète, Conrad Flavian passa lui aussi entre les mains du tortionnaire Delage, et ne cacha rien de cette terrible expérience.

Merci également à Bernard Bodinier, l'ami fidèle, qui considérait Ginette comme sa mère *honoris causa.*

Enfin je n'oublie pas les associations et institutions qui ont joué un rôle essentiel dans le succès de mes recherches. L'association AJPN (Anonymes, Justes et Persécutés durant la période nazie) me mit la première sur la piste des « enfants Oberman, cachés au couvent Notre-Dame-de-Massip ». L'AJPN m'orienta ensuite vers le site de Yad Vashem, où je trouvai les témoignages consignés par Hélène Oberman, Annie Beck et Albert Seifer.

Les chercheurs dévoués des Archives nationales, des Archives de la Haute-Garonne, de la Bibliothèque nationale, m'ont permis de reconstituer tout le dossier de la famille Oberman, depuis leur demande de naturalisation, jusqu'à la sortie de prison de Jean en octobre 1944. Que tous soient ici remerciés.

Table

DE LA MÊME AUTEURE

Histoire des Noirs américains au XXe siècle
Complexe, 1998

Le Livre de Némo
(avec Dominique Simonnet)
Roman
Seuil, 1998, 2001

Le Piège
Quand la démocratie perd la tête
Seuil, 1999

L'Amour expliqué à nos enfants
(avec Dominique Simonnet)
Seuil, 2000

Némo en Amérique
(avec Dominique Simonnet)
Roman
Seuil, 2001

Good Morning America
Seuil, 2001

Némo en Égypte
(avec Dominique Simonnet)
Roman
Seuil, 2002

Némo dans les étoiles
(avec Dominique Simonnet)
Roman
Seuil, 2004

Faut-il avoir peur de l'Amérique ?
Seuil, 2005

Américains-Arabes
L'affrontement
(avec Antoine Sfeir)
Seuil, 2006

Pourquoi nous avons besoin des Américains
Seuil, 2007

Le Petit Livre des élections américaines
Éditions du Panama, 2008

Les Noirs américains
Des champs de coton à la Maison Blanche
Éditions du Panama, 2008
Perrin, « coll. Tempus », n° 337, 2010

La Plus Belle Histoire de la liberté
(avec André Glucksmann,
Abdelwahab Meddeb, Vaclav Havel)
Seuil, 2009
et « Points Documents », n° P2664

La Plus Belle Histoire des femmes
(avec Françoise Héritier,
Michelle Perrot et Sylviane Agacinski)
Seuil, 2011
et « Points Documents », n° P3346

11 septembre, le jour du chaos
(avec Dominique Simonnet)
Perrin, 2011, 2021
et « Pocket », n° 15086

Le Guide des élections américaines
(avec Dominique Simonnet)
Perrin, « coll. Tempus », n° 463, 2012

Du sexe en Amérique
Une autre histoire des États-Unis
Essai
R. Laffont, 2016

Les Secrets de la Maison Blanche

(avec Dominique Simonnet)
Prix national du document littéraire
Perrin, 2014
et « Pocket », n° 16388

First Ladies

À la conquête de la Maison Blanche

(avec Dominique Simonnet)
Perrin, 2016

Du sexe en Amérique

Une autre histoire des États-Unis

Robert Laffont, 2016

Le Monde selon Trump

Taillandier, 2019

First Ladies

Les conseillères de l'ombre
de Martha Washington à Melania Trump

Perrin, « coll. Tempus », n° 812, 2020

Les Grands Jours qui ont changé l'Amérique

(avec Dominique Simonnet)
Perrin, 2021
et « Pocket », n° 18732

Les Éditions Points s'engagent pour la protection de l'environnement et une production française responsable

Ce livre a été imprimé en France, sur un papier certifié issu de forêts gérées durablement, chez un imprimeur labellisé Imprim'Vert, marque créée en partenariat avec l'Agence de l'eau, l'ADEME (Agence de l'environnement et de la maîtrise de l'énergie) et l'UNIIC (Union nationale des industries de l'impression et de la communication).

La marque Imprim'Vert apporte trois garanties essentielles :

- La suppression totale de l'utilisation de produits toxiques
- La sécurisation des stockages de produits et de déchets dangereux
- La collecte et le traitement de produits dangereux

RÉALISATION : NORD COMPO À VILLENEUVE-D'ASCQ
IMPRESSION : CPI FRANCE
DÉPÔT LÉGAL : AVRIL 2024. N° 154262 (3055649)
IMPRIMÉ EN FRANCE

Éditions Points

DERNIERS TITRES PARUS

P5671. Vivre la nuit, rêver le jour, *Christophe*
P5672. Histoires de vie, *Edgar Morin, Laure Adler*
P5673. Yes We Cam, *Jean Le Cam*
P5674. Mal de mères. Dix femmes racontent le regret d'être mère, *Stéphanie Thomas*
P5675. The White Darkness, *David Grann*
P5676. En toute confidence, *Line Renaud*
P5677. L'Emprise, *Marc Endeweld*
P5678. Les Infiltrés, *Matthieu Aron, Caroline Michel-Aguirre*
P5679. Voyage aux frontières de la vie, *Nathalie A. Cabrol*
P5680. Le Pain perdu, *Edith Bruck*
P5681. Poussière dans le vent, *Leonardo Padura*
P5682. Les Nuits bleues, *Anne-Fleur Multon*
P5683. À la française, *Bill Buford*
P5684. Notre part de nuit, *Mariana Enriquez*
P5685. Seul entouré de chiens qui mordent, *David Thomas*
P5686. Le Goût des garçons, *Joy Majdalani*
P5687. Prophète, *suivi de* Le Jardin du Prophète, *Khalil Gibran*
P5688. Les Maisons vides, *Laurine Thizy*
P5689. Voyage au bout de l'enfance, *Rachid Benzine*
P5690. Les Heures pâles, *Richard Gaitet*
P5691. Les Années sans soleil, *Vincent Message*
P5692. Capitale de la douleur, *Paul Eluard*
P5693. De la plume et de l'épée, *Souleymane Diamanka*
P5694. Cette couleur-là. Poèmes choisis, *Tracy K. Smith*
P5695. Ida, *Gertrude Stein*
P5696. La Forcenée. La trilogie de K, *Serge Quadruppan*
P5697. Dix âmes, pas plus, *Ragnar Jónasson*
P5698. Tais-toi et meurs, *Alain Mabanckou*
P5699. La Cour des mirages, *Benjamin Dierstein*
P5700. Sororité, Chloé Delaume, *Collectif*
P5701. Le Regard féminin. Une révolution à l'écran, *Iris Brey*
P5702. Le Sexe selon Maïa. Au-delà des idées reçues *Maïa Mazaurette*
P5703. Testo Junkie. Sexe, drogue et biopolitique *Paul B. Preciado*
P5704. Le Corps des femmes. La bataille de l'intime *Camille Froidevaux-Metterie*
P5705. Un appartement sur Uranus, *Paul B. Preciado*
P5706. Ces hommes qui m'expliquent la vie, *Rebecca Solnit*
P5707. Les Couilles sur la table, *Victoire Tuaillon*

P5708. La Crise de la masculinité. Autopsie d'un mythe tenace
Francis Dupuis-Deri
P5709. Les Argonautes, *Deborah Levy*
P5710. Moi les hommes, je les déteste, *Pauline Harmange*
P5711. Présentes, *Lauren Bastide*
P5712. Seins. En quête d'une libération, *Camille Froidevaux-Metterie*
P5713. Actions scandaleuses et Rébellions quotidiennes
Gloria Steinem
P5714. L'homme préhistorique est aussi une femme
Marylène Patou-Mathis
P5715. La Terreur féministe. Petit éloge du féminisme extrémiste
Irene
P5716. Quatrième Génération, *Wendy Delorme*
P5717. Les femmes aussi sont du voyage, *Lucie Azema*
P5718. Défaire le discours sexiste dans les médias, *Rose Lamy*
P5719. La Vulve, la Verge et le Vibro, *Maïa Mazaurette*
P5720. La Puissance des mères, *Fatima Ouassak*
P5721. Féminismes et Pop culture, *Jennifer Padjemi*
P5722. Sex and the Series, *Iris Brey*
P5723. Clit Révolution. Manuel d'activisme féministe
Sarah Constantin, Elvire Duvelle-Charles
P5724. Pédés, *Collectif*
P5725. L'Amazone verte, *Elise Thiébaut*
P5726. « Elles sont 300 000 chaque année. » Discours de la ministre Simone Veil pour le droit à l'avortement, 26 novembre 1974, *Simone Veil*
P5727. Le Cœur sur la table, *Victoire Tuaillon*
P5728. Je ne suis pas née pour mourir, *Françoise d'Eaubonne*
Pauline Harmange
P5729. Moi aussi. MeToo, au-delà du hashtag, *collectif*
P5730. Futur·es. Comment le féminisme peut sauver le monde
Lauren Bastide
P5731. Dysphoria Mundi. Le son du monde qui s'écroule
Paul B. Preciado
P5732. Phallers, *Chloé Delaume*
P5733. La Chair est triste hélas, *Ovidie*
P5734. Nos absentes. Pourquoi les féminicides ?
Laurène Daycard
P5800. Paris, *Émile Zola, Edwy Plenel*
P5801. Trois Contes, *Gustave Flaubert, Aurélia Michel*
P5802. Lettres persanes, *Montesquieu, Alain Supiot*
P5803. De l'amour, *Stendhal, Geneviève Fraisse*
P5804. Historiettes romaines, *Stendhal, Patrick Boucheron*
P5805. Le Comte de Monte-Cristo, vol. 1
Alexandre Dumas, Vanessa Codaccioni

P5806. Le Comte de Monte-Cristo, vol. 2
Alexandre Dumas, Vanessa Codaccioni
P5807. Mémoires, *Marguerite de Valois, Éliane Viennot*
P5808. Giphantie, *Charles Tiphaigne, Yves Citton*
P5809. Les Confessions, *Jean-Jacques Rousseau, Hélène L'Heuillet*
P5810. Mes amis, *Emmanuel Bove, Eric Chauvier*
P5811. Le Père Goriot, *Honoré de Balzac*
Jean-Christophe Bailly
P5812. Bel-Ami, *Guy de Maupassant*
P5813. Le Diable au corps, *Raymond Radiguet*
P5814. Les Trois Mousquetaires, *Alexandre Dumas*
P5815. Pêcheur d'Islande, *Pierre Loti*
P5816. Les Liaisons dangereuses, *Pierre Choderlos de Laclos*
P5881. Macha ou l'évasion, *Jérôme Leroy*
P5882. L'Équarrisseur, *Nadine Matheson*
P5883. L'Amour par temps de crise, *Daniela Krien*
P5884. Le Droit d'emmerder Dieu, *Richard Malka*
P5885. Chair vive. Poésies complètes, *Grisélidis Réal*
P5886. Et pourtant je m'élève, *Maya Angelou*
P5887. Le Tour des arènes, *Anny Duperey*
P5888. Entre chien et loup, *Anthony Delon*
P5889. Crépuscule à Casablanca. Une enquête de Gabrielle Kaplan, *Melvina Mestre*
P5890. L'Inconnue du port, *Olivier Truc, Rosa Montero*
P5891. In fine mundi, *Andrès Serrano*
P5892. Le Mur des silences, *Arnaldur Indridason*
P5893. Western Star, *Craig Johnson*
P5894. Le Grand Jeu, *Percy Kemp*
P5895. L'Abolition des privilèges, *Bertrand Guillot*
P5896. King Zeno, *Nathaniel Rich*
P5897. Albert Black, *Fiona Kidman*
P5898. Un printemps 76, *Vincent Duluc*
P5899. Comment dire non. Savoir refuser sans offenser
William Ury
P5900. Comment négocier avec les gens difficiles
William Ury
P5901. Tu seras mon père, *Metin Arditi*
P5902. Burgundy, *Mélanie Michaud*
P5903. Les Sirènes d'Es Vedrá, *Tom Charbit*
P5904. La Graine ardente. Poésie complète
Luis Sepúlveda
P5905. Les filles qui mentent, *Eva Björg Ægisdóttir*
P5906. Alba Nera, *Giancarlo de Cataldo*
P5907. Le Premier Homme du monde, *Raphaël Alix*

P5908. Dans la peau d'une plante. 70 questions impertinentes sur la vie cachée des plantes, *Catherine Lenne*
P5909. My Body, *Emily Ratajkowski*
P5910. Je suis le feu, *Max Monnehay*
P5911. La promesse, *Damon Galgut*
P5912. À ceux qui sont partis, à ceux qui sont restés *Parinoush Saniee*
P5913. Huriya par Huriya, *Huriya*
P5914. La Stupeur, *Aharon Appelfeld*
P5915. Les Chiens de faïence, *Thomas Louis*
P5916. Barroco bordello, *Thierry Clermont*
P5917. Cardiff, près de la mer : quatre récits à suspense *Joyce Carol Oates*
P5918. Faites-moi plaisir, *Mary Gaitskill*
P5919. La Fosse aux âmes, *Christophe Molmy*
P5920. Le Lac magique, *Yaël Cojot-Goldberg*
P5921. Éloge de l'irrévérence, *Richard Malka, Georges Kiejman*
P5922. Jusqu'au bout de la peur, *Geoffrey Moorhouse*
P5923. De nouveaux endroits, *Lucile Génin*
P5924. Les Secrets de la mer Rouge, *Henry de Monfreid*
P5925. Ma vie souterraine. Mémoires d'un spéléologue *Norbert Casteret*
P5926. Les Enquêtes d'Hannah Swensen Volume 1 : Meurtres et pépites de chocolat *Joanne Fluke*
P5927. Les Enquêtes d'Hannah Swensen Volume 2 : Meurtres et charlottes aux fraises *Joanne Fluke*
P5928. Évidemment Martha, *Meg Mason*
P5929. Journal de nage, *Chantal Thomas*
P5930. Résine, *Ane Riel*
P5931. Sans loi ni maître, *Arturo Pérez-Reverte*
P5932. Tu ne seras plus mon frère *Christian Blanchard*
P5933. La Main de Dieu, *Valerio Varesi*
P5934. Summit, *Mo Malø*
P5935. Green Man, *David Klass*
P5936. Bonjour Pa'. Lettres au fantôme de mon père *Ariane Ascaride*
P5937. La Bête dans la jungle *suivi de* L'Autel des morts *Henry James*
P5938. Le Pays aux longs nuages, *Christine Féret-Fleury*
P5939. Une époque formidable, *Kiley Reid*
P5940. Georges Bernanos, la colère et la grâce, *François Angelier*
P5941. Des ombres dans la nuit, *Jonathan Kellerman*
P5942. La Poule et son cumin, *Zineb Mekouar*

P5943. L'Homme du Grand Hôtel, *Valentin Musso*
P5944. Un long, si long après-midi, *Inga Vesper*
P5945. À gauche du lit, *Iman Bassalah*
P5946. L'Art de moucher les fâcheux, *Julien Colliat*
P5947. La Consule assassinée, *Pierre Pouchairet*
P5948. Les Masques éphémères, *Donna Leon*
P5949. Patagonia route 203, *Eduardo Fernando Varela*
P5950. Anne de Windy Willows, *Lucy Maud Montgomery*
P5951. Le Fils du professeur, *Luc Chomarat*
P5952. Route One, *Michel Moutot*
P5953. Girl Power, *Hubert Artus*
P5954. Sira, le retour à Tanger, *María Dueñas*
P5955. L'Affaire Myosotis, *Luc Chartrand*
P5956. La Fureur de la rue, *Thomas H. Cook*
P5957. Partie italienne, *Antoine Choplin*
P5958. Où es-tu monde admirable, *Sally Rooney*
P5959. Le Commerce des Allongés, *Alain Mabanckou*
P5960. Au vent mauvais, *Kaouther Adimi*
P5961. Nous nous aimions, *Kéthévane Davrichewy*
P5962. Deux Secondes d'air qui brûle, *Diaty Diallo*
P5963. Beyrouth-sur-Seine, *Sabyl Ghoussoub*
P5964. J'étais là. 30 ans au cœur du rap, *Driver Ismaël Mereghetti*
P5965. Vivance, *David Lopez*
P5966. Les Presque Sœurs, *Cloé Korman*
P5967. Aké, les années d'enfance, *Wole Soyinka*
P5968. Patte blanche, *Kinga Wyrzykowska*
P5969. La Femme du deuxième étage, *Jurica Pavičić*
P5970. À la recherche de Milan Kundera, *Ariane Chemin*
P5971. Les Sacrifiés, *Sylvie le Bihan*
P5972. Tenir sa langue, *Polina Panassenko*
P5973. Chelsea Girls, *Eileen Myles*
P5974. L'Espion qui venait du livre, *Luc Chomarat*
P5975. La Septième Croix, *Anna Seghers*
P5976. Gueules d'ombre, *Lionel Destremau*
P5978. La Peau du dos, *Bernard Chambaz*
P5979. Je sais qui l'a tué, *Steve Mosby*
P5980. Une rétrospective, *Juan Garcia Vasquez*
P5981. Poids plume, *Mick Kitson*
P5982. Maikan, *Michel Jean*
P5983. Tombeaux, *Annette Wieviorka*
P5984. J'étais le collabo Sadorski, *Romain Slocombe*
P5985. La Clé anglaise. Français-Anglais, des idiotismes pas si bêtes !, *Jean Max Thomson*
P5986. Crossroads, *Jonathan Franzen*
P5987. Sisyphe est une femme. La marche du cavalier *Geneviève Brisac*

P5988. Les Enchanteurs, *Geneviève Brisac*
P5989. Au plus beau pays du monde, *Tahar Ben Jelloun*
P5990. Au nom du temple. Israël et l'irrésistible ascension du messianisme juif, *Charles Enderlin*
P5991. Le Joueur d'échecs, *Stefan Zweig*
P5992. L'Allégresse de la femme solitaire, *Irène Frain*
P5993. Toujours vivantes, *Nicolas Leclerc*
P5994. Tu sais qui, *Jakub Szamałek*
P5995. L'Imposture, *Georges Bernanos*
P5996. Ivo et Jorge, *Patrick Rotman*
P5997. Paris se lève, *Armand Delpierre*
P5998. Ça ne tient qu'à vous. Cultivez votre potentiel et décuplez vos performances, *Nadia Bouali, Kamel Kajout*
P5999. Itinéraire d'un naufragé, *Hubert Félix Thiéfaine*
P6000. Nu avec Picasso, *Enki Bilal*
P6002. New York, aller et retour, *Raymond Depardon, Philippe Séclier*
P6014. Couleurs primitives, *Jeanne Cherhal, Petites Luxures*
P6050 Alice Zeniter, une écrivaine au travail *Richard Gaitet, Alice Zeniter*
P6051 Nicolas Mathieu, un écrivain au travail *Richard Gaitet, Nicolas Mathieu*
P6052. Hervé le Tellier, un écrivain au travail *Richard Gaitet, Hervé le Tellier*
P6053. Maria Pourchet, une écrivaine au travail *Richard Gaitet, Maria Pourchet*
P6100. New York New York. Une ville rêvée, *Philippe Delerm*
P6101. Comment être parfait, *Michael Schur*
P6102. Les Sentiers obscurs de Karachi, *Olivier Truc*
P6103. Sans preuve et sans aveu, *Philippe Jaenada*
P6104. Respire…, *Joyce Carol Oates*
P6105. Un (autre) toi, *Joyce Carol Oates*
P6106. Pipelines, *Etgar Keret*
P6107. Vingt Minutes de silence, *Hélène Bessette*
P6108. Le Petit Audiard illustré par l'exemple, *Michel Audiard*
P6109. Seul vers l'Everest, *Earl Denman*
P6110. Froid comme l'enfer, *Lilja Sigurdardottir*
P6111. Quand les politiques nous faisaient rire, *Jean-Louis Debré*
P6112. Le Monde du dessous, *Charlotte Brontë, Branwell Brontë, Emily Brontë*
P6113. Sachez que nous sommes toujours là *Esther Safran Foer*
P6114. La Joie, *Georges Bernanos*
P6115. Les Humilié.es. 10 ans après le Mariage pour tous, l'heure du bilan, *Rozenn Le Carboulec*
P6116. L'Œil de l'éléphant, *Delia Owens, Mark Owens*
P6117. La Terre de Mandela, *Wole Soyinka*

P6118. Impunité, *Hélène Devynck*
P6119. Anne et sa maison de rêve, *Lucy Maud Montgomery*
P6122. Le Monde après nous, *Rumaan Alam*
P6123. Shalom Berlin, *Michael Wallner*
P6124. Madame Mohr a disparu. Les enquêtes de Zofia Turbotyńska, vol. 1, *Maryla Szymiczkowa*
P6125. Est et Ouest, *Wolf Wieviorka*
P6126. La Pâqueline ou les mémoires d'une mère monstrueuse *Isabelle Duquesnoy*
P6127. Pour que chantent les montagnes, *Phan Que Mai Nguyen*
P6128. Ni seuls, ni ensemble, *Marie-Fleur Albecker*
P6129. L'Allemand de ma mère, *Catherine Clément*
P6130. La Mort de Jésus, *J. M. Coetzee*
P6131. Sortir au jour, *Amandine Dhée*
P6132. Il suffit de traverser la rue : petite saga des années 2010 *Eric Faye*
P6133. Les Nuits d'été, *Thomas Flahaut*
P6134. Trio des ardents, *Patrick Grainville*
P6135. Suite en do mineur, *Jean Mattern*
P6136. Le Lâche, *Jarred McGinnis*
P6137. Cléopâtre et Frankenstein, *Coco Mellors*
P6138. Utopia Avenue, *David Mitchell*
P6139. Prends ma main, *Dolen Perkins-Valdez*
P6140. Irréfutable Essai de successologie, *Lydie Salvayre*
P6141. Partout les autres, *David Thomas*
P6142. Les Baisers, *Manuel Vilas*
P6143. Le Maître a de plus en plus d'humour, *Mo Yan*
P6144. Veritas Tantam Potentiam habet ut non subverti possit (La vérité a une telle puissance qu'elle ne peut être anéantie), *Olivier de Kersauson*
P6145. Traité sur l'intolérance, *Richard Malka*
P6146. Le Grêlé. Le tueur était un flic, *Patricia Tourancheau*
P6147. La Battue. L'État, la police et les étrangers, *Louis Witter*
P6148. Le Langage de l'amour. De la rencontre à la rupture, comment les mots révèlent nos sentiments, *Julie Neveux*
P6149. Mon chant, *Missak Manouchian*
P6150. Latérite *suivi de* Déclinaison du temps premier *Véronique Tadjo*
P6151. Et des poussières…, *Thomas Vinau*
P6152. Les Garçons qui brûlent, *Eva Björg Ægisdóttir*
P6153. La Tragédie du chat, *Sophie Chabanel*
P6154. Mort au couvent. Les Mystères de sœur Juana, vol. 1 *Oscar de Muriel*
P6155. À qui la faute, *Ragnar Jónasson*
P6156. Black Bird. Infiltré auprès d'un tueur en série *James Keene, Hillel Levin*

P6157. Petite sale, *Louise Mey*
P6158. L'Or vert du Sangha, *Pierre Pouchairet*
P6159. Ici et Ailleurs, *Florence Aubenas*
P6160. Will, *Will Self*
P6161. La Tour d'amour, *Rachilde*
P6162. Un fils perdu, *Sacha Filipenko*
P6163. Matrix, *Lauren Groff*
P6164. Le Mystère de la femme sans tête, *Myriam Leroy*
P6165. La Fille du bourreau, *Céline Knidler*
P6166. La Revanche des orages, *Sébastien Spitzer*
P6167. L'Art et la Manière, *Barbara Carlotti*
P6168. Open Water, *Caleb Azumah Nelson*
P6169. Sur les terres du loup, *Cherie Dimaline*
P6170. La Petite Librairie de Riverside Drive, *Frida Skybäck*
P6171. L'espion qui aimait les livres, *John le Carré*
P6172. Nuit, Néon, *Joyce Carol Oates*
P6173. Le Bâtard de Nazareth, *Metin Arditi*
P6174. Les Filles bleues de l'été, *Mikella Nicol*
P6175. La plus résistante de toutes, *Nicole Bacharan*
P6176. Un pays de neige et de cendres, *Petra Rautiainen*
P6177. Tumulte, *Selim Nassib*
P6178. Cet homme est mort, *Wole Soyinka*
P6179. Alpinistes de Mao, *Cédric Gras*
P6180. Qui se souvient de Paula ? *Romain Slocombe*
P6183. Le Fin Mot de l'histoire. 201 expressions pour épater la galerie, *Nathalie Gendrot, Guillaume Meurice*
P6184. Le Secret de la force surhumaine, *Alison Bechdel*
P6185. Ma plus-que-reine. Poèmes choisis (1983-2023) *Bernard Chambaz*
P6186. Fungi de Yuggoth et autres poèmes *Howard Phillips Lovecraft*
P6187. Le Roi et l'Horloger, *Arnaldur Indridason*
P6188. Le Steve McQueen, *Caryl Férey, Tim Willocks*
P6189. Le Coeur de l'hiver, *Craig Johnson*
P6190. Tokyo Detective, *Jake Adelstein*
P6191. Brazilian Psycho, *Joe Thomas*
P6192. Le Rideau déchiré. Les Enquêtes de Zofia Turbotyńska *Maryla Szymiczkowa*
P6193. Les Orphelins du Mont Scarclaw. Six versions *Matt Wesolowski*
P6194. Sang d'encre à Marrakech. Une enquête de Gabrielle Kaplan, *Melvina Mestre*
P6195. Alienés, *Fabrice Papillon*
P6196. Mes années chinoises, *Annette Wieviorka*
P6197. La Libraire du Caire, *Nadia Wassef*
P6198. La Contagion émotionnelle, *Christophe Haag*